高郵二王合集 二

舒懷　李旭東　魯一帆　輯校

上海古籍出版社

《説文解字繫傳》批校語

卷一

一部

吏，治人者也。

王懷祖先生云：《藝文類聚》卷五十四引《風俗通》：「吏者，治也。當先自正，然後正人。」

示部

禔，安福也。

王云：《易・坎》釋文、《文選・難蜀父老》注引此，竝無「福」字。

禋，一曰精意以享爲禋。

王云：《藝文類聚》、《初學記》並引作「絜意以享」。

䰥，門内祭先祖所以彷徨。

王云：以字，據《詩·楚茨》及《爾雅·釋宫》釋文删。

禜，一曰禜衛，使災不生。臣鍇按：《禮記》曰：「雩禜〔一〕，祭水旱。」

王云：營字，據《禮記·祭法》注改。

祲，精氣(感)〔成〕祥。

王云：成字，據《周禮·眡祲》注及宋祁校《漢書·匡衡傳》引《字林》改。

祟……從示，出〔聲〕。

部末

王云：《藝文類聚》、《初學記》並引《説文》：「禮，祭豕先也。」「祽，月祭也。」又云：

祧、祅、祚三字，妄人所加。

棫林案：汪啟淑本「徂故切」下〔二〕，有「臣鉉等曰『凡祭必受胙。胙，即福也』」，此字後人所加」十九字，非《繫傳》原文，祁刻删之，是也。

玉部

璠……一則理勝，(二)〔一〕則孚勝。

王云：據《太平御覽》引改。

瓏，禱旱玉，〔爲〕龍文。

王云：爲字，據宋祁《漢書·揚雄傳》校本引《字林》補。《左傳正義》引《説文》亦有「爲」字。

瑱……對曰：「豈以規爲瑱乎？」

王云：《太平御覽》引此，無「以」、「爲」二字，《初學記》同。

璂，弁飾行行(冒)〔貫〕玉也。從玉，綦聲。臣鍇曰：謂綴玉於武冠，若綦子之列布也。《左傳》曰「瓊冠玉纓」是也。

棫林案：汪本「行行」作「往往」。

王云：貫字，據《周禮·弁師》注改。

璪，玉飾如水藻之文。

王云：《玉篇》、《太平御覽》引此，並作「玉飾如水澡也」，《初學記》同。

璊，玉䅈色也。從玉，㒼聲。禾之赤苗謂之虋，言璊玉色如之。

王云：《大車》釋文引此，無「言璊」。

瑶，（玉）〔石〕之美者。

王云：據《太平御覽》改，又據《木瓜》釋文。

瑰：……一曰〔珠〕圜好。

王云：珠字，據《玉篇》增。

珋，石之有光璧珋也。

王云：《水經·河水》注引《十洲記》云：「淵精之闕，光碧之堂。」

珩，佩上玉也，所以節行（止）〔步〕也。

王云：步字，據《玉篇》及《周語》注改。

士部

墫，（墫）〔士〕舞也。

王云：士字，據《詩·伐木》及《爾雅·釋訓》釋文改。

卷二

艸部

[illegible]

棫林按：王改「[illegible]」，不从八。

蓲，艸也。

王云：《爾雅》釋文引此，作「烏蓲草也」。

蒐，茅蒐，茹藘，（人）〔地〕血所生，可以染絳。從艸，鬼〔聲〕。

王云：地字，據《一切經音義》第十四卷改，卷十五引作「人血」。

蓩，蓩婁，果（蓏）〔蓏〕也。

葑，蕦蓯也。

棫林按：「蕦蓯」，汪本作「須從」。

苄，地黄也。從艸，下聲。《禮〔記〕》曰「鉶毛：牛，藿；羊，苄；豕，薇」是。

王云：記字，據《韻會》改。《禮記》者，謂《公食大夫禮記》文也。

（蘜）〔蘜〕

王云：據宋本改。

蒹，(藋)〔雚〕之未秀者。

茚……益州(生)〔云〕。

王云：據宋本及《五音韻譜》、《集韻》、《類編》改。

藺，菡藺，夫(容)〔渠〕……臣鍇曰：芙之言敷也，蓉之言動容也。

棫林按：「芙蓉」，汪本作「夫容」，汪得之。下文「茄」下，汪作「夫渠即夫容」，亦當從彼也。

荇……臣鍇按：《詩》：「參差荇菜。」(也)

王云：《爾雅》釋文引作「莕」。

茮……臣鍇按：《爾雅》：「茮椴醜，其實荥。」

棫林按：「椴」，汪本作「椒」。

蓻，艸木不生也。一曰茅芽。

王云：「不生」，當爲「才生」。下文云「一曰茅芽」，即是「才生」之意。《玉篇》：「蓻，草木生皃。」《廣韻》：「蓻，草生多皃。」

藃……《周禮》曰：「轂雖蔽不藃。」

王云：鉉無「雖」字。

甾，(菑或省艸)〔古文〕。

王云：「甾」字注，據戴侗《六書故》引唐本《説文》改。

(⿱艹致)〔菿〕，艸大也。從艸，(致)〔到〕聲。

王云：據《玉篇》、《廣韻》及《爾雅》釋文改。《玉篇》、《廣韻》均無「⿱艹致」字。

藥，治病艸。

王云：《玉篇》引作「治疾之艸總名」。

茵，車重席。從艸，因聲。

王云：《衆經音義》卷三、卷六、卷二十一引《説文》，並作「車中重席」，《玉篇》同。《夏小正》「故荼」，傳云：「荼也者，以爲君薦(茵)〔蔣〕也。」《士喪禮下》篇：「茵著用荼。」然則古多以荼著茵，故从艸。唐釋湛然《法華文句記》卷六引此，亦作「車中重席」。

蒜，葷菜。

王云：《爾雅·釋草》釋文：「蒜，西亂反。《説文》云：葷菜也。一本云菜之美者，雲夢之葷菜。」案：「菜之美者，雲夢之葷菜」，此許氏原文也。《吕覽·本味》篇云：「菜之美者，陽華之芸，雲夢之芹。」《説文》「萓」字解云：「菜之美者，雲夢之萓。」萓、芹古聲近而通用。此云「雲夢之葷」，葷、芸聲亦相近。蓋許氏所見，本作「陽華之葷」，因誤記「陽華」爲「雲夢」，而曰「菜之美者，雲夢之葷菜」耳。凡此之類，《説文》中往往有之，後人撿《吕覽》中無此語，故删節其文，只存「葷菜」二字，而校《釋文》者，又據誤本《説文》以改之，故反以《釋文》之舊本爲一本耳。《齊民要術》第一卷菜茹類「蒜」下注云：「《説文》曰：『菜之美者，雲夢之焄菜。』」焄即葷字。此與《釋文》所引正合。其第三卷《種蒜》下又有注云：「《説文》曰：『蒜，葷菜也。』」此則南宋孫氏所補，非賈氏原文也。引之云。

芀，艸也。……臣鍇按：《字書》：「芀，草陳新相積也。」

王云：《玉篇》引作「舊艸不芟，新艸又生曰芀」。

茻部

莽，南昌謂犬善逐兔〔於〕艸中爲莽。從犬從茻，茻亦聲。

王云：據《玉篇》、《廣韻》引。

卷三

牛部

特，特牛也。

王云：「特」上脱「朴」字，「牛」下脱「父」字。《玉篇》：「犦，特牛也。」犦與朴通。《廣韻》：「犦，牛未劇也。」凡獸之牡者，通謂之犦特。《石鼓文》云：「吾歐其特，其來趩趩；吾歐其犦，其來趪趪。」《天問》云：「恒秉季德，焉得夫（朴）〔朴〕牛？」

犴，牛駮如星。

王云：《御覽》引，「牛」下有「文」字。

犡，牛長脊。

王云：《爾雅》：「山脊，岡。」孫炎曰：「長山之脊也。」岡、犡聲近義同。

犨，牛息聲。……一曰牛名。

王云：「牛名」，《初學記》引作「牛鳴」。案：《春秋》竇犨字鳴犢，則作鳴者是。《御覽》引作「牛名」。

牿，牛馬牢也。……《周書》曰：「今惟淫牿牛馬。」

棫林按：汪本「淫」下有「舍」字。王云：據《韻會》删「淫舍」二字。

牢……從牛，冬省〔夂〕聲，取其四周帀。

犓，以芻（莖）〔莝〕養牛也。

莝字，王云：據《文選·七發》注。

犂，耕也。

王云：唐釋湛然《止觀輔行傳弘決》卷一引此，作「人曰耕，牛曰犂」。

口部

噫，飲食息也。

王云：《一切經音義》二十引作「飽者出息也」。

唏……一曰哀（痛）〔而〕不泣曰唏。

王云：據《方言》、《玉篇》。

吒，噴也，吒怒也。從口，乇聲。臣鍇曰：《蜀書》諸葛亮奏「彭羕舉頭視屋，噴吒作聲」是也。

王云：《漢書·司馬相如傳》：「坌入曾宮之嵯峨。」蘇林曰：「坌者，馬坌吒之坌。」

吅部

𠳋，亂也。

王云：《莊子·在宥》篇：「臠卷愴囊而亂天下。」

喌，呼雞，重言之。……讀若祝。

《說苑·尊賢》篇云：「猶舉杖而呼狗，張弓而祝雞矣。」

走部

趫，善緣木（走）之（才）〔士也〕。

王云：據《西京賦》注及《衆經音義》十一引《說文》改。又據《玉篇》注。

趬，行輕皃。

王云：《衛將軍驃騎傳》索隱引《說文》：「趬，行疾貌。」

趯，行趯趢也。

王云：趯趢，猶劬録也。

⿺走㡿……《漢令》曰：「⿺走斥張百人。」臣鍇曰：⿺走斥張，蓋謂以足蹋張弩也。

王云：引之云：《史記·申屠嘉傳》：「材官蹶張。」字從足旁厥。《漢書》同，如淳曰：「材官之多，力能腳踏强弩張之，故曰蹶張。《律》有蹶張士。」孟康曰：「言張强弩。」蹶，其月反。《漢令》曰：『蹶張士百人也。』」案《玉篇》：「⿺走厥，或作⿺走㡿，跳起也，居越切。⿺走斥，尺夜切，怒也，一曰牽也。又丑格切，半步也。」蓋前「⿺走厥」字下必有重文從厥，省作「⿺走㡿」者。注內引《漢令》「⿺走斥張百人」，亦當在重文「⿺走㡿」字下。⿺走厥即蹶字，故《漢書》、《史記》之「蹶張」，《漢令》從走而省厥作「⿺走㡿」，其音義則一也。字形與「⿺走㡿」字極相似，但少一點耳。寫者誤寫⿺走㡿、⿺走㡿爲一體，後人不知，乃以重文之「⿺走㡿」爲即此處「⿺走㡿」字而刪之，又取重文注內「《漢令》曰⿺走㡿張百人」并入此注矣。又案：⿺走㡿音尺夜、丑格二切，字从走，㡿聲，今本作「⿺走斥」，非是。後《言部》「⿰言㡿」字作「訴」，誤與此同。

棫林按：汪本「⿺走㡿」篆作「⿰言斥」，故王言如此。

止部

歷，過也，傳也。

王云：「傳也」，當爲「傳也」。《爾雅》：「歷，傳也。」

卷四

辵部

辵，乍行乍止也。從彳、從止。

王云：《廣韻》作「從彳，止聲」。

巡，（視）〔延〕行（皃）〔也〕。從辵，巛聲。（續）〔繒〕倫反。

棫林按：汪本「視」作「延」，「續」作「繒」。「皃」，王改「也」，云：「也字，據《玉篇》引。」

遣，（迹道）〔送遣〕也。

王云：據《玉篇》。

逡，（復）〔𢓊〕也。

王云：𢓊即退字，據《玉篇》、《廣韻》改。

⿰兆雚，逭或從雚、從兆。

王云：念孫案：⿰兆雚，蓋從兆，雚聲。兆即逃也。

（迊）〔⿺辶枼〕……從辵，（市）〔枼〕聲。

王云：⿺辶枼字，據《玉篇》改。

彳部

⿰彳柔，復也。……臣鍇曰：猶蹂也，往來蹂踐之也。

「⿰彳柔」，王云：經傳通作「狃」。

𢓊……臣鍇曰：日日見夊是𢓊也。

王云：〔夊〕又與《左傳》「交綏」之綏意相近。

廴部

廷……從廴，壬聲。

王云：念孫案：廴者聲也。

齒部

齗，齒本也。

王云：齗之言根也。

齮，〔側〕齧也。

王云：據《衆經音義》十二引許慎説及《史記·田儋傳》索隱。

齰，（齒）〔齧〕堅聲。

王云：齧字，據《玉篇》改。

齨……〔一曰〕馬八歲（齒）〔臼〕（臼）〔齨〕也。

牙部

⿰齒至，（齒）〔齧〕堅〔聲〕。

王云：據《玉篇》、《廣韻》改。

𤘗，古文牙。

棫林案：汪本作「[illegible]」，王改「[illegible]」。

足部

蹻，舉足（行）〔小〕高也。

王云：小字，據《漢書·高帝紀》晉灼注改，又據《晉書音義》。

蹢……或曰蹢躅。

王云：即踟蹰。

跔，天寒足跔也。

王云：出《逸周書·太子晉》篇。

品部

喦，多言也。從品山相連。

王云：鉉本無「山」字。

卷五

言部

諴……《周書》曰：「丕諴于小民。」

王云：宋本及《五音韻譜》並作「不能諴于小民」。

謷，不（肖）〔省〕人〔言〕也。

王云：省字，依《廣韻》改。言字，依《韻會》補。

誣，加〔言〕也。

王云：言字，據《衆經音義》十七、廿一。

詍……《詩》曰：「無然詍詍。」

王云：《荀子·解蔽》篇：「辯利非以言，是則謂之詍。」

呰，不思稱意也。

又云：《衆經音義》十八引此，無「不」字。《少儀》注：「呰，思也。」〔三〕

訇，（駭）〔駭〕言聲。……漢中西（域）〔城〕有訇鄉。

王云：據《玉篇》改。城字，據《廣韻》改。

暑，大呼自（勉）〔冤〕。

王云：冤字，據《玉篇》、《廣韻》及《漢書·東方朔傳》改，又據《爾雅·釋訓》釋文。

䛊，（咨）〔嗞〕也。

王云：據「嗞」字注改。

讕，（詆）〔抵〕讕也。

王云：據《五音韻譜》改。

諡，行之迹也。從言，𥁒聲。臣鍇曰：以行易其名也。臣以爲皿非聲，兮聲也。疑脱誤。

棫林按：汪本作「兮皿闕」，王改「𥁒聲」，云「諡」字注據《衆經音義》卷十三改。

丵部

業，大版也，所以飾〔筍〕縣（鍾）鼓……臣鍇曰：「謂筍虡上横版，鋸齒刻之，鎛鐘，凡一層，齒縫挂八鐘兩層，故云相承，中下版也。」

王云：筍字，據《詩·有（聲）〔瞽〕》傳增。

卷六

䢉，耕〔民〕也。

王云：民字，據《一切經音義》增。

革部

革，獸皮治去其毛，革更之象。

棫林按：汪本作「去毛皮」，得之。王改「革」，云：據《載驅》正義引。

䰜部

䰞，〔吹〕〔炊〕釜〔沸〕溢也。

王云：《類篇》「吹」作「炊」。

鬥部

鬩，〔恒〕〔煩〕訟也。……從鬥，兒〔聲〕。

煩訟，王云：據《集韻》。

閿……從門，（從）戈〔聲〕。（或從戰省）

甃部

甃，柔韋也。……讀若耎。

王云：念孫案：《漢書》：「唑罷軛不勝任者。」軛字從瓜，即古文甃字也。俗作軟，從欠，其失甚矣。

攴部

敵，横（擿）〔撾〕也。

王云：據《定二年左傳》釋文，又據《一切經音義》十二。

卷七

目部

矊，盧童子也。

王云：念孫案：「矊」，當作「矊」，音武延反。

稽，〔低〕〔氐〕目謹視也。

王云：依宋本。

⿰目買，小視也。

王云：《太玄·衆·次七》：「哭且⿰目買。」范望注：「〔窺〕〔竊〕視稱⿰目買。」

眵……一曰〔瞢〕〔蔑〕兜。

王云：蔑字，據《衆經音義》二十改。

自部

臱，宂宀不見也。

棫林按：宀宀，疊字。〔四〕

隹部

巂，〔巂〕周，鷰也。……一曰蜀王望帝婬其相妻，慙，亡去，化爲子巂鳥。

王云：鉉本無「化」字。

雊，（雌）〔雄〕雉鳴也。雷始動，雉鳴而（雊）〔句〕頸。

王云：雄字，據《書·高宗肜日》、《詩·小弁》正義及《衆經音義》卷十改。句字，據《正義》改。

苜部

瞢，目不明也。從苜、從旬。

蔑……《周書》曰：「布重蔑席。」（織）〔纖〕蒻席也。

王云：念孫案：「瞢」字注，當有「旬亦聲」三字。又云：纖字，依馬、王注改。

鳥部

鳳，神鳥也。天老曰：鳳（之）象（也鴻）〔麐〕前（麐）〔鹿〕後，蛇頸魚尾（鸛顙鴛思）……

王云：據《詩·卷阿》正義、《爾雅·釋鳥》釋文、《初學記》、《太平御覽》引。

鸞，(亦)〔赤〕神(靈)之精也。

王云：據《太平御覽》、《廣韻》引《瑞應圖》。

隼，鵻或從隹一。

王云：《太玄·逃·次五》：「見鷦踤于林。」〔五〕鷦即隼字。

鷲，鳥黑色，多子。……從鳥，就聲。〔一曰鵰〕。

王云：《鶡鴠賦》注引此，作「多力」。

王云：據《漢書·匈奴傳》注補。

鴮，刀鴮，剖葦。(食其中蟲)

王云：此四字，乃後人取郭注竄入。

鴰

王云：《漢書·循吏傳》注作「鴰」。

鷸……乘輿以〔尾〕爲防釳，著馬頭上。

王云：尾字，據《詩·車舝》正義增。

卷八

歺部

殂……《虞書》曰：「勛乃殂。」

棫林按：汪本「勛」上有「放」字，「殂」下有「落」字。王校删二字，云舊本《繫傳》無「放」、「落」二字，宋本同，洪邁所引亦同。

殖，脂膏久殖也。

王云：念孫案：《考工記·弓人》：「凡昵之類不能方。」先鄭云：「故書昵或作樴。」後鄭云：「樴讀爲脂膏膱敗之膱。膱，黏也。」釋文：「膱音職。」引吕忱云：「膱，膏敗也。」疏云：「若今人頭髮有脂膏者，謂之膱也。」念孫案：《釋名》：「土黄而細密曰埴。埴，膱也，黏昵如脂之膱也。」殖、膱、膩，古字通用。後人不識古字，乃改《釋名》「膩」字爲「膩」，其失甚矣。考《衆經音義》引《釋名》，正作「膩」。

骨部

髀，股〔外〕也。

王云：外字，據《衆經音義》卷三、卷十二、十四、二十四，又據《釋畜》釋文、《文選·七命》注、《太平御覽》。

骸，脛骨也。

王云：《素問·骨空論》云：「膝解爲骸關，俠膝之骨爲連骸，骸下爲輔，輔上爲膕。」

肉部

腨，腓腸也。

王云：《御覽》作「腓脹」，音直良切。

膢，楚俗以〔十〕二月祭飲食也。从肉，婁聲。一曰祈穀食新曰〔貙〕膢。

王云：《御覽》引作「一曰嘗新馨食新曰貙膢」。《風俗通》作「一曰嘗新始穀也，食新曰貙膢」。

角部

觵……讀若《詩》曰「觵觵角弓」。

王云：《弓部》：「弲，角弓也。從弓，肙聲。烏玄切。」《小雅·角弓》篇：「騂騂角弓。」釋文：「騂，《説文》作弲，音火全反。」

卷九

竹部

節，竹約也。從竹，即聲。臣鍇曰……謂身有九節也。

王云：《北户録》注引《説文》：「笎，長卩竹也。」〔六〕

筳，繀絲筦也。

王云：《列子·湯問》篇作「挺」。

簣……宋楚謂竹簣牆(以)居也。

簞，笥也。

王云：《御覽》引《説文》：「簞，飯器也。」

䈏……《春秋傳》曰：「澤之（自）〔舟〕䈏。」

王云：《五音韻譜》、《集韻》、《類篇》並作「澤之自䈏」。

笑……私妙（切）〔反〕。

棫林按：汪本作「反」是也，小徐例云「反」。

曰部

沓，語多沓沓也。……遼東有沓（氏）〔縣〕。

王云：《荀子·正名》篇：「愚者之言，諸諸然而沸。」

虍部

虍，虎文也。

王云：《左傳》鬬穀於菟字子文，《漢書・叙傳》：「楚人謂虎班。」班亦文也。

皿部

皿，飲食之用器也。

王云：鉉本作「飯食」。

血部

衃，凝血也。

王云：《素問・五藏生成篇》云：「色赤如衃血者死。」

卷十

丼部

䔔……從井，熒省〔聲〕。

阱，〔大〕陷也。

王云：大字，據《衆經音義》十七、十八，又卷一、卷二。

鬯部

鬱……百（廿）〔廿〕貫築以煮之爲（鬱）〔鬯〕……合〔而〕釀之……

王云：《周官・肆師》：「及果築鬻。」鄭司農云：「築煮，築香艸煮以爲鬯。」《藝文類聚》引此，作「百廿貫築以煮之爲鬯」。陳藏器引此，亦作「爲鬯」，亦作「合而釀酒。鬱鬯，百草之華，遠方所貢芳物，合而釀之以降神」。《御覽》同。《白虎通》又引《王度記》曰：「天子鬯，諸侯薰，大夫芑蘭〔七〕，士蕭，庶人艾。」《周官・鬱人》疏云：「《王度記》云『天子以鬯』及《禮緯》云『鬯艸生庭』皆是鬱金之草。」

食部

饘……〔衛〕宋謂之餬〔餰〕。

王云：據《初學記》及《檀弓》釋文引。

缶部

䍃，汲缾也。

王云：《史記·李斯傳》索隱引作「汲瓿也」，云：「瓿音甫有反。」

矢部

矯，揉箭箝也。

王云：《史記·主父偃傳》：「撟箭累紘。」《漢書·嚴安傳》「撟」作「矯」。

亯部

㐭，度也，民所度居也。

王云：度與宅通。

嗇部

嗇，愛（濇）〔澀〕也。……臣鍇曰：澀音澀。

王云：澀字，據《廣韻》及本注。

韋部

韎，(茅蒐)染韋也，一入曰韎。

王云：「茅蒐」二字，乃後人依誤本《毛傳》加之。

卷十一

木部

欇，木葉搖(白)〔皃〕也。

棫林按：汪本篆「聶」在「木」上。

極，棟也。……亦謂之危。《春秋後語》「魏人將殺范痤，范痤上屋騎危」是也。

王云：《喪大記》云：「中屋履危。」

櫨，柱上(柎)〔枅〕也。

王云：枅字，據《衆經音義》卷一、卷七、卷十四、卷十五引，又《魏都賦》注、《□□賦》注引，又據《急就篇注》，又據《王莽傳》注，又據《景福殿賦》、《長門賦》注引，又據《靈光殿賦》注引。

棣，秦名(爲)屋椽(也)，周謂之(棣)〔椽〕，齊〔魯〕謂之桷。

王云：據《桓十四年左傳》釋文引，又據《釋宫》釋文引《説文》、《字林》，又據《太平御覽》引，又據《漸》釋文引。

楗，限門也。

王云：《文選·南都賦》〔注〕引《説文》：「楗，歫門也。」

橦，帳柱也。

王云：鉉本作「帳極」。

榎，機持繒者。

王云：《淮南子·氾論訓》：「伯余之初作衣也，緂麻索縷，手經指挂，其成猶網羅。後世爲之機杼勝復〔八〕，以便其用，而民得以揜形禦寒。」勝復即榺榎。

榜，所以輔弓弩。

檄，榜也。

王云：《韓子·外儲説右》篇：下之十一。「榜檠者，所以矯木直也。」

棫林按：自「檄」以下至「校」三十八篆，汪本無之，王氏亦未鈔補。

枰，平也。

棫林按：自「枰」以下至「棐」廿六篆，汪本亦無之，王氏鈔補於書眉，亦不全。觀彼刻，方知祁刻之佳善也。

桎，足械也。

王云：《御覽》引《説文》，「足械」下有「所以質也」四字，《周官·掌囚》釋文同。

櫪，櫪撕，椑指也。

閑……臣鍇曰：閑猶闌也。《易》曰……

王云：《莊子·天地》篇云：「罪人交臂歷指。」

棫林按：王抄「閑字猶闌也」下，有「以木歫門也，會意」七字，而無「易曰」以下云云。

梃，木長也。

王云：鉉本作「長木也」。

卷十二

叒部

叒，日初出東方(暘)〔湯〕谷所登榑木，桑木也。

王云：依宋本《玉篇》、《集韻》、《類篇》改。

之部

(㞢)〔㞢〕

帀部

(帀)〔帀〕

巢部

甹，傾覆也。……《孫卿》曰……

王云：甹之言㼌也。

棫林按：「孫卿」，汪本作「韓詩」。

口部

固，四塞也。

王云：《齊策》三之四：「今秦四塞之國。」高注曰：「四面有山關之固，故曰四塞之國也。」《荀子·議兵》篇：「是豈無固塞隘阻也哉？」

員部

員，物數也。

王云：《説山訓》云：「春至旦不中員程。」

貝部

財，人所（寶）〔資〕。

王云：據《玉篇》改。

賀，以禮物相（奉）慶〔加〕也。

王云：據《玉篇》改。

邑部

郈……臣鍇曰：《詩》曰：「（即）有郈家室。」

王云：即字，依宋本及《集韻》、《類篇》刪。《吕覽·辨士》注引《詩》，亦無「即」字。

郊，周（文）〔太〕王所封。

郿，右扶風縣名也。〔郿陽有郿鄉〕。

王云：據《玉篇》補。

郿，左馮翊（有）（郿）〔郃〕陽亭。

郈，左馮翊高陵〔亭〕。

王云：依《集韻》、《類篇》改。亭字，依《廣韻·十八尤》注及《玉篇》補。

邙，河南洛陽北亡山上邑。

王云：《文選·應璩〈與從弟君苗、君胄書〉》注引《説文》：「邙，洛北大阜也。」

邘，周武王子所封，在河内野王（是也）。

王云：「是也」二字，因上注而衍。

鄡，蜀廣漢鄉。

王云：此等字〔九〕，蓋因上文而衍。

卷十三

日部

早，晨也。從日在甲上。

王云：《訟·上九》：「終朝三褫之。」虞翻注：「日出甲上，故稱朝。」

暘，日出也。……《虞書》曰：「至于暘谷。」

王云：《五音韻譜》作「商書」。宋本無「至于」二字。

景，日光也。

王云：日字，依《文選·張協〈七哀詩〉》注補。

[illegible]，籀文〔昌〕省作。

棫林按：汪本作「[illegible]」。

㬥，晞〔乾〕也。

王云：乾字，據《衆經音義》卷九補。

㫃部

旟，錯革(畫)鳥其上，所以進士衆。旟，衆也。

王云：鉉本多一「旟」字。

旞，導車所(以)載全羽以爲允允〔而〕進也。

王云：《御覽》引作「道車所載全羽允允而進也」。

月部

霸……承大有〔月生〕二日〔謂之霸〕，承小月〔月生〕三日〔謂之朏〕。

王云：據《初學記》、《太平御覽》改。

𩂣，古文〔霸〕或作此。

王云：念孫案：《漢書·律志》引《古文月采篇》云：「三日曰朏。」采字，疑是胃之訛。

囧部

囧，窗牖麗廔闓明也。

王云：《太玄·沈·次七》：「離如婁如。」

盟……諸侯再（相）〔朝〕（與）〔而〕會……司慎司（命）盟……以（立）〔隸〕牛（殺）（其）耳也。

卤部

卤，草木實垂卤卤然。

王云：《管子·小問》篇：「（禾）〔至〕之成也，由由乎兹免。」由與卤同。

鼎部

鼏，以木横（貫）〔關〕鼎耳舉之。

王云：關字，據《匡謬正俗》改，又據《説文》「扛」字注，又據「扃」字注。

香部

香，芳也。從黍，(從)甘〔聲〕。……臣鍇按：〔甘非聲〕。《尚書》……

王云：據《六書故》引《繫傳》改。

米部

精，乾〔飯〕也。

王云：飯字，據《玉篇》及《文選·陸機〈弔魏武文〉》及《衆經音義》卷十五補，又據《後漢書·明帝紀》及《隗囂傳》注。

卷十四

宀部

宅，〔人〕所託居也。

王云：人字，據《御覽》。

宿，〔夜〕止也。

王云：據《玉篇》補。

寡……從宀（頒）〔分〕，故爲少也。

宕……從宀，（碭）〔石〕（省）聲。

㝱部

寤，寐覺而（省）〔有〕（信）〔言〕曰寤。

王云：據《衆經音義》卷二、卷三、卷二十三引《倉頡篇》改。

疒部

𤺌，〔風〕病也。

王云：風字，據《衆經音義》十二補。

痋，動病也。從疒，蟲省聲。

王云：《衆經音義》引作「動痛也」。

疲，病劣也。……臣鍇曰：《本草》云：「苟杞療虚疲病。」謂疲疲無氣力也。

王云：今俗語云虚疲疲。

网部

网，庖犧所結繩，〔以田〕以漁也。

王云：「以田」二字，據《御覽》增。

罝，〔兔〕罟也。

王云：兔字，據《廣韻》，又據《廣雅》。

巾部

帑，巾帑也。……一曰〔幣餘也〕，幣布是。

王云：《説苑・正諫》篇：「吴王蒙絮覆面而自刎。」

帶，紳也。男子鞶（革）〔帶〕，婦人（鞶）〔帶〕絲。

王云：依宋本及《五音韻譜》、《集韻》、《類篇》改，又據《革部》「鞶」字注。

席，籍也。……從巾，庶省聲。𠕫，古文從石省。

王云：念孫案：從庶省聲者，庶猶蹠也。蹠，履也。古文從石，石猶跖也。跖即蹠字。

帛部

帛……臣鍇曰：當言（帛）〔白〕亦聲，脱「亦」字也。

棫林案：當云脱「白亦」字也，汪本無「脱亦字也」四字。

錦，襄（色）〔邑〕織文也。……臣鍇曰：襄，雜色也。漢魏郡有縣能織錦綺，因名襄邑也。

王云：《淮水》注：「淮水又東，逕襄邑縣故城南。《陳留風俗傳》曰：『縣南有渙水。』故傳曰：『睢、渙之間出文章，天子郊廟，御服出焉。』所謂『厥篚織文』者也。」

卷十五

人部

俊，才(過)千人也。

王云：依宋本及《五音韻譜》、《集韻》、《類篇》删「過」字。

偰，高辛氏之子，〔爲〕堯之司徒，殷之先也。

王云：爲字，據《玉篇》補。

俾……一曰俾，門侍人。

王云：「門侍人」，當是「門持人」之誤，「挾」下曰：「俾持也。」正用此義。

僭，(假)〔儗〕也。

王云：據《玉篇》。

佻，小皃。……《春秋國語》曰：「佻飯不及(一)〔壺〕食。」

王云：段云：「小」當爲「大」。

檝林按：汪本作「侊飦」。

从部

偶，(㑃)〔相〕人也。

王云：據舊本《玉篇》改。鮑虎《得音策》云〔一〇〕：「偶，相人也。」則所見本尚未誤。

幷，相從也。……一曰從持二〔干〕爲幷。

王云：《考工記·輿人》：「大與小無幷。」鄭注：「幷謂偏邪相就也。」相就即相從也。

㐺部

臮，眾(辭)與〔詞〕也。

王云：據《廣韻》改。

臥部

臥，(休)〔伏〕也。

王云：依舊本改。

䫡，監䫡〔也〕。

䬵，楚〔人〕謂小（兒）嬾（飱）〔曰䬵〕。

王云：據《玉篇》改。「小嬾」二字連讀。

卷十六

衣部

𧝎，䋎〔衣〕也。《詩》曰：「衣錦𧝎衣。」反古。

王云：鉉本「反」上有「示」字。

襤，裯謂之襤褸。〔襤〕，無緣〔衣〕。

褭……《漢書》云（褭）〔褭〕衣也。

襽……《爾雅》曰：「襽襽襀襀。」

王云：《潛夫論・救邊》篇云：「佪佪潰潰，當何終極？」

卒，隸人給事者（衣）爲卒。卒，衣有題識者。臣鍇按：《吕氏春秋》鄧析教鄭人訟，十襦（火）〔大〕獄。

王云：依宋本删「衣」字。卒題題識，若今救火衣。〔一一〕

棫林案：汪本「十」作「一」。

舟部

舫，船（師）〔也〕。《明堂月令》曰：「舫人，習水者。」

王云：據《廣雅》及《韻會》引《説文》改。舫人，即今《月令》之漁師。「習水者」三字，乃許君注語。《廣韻》「舫」字注云：「舫人，習水者也。」

皃部

皃……殷曰（哻）〔吁〕。

王云：依宋本及《五音韻説》、《集韻》改。

欠部

歛，(監)〔堅〕持意。

王云：據《玉篇》、《廣韻》改。

卷十七

頁部

頁，頭也。

王云：念孫案：《秦詛楚文》：「康回無道。」字從辵，頁聲。是頁即首字。

䫜，大頭也。從頁，羔聲。(臣鍇按：《詩》曰：「牂羊䫜首。」今作墳，假借，扶云反。又)口幺反。

頒，大頭也。……《詩》：「有頒其首。」〔一二〕(臣鍇按：《詩》曰：「牂羊頒首。」今作墳，

〔假借〕，扶云反，又〕布還反。

頎，頭佳（也）〔皃〕。

王云：《集韻》、《類篇》「也」作「皃」。

顥，白皃。從景、頁。

王云：念孫案：景者白也。《管子·五行》篇云：「一曰青鍾，二曰赤鍾，三曰英鍾，四曰景鍾，五曰黑鍾。」又案：頁亦聲。

顡，癡〔顛〕，不聰明。

王云：據《廣韻·十四賄》「顡」字注引，補「或作癡顡」者，非。

髟部

𩯖，束髮（少）〔尐小〕也。

王云：小字，據《廣韻》補。

髮，（鬄）益髮也。

棫林按：「鬄」下，王氏初於「髮」上增「益」字，云「益字，據《君子偕老》正義補」；繼又塗去「益」，「髮」字改「髮」字。

勹部

𩛿，飽也。從勹、𣪘。祭祀曰厭𩛿。

王云：「𣪘」下，當有「聲」字。鉉本作「民祭祝曰厭𩛿」。

鬼部

鬽，老精物也。

王云：《蕪城賦》注引作「老物精也」。

卷十八

广部

廛，一畝半，一家之居。……一畝半，半里也，故從里（里）八土……

王云：念孫案：「一畝半」之「一」，當是「二」字之誤。《周禮》：「以廛里任國中之地。」〔一三〕鄭注云：「里，居也。」故從里。二畝半在田，二畝半在邑，故從八。

⿸广戈，屋(牝)〔牡〕瓦(下)〔也〕。……從广，(閔省)〔戈〕聲。

厂部

萬，(旱)〔皁〕石也。

王云：皁字，據《漢書·枚乘傳》注改。

卷十九

馬部

騏，馬青驪文，如(博棊)〔綦〕也。

王云：據《衆經音義》卷二引，又卷四、卷八；又據《文選·七發》注。

駰，馬陰黑喙。

王云：鉉作「馬陰白雜毛黑」。

鹿部

麐，麇（牝）〔牡〕者。

王云：據宋本改，又據《爾雅》。

犬部

玃，〔大〕母猴也。

王云：大字，據《衆經音義》卷四、卷十六，又《爾雅》釋文，又《廣韻》。

火部

燭，庭燎（火）〔大〕燭也。

𤈦，火餘〔木〕也。

王云：木字，據《衆經音義》二十一及《玉篇》。

燗，火（門）〔燗〕也。

王云：「燗」字注，據《一切經音義》弟九卷及《六書故》所引唐本《説文》改。

黑部

黵，沃黑色。

王云：《尚書大傳》云：「作繪黑也。」繪與黵通。

炎部

㷋，火華也。

熒，屋下燈燭之光。

王云：《論衡·寒温》篇云：「萬户失火，煙㷋參天。」又云：《玉篇》：「熒，燈之光也。」

卷二十

宂部

迱，（彼）迱迱，行不正。

王云：據宋本及《五音韻譜》、宋本《集韻》改。

夰部

奡……《論語》：「奡（盪）〔湯〕舟。」

王云：依宋本及《集韻》、《類篇》改。

心部

悃，愊也。從心，困聲。苦衮反。

王云：宋本作「悃，從心，困聲」。

（悊）〔[illegible]〕，敬也。從心，折聲。

王云：悊字，據《玉篇》、《廣韻》改。

懬，闊也，一曰廣也，大也。從心、廣，廣亦聲。一曰寬也。〔《詩》曰：「懬彼南夷。」〕

臣鍇按：《漢書》武帝詔曰：「庶僚久懬。」會意。困盎反。

王云：據《釋文》補。

㥲，實也。從心，（塞省）〔寋〕聲。

惄……《詩》曰：「惄如朝飢。」

王云：鉉本作「輖」。

愠，怒也。

王云：《詩·緜》正義引作「怨也」，藏本《一切經音義》卷五、卷九、卷十三、卷十九並與《詩》正義同。

卷二十一

水部

沱，江別流，出嶓山東，別爲沱。

王云：《初學記》引《説文》：「沱，陂也。從水，它聲。」則《説文》注内當是「一曰陂也」四字。

涃，水也。從水，困聲。

王云：宋本及《五音韻譜》「涃」作「洇」，从水，因聲。於真切。

滮，水流皃。《詩》曰：「滮（池）〔沱〕北流。」

王云：沱字，據宋本改，又據《詩地里考》〔一四〕。

濫，氾也。……《詩》曰：「（滭）〔畢〕沸濫泉。」

王云：畢字，依鉉本「沸」字注改。

湁，湁潪〔鼎〕灊。

王云：此直用《上林賦》語，若《人部》言「儌𠛳受屈」也〔一五〕。

湜，水清底見也。

王云：《詩》釋文引，「底見」作「見底」。

汥，水都也。……臣鍇曰：水歧枝所會。

王云：《穆天子傳》：「飲于枝洔之中。」

湆，灊也。

王云：《春秋繁露·實性》篇云：「繭待繰以湆湯，而後能爲絲。」今人謂之滚湯，語之轉耳。（《周官·司爟》）〔《夏官·司馬》〕注：「今〔燕〕俗名湯熱爲觀。」觀亦湆也。

卷二十二

泉部

⿱繁泉，泉水也。

王云：人莫鑒於流瀿，而鑒於止水。

雨部

雨，水從雲下也。

王云：下，古讀若户聲，與「雨」相近。《集韻》：「⿱雨禹，火五切，北方謂雨曰⿱雨禹。呂靜說。」

⿱雨酸，小雨也。

王云：《管子·輕重甲》云：「天酸然雨。」

卷二十三

門部

閈，〔門〕〔閭〕也。

王云：閭字，據《釋文》，又據《馬援傳》。

手部

摳，繑也，一曰摳衣〔升堂〕。

王云：「升堂」二字，乃後人妄加，今據《韻會》删。

揖，〔讓〕〔攘〕也。

王云：依宋本及《五音韻譜》、《集韻》、《類篇》改，又據下「攘」字注。

掊，杷也。……今鹽官入水取鹽曰掊。

王云：胡廣曰：「鹽官掊坑而得鹽。」《續漢書·百官志》注。

揃，搣也。……一曰𥨐也。

王云：《急就篇》：「沐浴揃搣寡合同。」注云：「揃搣，謂鬄拔眉髮也。」

擳，（蹔）〔斬取〕也。從手，斬聲。

棫林案：汪本「斬」在「手」上。

𢱭，積也。……一曰搣頰旁也。

王云：《莊子·外物》篇：「眥𡝭可以休老。」眥與𢱭同，𡝭與搣同。

撝，裂也。……一曰手指撝。

王云：鉉本作「手指也」。

卷二十四

女部

嬀，虞舜居嬀汭，因以爲（姓）〔氏〕。

王云：舊本《繫傳》作「氏」。

媊，《甘氏星經》曰：「太白號上公，妻曰女媊，居南斗，食厲，天下祭之，謂之明星。」

王云：《地理志》：「陳倉有上公明星祠。」

婚，面（醜）〔䩄〕也。

王云：䩄字，據《何人斯》正義改。

嫋，謹也。……讀若人不遜爲不嫋。

王云：宋本及《五音韻譜》無「不」字。

嫥，壹也。……一曰女嫥嫥。

王云：宋本及《五音韻譜》無「女」字。

氏部

氏，巴蜀名山岸脅之堆旁箸欲落墒者曰氏。氏崩，聲聞數百里。

王云：《漢書·五行志上》：「天水冀南山，大石鳴聲隆隆如雷，聞平襄二百四十里。石長丈三尺，廣、厚略等，旁箸岸脅，去地二百餘丈。」

亡部

无，奇字「無」。通於（无）〔元〕者，虛無道也。

王云：宋本《五音韻譜》作「无通於元」，《集韻》、《類篇》同。

甶部

䴡，斛也，古田器。

王云：䴡之從甶，即《詩箋》「熾菑」之義。

瓦部

甐，䃇垢瓦石也。

王云：「磋」，依各本改「瑳」，《説文》無磋字。

甀，蹈瓦（甀）（也）〔聲甀甀〕。

王云：「甀」字注，據《一切經音義》弟十一卷改。

瓴，（治）〔冶〕橐輪也。

王云：大徐「輪」作「榦」。又云：各本俱無瓦字。

瓬，（碎）〔破〕也。

瓪，敗（瓦）也。

卷二十五

糸部

經，織〔從絲〕也。

王云：依《太平御覽》八百二十六補。

緂，緂（冕）〔冤〕也。

王云：據《玉篇》、《集韻》改。

纂，似組而赤。

王云：《淮南・修務》篇曰：「捆纂組，雜奇彩，抑黑質，揚赤文。」

絲部

轡，馬轡也。從絲，（從）叀（與連同意）〔聲〕。

王云：「轡」字注，據《一切經音義》改。

虫部

蜡，蠅胆也。

王云：《周官・篇章》：「國祭蜡。」故書「蜡」爲「蠶」，杜子春云：「蠶當爲蜡。」據此，則古蜡字或作蟲，與蠶字相似，因譌而爲蠶也。

蟲部

蟲……（杲）〔梟〕（桀）〔磔〕死之鬼亦爲蟲。

王云：梟、磔二字，據《史記·封禪書》索隱改。

風部

風，八風也。……風動蟲生，故蟲八（日）〔月〕而化。

王云：月字，據《大戴禮·易太命》篇改。

卷二十六

二部

二……從偶一。

王云：各本皆無「一」字。

土部

土，地之吐生萬物者也。

王云：各本皆無「萬」字。

𩫨，籀文垣，從𩫖。

棫林按：王改「𩫨」，云：「依舊本《繫傳》及各本改。」

墀，塗地也。

王云：《韓子・十過》篇十頁：「四壁堊墀。」

垸，目桼和灰丸而鬃也。

王云：軟讀爲「桼垸」之桼。《巾車》注。

城，〔所〕目盛民也。

王云：所字，據《詩・皇矣》正義增。

（𩫖）〔[seal script]〕

王云：䶓字〔一六〕，據《玉篇》、《集韻》、《類篇》改。

（齸）〔齃〕䶜或從自。

王云：依舊本《繫傳》改。

壇，天陰塵〔起〕也。

坏，丘（再）〔一〕成者也。

王云：一字，據《水經·河水》注改。

塋，墓〔地〕也。

墓，丘也。

王云：《御覽》引作「兆域也」。

壟，丘壟也。

王云：《御覽》作「丘也」。

壇，祭（壇）場也。

依各本删「壇」字。

黄部

䵋……一曰輕易人䵋姁也。

王云：《説文》：「婡，得志婡婡也。」

卷二十七

金部

鐺，嵩也。

「嵩」，王云：俗作「鐺」。

鍑，釜而大口者。

王云：《衆經音義》六引《説文》：「鍑如釜而大口。」十八同。《御覽》同。《玉篇》作「似釜而大口」。

銼，〔銼鑹〕，鍑也。

王云：據《太平御覽》引，又據《玉篇》。

鉏，立薅（所用）〔斫〕也。

王云：據《廣韻》改，又據《御覽》。

釭，車轂（中）〔口〕鐵也。

王云：口字，據《衆經音義》卷六、卷七、卷十一。

鋂，大鎖也，一環貫二者。

王云：段改「鎖」爲「環」。

几部

凥，處也。……《孝經》曰：「仲尼凥。」閒凥如此。

棫林按：汪本「閒」上有「凥謂」二字。「閒凥」，王改「居」。

車部

轈，兵（高）車，（加）〔高如〕巢以望敵也。

王云：「轈」字注，據《左傳・成十六年》釋文、正義改。

較，車輢上曲（銅）〔鉤〕也。

王云：鉤字，據《文選・西京賦》及《七啟》注改。

轖，車籍交（錯）〔革〕也。

王云：革字，據《廣韻》及《文選・七發》注改，又《玉篇》「轖」字注。

軎，車軸耑也。從車，象軎之形。杜林説〔轂錯也〕。臣鍇曰指事。

棫林〔按〕：汪本作「象𡧡」。

王云：據《御覽》。

卷二十八

𨸏部

隤，（下）隊〔下〕也。

王云：「隊下」二字，據《玉篇》及《高唐賦》注。《衆經音義》卷六改「[illegible]」。

内部

㘔……一曰㘔㘔，一名梟（羊）〔陽〕。

王云：各本及《集韻》、《類篇》皆作「陽」，《爾雅》釋文引《説文》亦作「陽」。

甲部

甲，（位）東方之孟，陽氣萌動，從木戴孚甲之象也。

王云：各本及《集韻》、《類篇》皆無「位」字。

乙部

乾

棫林〔按〕：王改「乾」，云：「舊本《繫傳》如此，宋本及《五音韻譜》同。」

子部

孕，裹子也。從子，〔几〕〔乃聲〕。〔臣鍇曰……會意〕

王云：孕字并注，據《一切經音義》弟九卷改。乃之言仍也，仍，重也。又據十三，又據十八。

㝃，生子免身也。從子，免〔聲〕。

酉部

醪，〔兼〕汁滓酒也。

王云：兼字，據《後漢書·寇恂傳》注引。顏師古注《爰盎傳》云：「醪，汁滓合之酒也。」

醮，冠娶〔妻〕禮祭也。

王云：據《玉篇》補「妻」字〔一七〕。

亥部

𠀅，古文亥。亥爲豕，與豕同意。亥〔而〕生子，復從一起。

棫林按：王改「𠀅」，云：「各本如此。」又云：「各本無『意』字。」

卷二十九

八曰隸書。漢興，有艸書。

王云：《廣韻》：「草，造也。」《藝文志》云：「漢興，蕭何草律。」

俗儒〔鄙〕〔啚〕夫

王云：據宋本改。

必尊修舊文

王云：「修」，蓋「循」字之誤。循誤爲脩，故又誤爲修。

伏見陛下㠯神明盛德

王云：各本無「㠯」字。

【說明】

批校語在同治十二年粵東書局刻小學彙函本《說文解字繫傳》上，由程棫林於「光緒乙丑十五年。臘月，從意園先生處借得王懷祖氏手校汪啟淑刻小徐《說文》，鈔其校語於書眉」。程棫林識語。校語凡二百九十三條，與其對應的字條中，用加點加圈的辦法增删文字，增加或改正的文字，記於相應字旁。有的條目祇校字，而無校語。此次謄録，一概依本《合集》校勘體例表出；凡超出王氏校語中所改的文字，概係整理者所校。

王念孫校小徐《說文》，有關書目中不乏記載，如：

劉盼遂《高郵王氏父子著述考》云：「《校正〈說文繫傳〉》，王念孫撰。原委詳山東圖書館刊王菉友《〈說文繫傳〉校本·跋》。」劉氏未見此書，故列爲未刻。

《說文解字詁林·補遺之續》有王獻唐《〈說文繫傳〉三家校語抉録》，在顧千里與桂馥手校汪刻本、王筠校祁刻本之外，附輯朱竹君、王懷祖、吴西林校語，而所録校語中僅有一條屬王念孫。「裗」字下云：「西林説『良莠』下當有『反』字。念孫案：此三字不當在『臣鍇按』之下，當在末，上有闕文。」王筠道光二十二年閏月六日題記《〈說文繫傳〉校録》云：「竹君本惟首兩卷有校語，半是西林説也。惟一事先引吴説，而後繼以『念孫按』，是知懷祖先生有校本。」又云：「惜不見懷祖先生全本，無以盡發其覆也。」

再看咸豐七年王彥侗刻王筠《〈說文繫傳〉校録》三十卷二册中，祇有卷三「疌」下、卷七「鴹」下引王念孫説，加卷一「䄖」下一條，共三條。不過，王筠曾於道光癸卯二十三年。借朱竹君家藏本校祁春圃刻顧千里本，故《校録》刻本屢引朱竹君本。而據年譜，乾隆三十八年，王念孫曾爲朱竹君校勘小徐《説文》，可知朱本亦經王念孫校閱，但可能未校畢，或未加「念孫案」之類的話。

由此可見，近代著録家僅據王筠一句推測語，頓生皮傅影響，著録在案，徒增後人多少蒐羅之勞。在這種背景下，程棫林鈔本真教人喜出望外。

程棫林，字少珊，思南人，光緒十五年進士，《清德宗實録》幫總纂官，著作有《説文通例》。

【校注】

〔一〕「禜」，《禮記・祭法》作「宗」，注云：「宗皆當作禜，字之誤也。」

〔二〕徂故切：「祚」字音。

〔三〕詘、訾，鈔本合在一條。

〔四〕程棫林以爲「宂宀」當作「宀 宀」。

〔五〕四庫本《太玄》作「鷕」。

〔六〕見《北户録》卷二《斑皮竹笋》。卩，同節。

〔七〕四庫本《白虎通》作「芝蘭」。

〔八〕「復」，二十二子本《淮南子》作「複」。

〔九〕程鈔在「蜀」旁加點，「此等字」即指前後字條中的「蜀」字。

〔一〇〕鮑虎《得音策》，未詳。手稿中「得」字作「[illegible]」。

〔一一〕見《呂覽・離謂》。此約其辭，文字有誤。

〔一二〕參《繫傳》「纇」字條。

〔一三〕見《地官・載師》。

〔一四〕《詩地里考》，宋王應麟撰。

〔一五〕見《人部》「㑦」下。

〔一六〕《玉篇》出「䶒」字，云「古文墉，亦作𩫏」。手稿在𩫏旁加庸。

〔一七〕《玉篇》：「醮，冠娶妻也，禮祭也。」

《大唐開元禮》辨證

叙

若明堂以致嚴父之孝〇按：「若」字疑是衍文。〇念孫按：「若明堂」以下八句，乃舉此二條，以見礼雖先王未之有，可以義起耳。「若」字乃舉此以見例之詞，非衍文也。

附録・目

孟夏雩祀圜印〇念孫按：當作「孟夏雩祀於圜邱」，見上文。

皇帝大享於明堂〇念孫按：當作「皇帝季秋大享於明堂」，觀下「季秋大享於明堂」可見。考《通典》亦有「季秋」二字。

夏至祭於方邱〇念孫按：「夏至祭於方邱」下，落去「后土礼同」四小字，當補，見後二十九卷及《通典》。

皇帝孟春吉亥享先農耕籍〇念孫按：「耕籍」二字，當空一格，與下「親桑」二字同。

皇帝視學〇念孫按：「皇帝視學」，當作「皇帝皇太子視學」，見《通典》。

國子釋奠於孔宣父〇念孫按：「國子」當作「國學生」，「皇子」當作「皇太子」，見《通典》。

時早祈岳鎮於郊〇念孫按：「祈岳鎮於郊」當作「祈岳鎮於北郊」，「報祠礼」當作「報祀礼」，見《通典》。

諸州祈禱諸神〇念孫按：當作「諸州祈諸神」，觀下文「諸縣祈諸神」可見。《通典》亦作「諸州祈諸神」。

蕃國主來朝〇念孫按：「蕃國主」當作「蕃國王」，「蕃主」當作「蕃王」，見《通典》。下「蕃國主」同。

皇帝親告於太廟〇念孫按：當作「造于太廟」，見《通典》，「礼所謂造於禰」是也。下「有司告于太廟」、「告于齊太公」竝同。

禡于所至之地〇念孫按：當作「禡于所征之地」，見《禮記》。此「至」字蓋庸妄人所改。《通典》亦作「征」。

親征及巡狩登所過山川〇念孫按：「登所過山川」，當作「告所過山川」，見《通典》，「礼曰告于所過山川」是也。此「登」字亦庸妄人所改。

卷一百〇念孫按：「卷一百」當作「卷一百八」。

朝堂册命諸大臣〇念孫按：「朝堂册命諸大臣」，當作「朝堂册命諸臣」，見《通典》。

受羣官賀○念孫按：「受羣官賀」，當作「受羣臣賀」，觀上文「受羣臣朝賀」可見。《通典》亦作「羣臣」。

官臣○念孫按：「官臣」當作「宫臣」，見《通典》。

諸州上佐○念孫按：「諸州上佐」，「上」字衍文，《通典》無。

第一卷序例上

日○念孫按：釋日神位俎豆一行，當低二格，不當低三格。擇日一行，當低一格，不當低四格。後卜日、筮日、神位、俎豆竝與擇日一行同。

擇日

邱龍祠○念孫按：「邱龍祠」，當作「五龍祠」，見《通典》。

以祈甘雨○按：「甘雨」二字，其間可不補字，但二字中間空一格，則本書二字中間或更有字亦未可定。考《大戴禮·公符》篇有「降甘風雨」之文，則此「甘雨」二字間亦惟「風」字可補。○念孫按：「以祈甘雨，遂爲晚矣」，若改作「以祈甘風雨，遂爲晚矣」，便不成文。且「以祈甘雨」四字，乃《詩·甫田》之章文也。凡鈔本書中空一格者，不必定有其字。《大戴禮·公冠》篇「降甘風雨」，乃漢人祭天之詞。若引此爲證，謂「甘雨」二字中惟「風」字可補，則《漢書·郊祀歌》又有「降甘露雨」之文，亦與此類。似可不加字，酌之。考《通典》亦作「以祈甘雨，遂爲晚矣」。

季春吉日○念孫按：「季春吉日」，當作「季春吉巳」，見《通典》及《唐書·禮樂志》。

卜日○念孫按：第八行之前，落去卜日一行，當補入。觀下筮日一行可見。

卜日

中郎將二人○念孫按：「次中郎將二人」，此落去「次」字。

牙門二人○按：《儀衛志》「次牙門」下有「旗」字。○念孫按：《通典》「次牙門」下亦無「旗」字，似不必增，觀後置牙門一，亦無「旗」字可見。

果毅二人○念孫按：「二」譌作「二」。

方扇十二花蓋二○念孫按：「次方扇十二，次花蓋二」，此落去兩「次」字。

殿中少監一人一騎從○念孫按：當作「殿中少監一人騎從」。

御馬二十四匹分左右尚乘直長二人分左右○念孫按：「次御馬二十四匹，分左右；次尚乘直長二人，分左右」，此落去兩「次」字。

俾倪○按：「俾倪」當作「轄輗」。○念孫按：《説文》、《玉篇》、《廣韻》、《集韻》、《類（皆）篇》俱無「轄」字。古「睥睨」及「埤堄」字皆作「俾倪」，《史記·信陵君傳》「俾倪」即「睥睨」。《説文》：「城上女牆俾倪也。」即「埤堄」。則此亦可作「俾倪」。《通典》亦作「俾倪」。

工人十二〇念孫按：「工人各十二」，此落去「各」字。

工人一百二十〇念孫按：「工人各一百二十」，此落去「各」字。此句下又落去「節鼓二面，工人各二」凡八字。

饗食還飲至則乘之〇按：「饗食」二字譌，《通攷》作「鄉射」。

行道則乘之〇念孫按：「乘」譌作「供」。

巡狩臨兵事則乘之〇念孫按：下當云「次木輅」，注當云「黑質漆之，駕黑騮六，田獵則乘之」。據《隋書·禮儀志》、《唐書·車服志》及《通典·天子車輅》篇補。

次屬車十二〇念孫按：「次屬車十二駕牛」，此落去「駕牛」二字。

殿中省〇念孫按：殿中監，「監」譌作「省」。

黄鉞車駕二馬士〇「次黄鉞車駕二馬」下「士」字衍文。

各二百人〇念孫按：「各二百人」，「各」字衍，《通典》無。

次左右領軍〇念孫按：「次左右領軍衛」，此落去「次」字、「衛」字。

並鍪鎧弓刀楯〇念孫按：「並鍪鎧執弓刀楯」，此落去「執」字。

各五色繡繙〇念孫按：「各領五色繡繙」，此落去「領」字。「繡」，俗作「綉」，不可從。

十口引後〇念孫按：「十口揜後」，「揜」譌作「引」。

左右廂各一千人〇念孫按：「左右廂各十八人」，此譌作「一千人」。

已下四十人○念孫按：「四十人」下，落去「並戎服帶橫刀箭弩稍」〔十〕〔九〕字。

騏麟旗○念孫按：麒麟旗，「麒」譌作「騏」。

弟十五隊、弟十八隊○念孫按：「弟十五隊、弟十八隊」，此落去兩「弟」字。

弟一門以下○念孫按：自「弟一門以下」多譌舛，今正之：弟一門在左右威衛，白質步甲隊後，黑質步甲隊前；弟二門在左右威衛，黑質步甲隊後，左右領軍衛黃麾仗前；弟三門在左右領軍衛黃麾仗後，左右驍衛黃麾仗前；弟四門在左右武衛，白質步甲隊後，黑質步甲隊前。

左右領軍○念孫按：「左右領軍衛」，此落去「衛」字。

騰蛇○念孫按：「螣蛇」譌作「騰蛇」，下同。

横刀○念孫按：「帶横刀弓箭」，此落去「帶」字。

緋襠○念孫按：「緋裲襠」，此落去「裲」字。

餘文官○念孫按：「餘文武官」，此落（此）去「武」字。

若法駕○念孫按：「若法駕，減大駕」，此落去「減大駕」三字。

五副路○念孫按：「五輅」之輅，古通用路字，《周礼·巾車》「王之五路」是也。此書前既作「輅」，後又作「路」，自相牴牾。今依《通典》，前後皆作「輅」。

諸隊仗鼓吹○念孫按：「諸隊仗及鼓吹」，此落去「及」字，覩下「諸隊仗及鼓吹」句可見。

記里車○念孫按：「記里鼓車」，此落去「鼓」字。

耕根車○念孫按：「耕根車」下落去「羊車」二字。

大虫文○念孫按：「蟲」俗作「虫」，非。虫音虺。

將軍中郎郎將皆同○「將軍中郎將皆同」句多一「郎」字。○念孫按：「將軍中郎郎將皆同」，此句「中郎」下少一「將」字，當作「將軍中郎將郎將皆同」。「中郎將郎將」五字見前。

皇太后皇后鹵簿

皇太后皇后鹵簿○念孫按：「皇太后皇后鹵簿」，當低一格寫。此後皇太子、皇太子妃、親王弟一品弟二品弟三品弟四品，内命婦四妃、九嬪、婕妤、美人、才人外，命婦一品二品三品四品，竝同此例。

内僕令(二)〔一〕人在左○念孫按：「次内僕令一人在左」，此落去「次」字。

一人執○念孫按：「二人執」下落去「二人騎夾」四字。

内常侍二人内侍二人○「内侍」下落去「少監」二字。○念孫按：《通典》亦作「内侍二人」，似不必改爲「内侍少監二人」。蓋此内謁者監四人，給事二人，内常侍二人，内侍二人，皆内侍省官也。(改)〔攷〕《通典》内侍省官，有内侍，有内常侍，有内給事，有内謁者監，竝無内侍少監之名。

次内給使一百二十人○按：《唐儀衛志》云：「次内給使百二十人，平巾幘大口袴緋裲襠，分左右屬于宫人車。」此云「軍行後晝宮人車」，文義殊不可曉，似當從《儀衛》。〇念孫按：「次内給使一百二十人，分左右單行，後晝宮人車」，此譌作「分左右軍行後晝宮人車」，遂不可解。

内給使四人舁〇「舁」譌作「羿」，「舁」字下有「之」字。〇念孫按：「内給使四人舁之」，本書無此文法，「之」字不必增。考《通典》亦作「内給使四人舁」，無「之」字。「内給使四人舁」下，落去「次重翟車青質金飾駕四馬受册從祀享廟則乘之駕士」「青質金飾駕四馬受册从祀享廟則乘之」十六字，皆雙行寫。凡二十二字，非止落去九字也。

執人八〇念孫按：「執者八人」，譌作「執人八」。

次大繖〇念孫按：「次大繖四」，落去「四」字。

次小扇〇「小」字下落去「雉尾」二字。〇念孫按：《通典》亦作「小扇」，似不必改爲「小雉尾扇」，前《大駕鹵簿》「小扇十二」是其證。

次錦六柱八〇按：「次錦六柱八」下，《儀衛志》無「扇」字。〇念孫按：《儀衛志》：「次宮人車下次絳麾二分左右。」

親蠶採桑乘之〇念孫按：「親蠶採桑則乘之」，此落去「則」字，下「臨幸及弔則乘之」同。

各牙門二〇念孫按：「各開牙門三」，此落此去「開」字，「三」又譌作「二」。

左右領軍衛相各一百五十八執殳晝鹵簿〇「廂」譌作「相」。〇按：《儀衛志》：「廂皆一百五十人執殳，前屬於黄（塵）麾仗，後晝鹵簿。」此云「執殳晝鹵簿」。〇按：「晝」字自是「盡」字，又落去「前屬於黄麾仗」並「後」字。〇念孫按：《通典》亦無「前屬於黄麾信後」七字，似不必增。

曲折陪後門〇「曲折陪後門」五字，是《太子鹵簿》舛在此，當依《儀衛志》易作「各主帥主之，左右各折衝一人領」。考《儀衛志》「折衝」下當添「都尉」二字。〇念孫按：「曲折陪後門」五字，《通典》與此同，則非《太子鹵簿》譌在此明矣，似不必改。《通典》亦作「折衝一人」，似不必改作「折衝都尉一人」，前《大駕鹵簿》「金吾折衝二人」是其證。

領次鹵簿〇念孫按：「以領鹵簿」，譌作「領次鹵簿」。

皇太子鹵

太保〇《儀衛志》「太保」上有「詹事」，而《通攷》無之。然觀後「若常行常朝所不須導之官」內有詹事，則此處此二字自不可少。〇念孫按：「次詹事」三字，當補在「次率更令」之下。

次左右清道率一人〇念孫按：「次左右清道率府率各一人」，此落去「府率」二字。

每旗後亦二〇念孫按：「每旗後亦二人」，此落去「人」字。

各一人騎執〇念孫按：下落去「橫行正道」四字。

次掆鼓金鉦各二面〇念孫按：「次掆鼓金鉦各二面」，落去「次」字。此句又下落去「一騎執二人騎夾」七字。

騎並橫行〇念孫按：「騎竝橫行」下，落去「次橫吹一部橫吹十具節鼓二面各一騎執二人騎夾笛簫篳篥笳各六騎竝橫行」三十二字。

一騎執〇念孫按：「一騎執」下，落去「二人騎夾」四字。

竝騎横行正道○念孫按：「騎竝」譌作「竝騎」。

誕馬十疋分左右二人執○此「分左右」下有「執」字，衍文。○念孫按：「次誕馬十匹分左右」下，「執二人執」四字皆是衍文。

翊府郎將各一人○按：《唐儀衛志》句上有「左右」二字，此脱去。○念孫按：「翊府郎將各一人」上，落去「次左右」三字。

左衛翊府二十四人○按：《儀衛志》「左」字下有「右」字，此脱去。○念孫按：「次左右衛翊衛」，此譌作「次左衛翊府」。

騎在左右○「分」譌作「在」。○念孫按：次司議郎二人騎在左，次太子舍人二人騎在右，不必改爲「分左右」。

中舍人○中書舍人，落「書」字。○念孫按：《通典》亦作「中舍人」，似不必改作「中書舍人」，蓋此通事舍人四人，司直二人，文學四人，洗馬二人，司儀郎二人，太子舍人二人，中允二人，中舍人二人，左右諭德二人，左右庶子四人，皆東宫官也。攷《唐史·百官志》，東宫官有中舍人，無中書舍人。

次左右副率各一人○「副率」上落去「率府」二字。○按：《儀衛志》：「親動翊衛廂，各中郎郎將各一人。」○「中郎」下落去一「將」字。○念孫按：「次親動翊衛左右廂」，此落去「次」字、「左右」字。

郎將二人○念孫按：「次郎將二人」，此落去「次」字。

皆曲折陪後門○《通攷》謂六行皆曲折騎陪後行。○然攷下文有開後牙門監後門，則此云「陪後門」，恐亦未必錯。○念孫按：此當云「曲折騎陪後門」。

郎將二人○念孫按：「次郎將二人」，此落去「次」字。

次金輅小注○按：《車服志》：「金輅，皇太子從祀、朝賀、納妃則乘之。」此「從祀」下有「享正冬太廟」五字，而遺却「朝賀」，應將「享正冬太廟」五字易爲「朝賀」，則于本書不悖矣，或空此五字待補亦可。又查《通攷》有「大朝」二字，此譌爲「太廟」，當依《通攷》改定。○念孫按：此當作「從祀享正冬大朝納妃則乘之」。

六行六儀刀仗内夾輅○「在六行儀刀杖内夾輅」，落去「在」字。○念孫按：「在六行儀刀仗内」下「夾輅」二字衍文，觀前《大駕鹵簿》「在三衛仗内」下無「夾輅」二字可見。下有「左右衛率各一人夾輅」，則此「夾輅」二字爲衍文明（明）矣。

次千牛騎騎執細弓刀箭○一連重疊三句，二句衍文。○此句下又落去「次三衛儀刀仗後開牙門」凡十字。○念孫按：《通典》亦無「次三衛儀刀仗後開牙門」十字，似不必增。

前後過三衛仗○以《儀衛志》核之，此句亦是衍文。○念孫按：「前後過三衛仗」六字，《通典》與此同，似非衍文。

次獸角隊○念孫按：○「次獸角隊○」，此落去「次」字。

按分執旗弓箭稍弩○念孫按：「弓」字上落去「刀」字。

次典乘乘二人○「次典乘乘二人分左右」内，一「乘」字衍文。此句下又落去「次左右司禦率府校尉二人騎從」凡十三字。○念孫按：《通典》亦無「次左右司禦率府校尉二人騎從」十三字，似不必增，觀後「有左右司禦率各一人檢校步隊」可見。

次諸司供奉官人○「官人」二字衍文，此句下又落去「次左右清道率府校尉二人主大角」。○念孫按：「次諸司供奉官二人」，此譌作「次諸司供奉官人」，遂不可解。○念孫按：《通典》亦無「次左右清道率府校尉二人主大角」十四字，似不必增，觀前有「左右清道率府率各（各） 一人」可見。

鼓二面○念孫按：「鐃鼓二面」，此落去「鐃」字。

五日常享官○當作「五日常服朝官」。○念孫按：「五日常朝及朝享」，此落去「及朝」二字。○又按：「五日常朝」不改作「五日常服朝覲」，後云「若常行及常朝」可見。

果毅一人○按：「果毅」下落去「都尉」二字。「一人」下落去「領」字。下「皆執」當是「分執」。○念孫按：《通典》亦作「果毅一人」，似不必改作「果毅都尉一人」，前《大駕鹵簿》「金吾果毅二人」是其證。

各六色色九行○念孫按：「各六部部九行」，此譌作「各六色色九行」。

行六人下皆執○亦當是「分執」。

五色幢○念孫按：「五色幢」當作「五色幡」，觀前《大駕鹵簿》「五色繡幡」可見。

皆執戟弓○下落去「箭鋋刀」。○念孫按：《通典》亦作「皆執」，似不必改爲「分執」，此即前所謂「各執大戟刀楯刀箭弩也」，下同。

廂各獨楬鼓○「獨楬鼓」上落去「有」字。○念孫按：「廂各有獨揭鼓六重」，本書無此文法，「有」字不必增，前《大駕鹵簿》「廂各獨揭鼓十二重」亦無「有」字可證。考《通典》亦作「廂各獨揭鼓六重」，無「有」字。

皆儀仗外○「皆」字譌誤，據《儀衛志》，是「居儀仗外」。○念孫按：「重二人皆儀仗外」，當作「重二人在儀仗外」，觀前《大駕鹵簿》「重二人在黄麾仗外」可見。

廂各十人隊○「隊有主帥以下」，此譌作「各十人隊至帥以下」。○念孫按：「隊有主帥以下」，本書無此文法。考《通典》作「隊引主帥以下，隊引主帥以下三十人」，此譌作「三十一人」。

隊别旗一人領○「隊有旗一人執」，此譌作「隊别旗一人領」。○念孫按：「隊有旗一人執」，本書無此文法。考《通典》作「隊引旗一果毅一人領」。

次復拒隊旗一○念孫按：「次後拒隊旗一人執，二人引，二人夾」，此落去「人執二人引二人夾」八字。

領四十騎○當作「騎四十」。○念孫按：「領四十騎」，不當改爲「騎四十人」，本書無此文法。前《大駕鹵簿》「領五十騎」是其證。

各開牙門三前弟一門○念孫按：「内開牙門，一門二人執，四人夾」，此落去「一門二人執四人夾」八字。「前弟一門」，「前」字衍文，觀前《大駕鹵簿》「弟一門」上無「前」字可見。

左右司禦○下落去「率府」二字。○念孫按：「次左右司禦率府副率各一人」，此落去「府」字及下一「率」字。

四人夾在右○「右」字上落去「左」字。

監門副率各一人○當作「二人」。

在右監門副率各一人○念孫按：「左右監門副率各二人」，「左」譌作「在」。左右監門，見前。上「四人夾」另爲一句，不與此爲句也，見《通典》。

來去檢校○「來去」當作「左右」。○念孫按：《通典》亦作「騎來去檢校」，似不必改。

其二傳○念孫按：「其二傳」譌作「其二傳」。

即闕惣不須攝○念孫按：「惣」不成字，當作「摠」，後放此。

餘官有故○念孫按：「餘官有事故」，落去「事」字，此下十二字皆衍文。

皇太子妃鹵簿

帶弓箭横刀○念孫按：「帶横刀執矟弩弓箭」，此譌作「帶弓箭横刀」。

分左右引導○念孫按：「導」字通作「道」，然是書前既作「導」，後又作「道」，則自相牴牾矣。今依《通典》，前後皆作「導」。

青衣十人○念孫按：「青衣十二人」，此落去「二」字。○「青衣十人」下，落去「車副十人」四字。

次偏團扇各十六○念孫按：「次偏扇、團扁扇、方扇各十八」，此譌作「次偏團扇各十六」。

次六柱二扇内納使執○念孫按：「次六柱扇二，分左右，内給使執」，此譌作「次六柱二扇内納使執」。

大扇二○「次大扇二」，此落去「次」字。

内給使執○念孫按：「各内給使執」，此落去「各」字。

親王鹵簿

次幰弩一〇念孫按：「次幰弩一騎」，此落去「騎」字。

長鳴十八具騎横行正道〇下「次棡鼓金鉦各一面各一騎執一人騎夾」凡十六字，皆衍文。〇念孫按：「次長鳴十人具」，此落去「次」字，下「次中鳴十具用」。

次麾幢各一〇念孫按：「麾幢」當作「麾幡」，觀下一品、二品、三品、四品竝作「麾幡」可見。

次大角八〇念孫按：「次大角八具」，此落去「具」字。

第一品

鐃簫笳各四〇念孫按：「鐃簫笳各四」，當作「鐃鼓一，簫笳各四」，觀上《親王鹵簿》「鐃鼓一面，簫笳各四」可見。「鐃鼓」，「鼓」字斷不可删，互見下條。

第二品

〔鐃一簫笳各二〕〇鐃一簫笳各三，此云「鐃一簫笳各二」，誤。〇念孫按：「鐃一」當作「鐃鼓一」，後放此。若改作「鐃簫笳各三」，則是鐃鼓亦三矣。按上「皇太子鐃鼓二，親王鐃鼓一」，此二品安得有三乎？似不必改。〇「簫笳各二」，「二」字似不誤。蓋一品簫笳各四，二品、三品減一品之半，各二。四品又減二品三品之半，各一也。《通典》「一品簫笳各四，二品、三品各二，四品各一」是其證。

第三品

鐃一簫笳各三〇鐃簫笳各二，此云「鐃一簫笳各三」，誤。〇念孫按：此當作「鐃鼓簫笳各二」。

第四品

鐃一簫笳各一〇念孫按：「簫笳各一」下，落去「横吹一部横吹二笛簫篳笳各一」凡十四字。

内應給鹵簿者〇念孫按：「右應給鹵簿者」以下，當另一行寫。

内命婦四妃

行鄣坐障〇此前後「障」字盡譌爲「鄣」。〇念孫按：「障塞」之障，古通用鄣字。《禮記·祭法》：「鯀障鴻水而殛死。」《國語》：「是鄣之也，抑爲保鄣乎？」並同，「鄣」字似不誤。

九嬪

婕妤美人才人〇念孫按：「婕妤、美人、才人及注太子良娣已下准此」，當另一行寫，見前《皇太后皇后鹵簿》一條。

外命婦一品

非公主〇念孫按：「非公主王妃」，此落去「王妃」二字。

白銅飾犢車一〇念孫按：「白銅飾犢車」下「一」字衍文，《通典》無。下二篇放此。

第三卷序例下

衣服

以組爲纓〇念孫按：「以組爲纓」，「組」譌作「爼」。

玄黄〇按：「玄黄」下當有「青赤白黑」四字，乃備文采，不然，則「玄黄」二字當删。〇念孫按：「雙珮玄組雙大綬六采玄黄赤白縹緑純玄質」，此譌作「雙火綬六采玄黄」，遂不可解。〇念孫按：「天地神祇」，當作「天神地祇」，見《通典》。

十二旒〇念孫按：「十有二旒」，此落去「有」字。

佩〇念孫按：「珮」字下作「佩」，然是書前既作「佩」，後又作「珮」，則自相牴牾矣，今依《通典》，前後皆作「珮」。

若元（旦）〔日〕受朝〇念孫按：「若元日受朝」，「若」字衍文，《通典》無。

有事遠至則服之〇念孫按：「有事遠主」，「主」譌作「至」。

海岳有〇念孫按：「祭海岳有」，「有」字衍字，《通典》無。

後組翠綏○「組纓翠綏」，「組」譌作「後」。○念孫按：「髮翠綏」，「髮」譌作「後」。

簪犀導○念孫按：「若犀簪導」，此落去「若」字。

冬會○按：「冬會」二字譌舛，當是「燕會」。考《唐車服志》並《通攷》皆云「燕羣臣」。○念孫按：《通典》亦作「冬會」，似不必改爲「燕會」，《隋書·禮儀志》「元會及冬會」是其證。

袜○念孫按：「韈」，俗作「袜」，不可從，後放此。

則與手巾幘者通著○念孫按：「則與平巾幘通著」，此譌作「則與手巾幘者通著」。

「白玉雙珮玄組雙大」八字譌舛，當作衍文觀。下「禮衣特加雙珮」，則褘衣本無有雙珮矣。又按下「鞠衣有惟無翟」，則褘衣「用翟爲章」四字似不可遺漏，當即于「褘衣」二字下補之。○念孫按：《通典》「褘衣」下，亦無「以翟爲章」四字，似不必增。《周禮·内司服》：「褘衣揄狄。」注：「狄當爲翟。翟，雉名。伊雒而南，素質五色，皆備成章曰翬。」褘聲相近。《禮記·玉藻》：「王后褘衣。」注：「褘讀如翬，雉名也。」據此，則褘即「翬翟」之翬，不必更加「以翟爲章」四字。「以青衣去聲。革帶」五字，《隋書·禮儀志》及《通典》竝同。《唐書·車服志》作「青衣革帶」。《宋史·輿(版)〔服〕志》作「革帶以青衣之」。《通典》：「后妃命婦服章。」《制度》篇作「青緣革帶」。「以青衣」三字，似不必(可)删，觀下「皇太子妃褕翟，内外命婦翟衣」，及「六品以下，妻九品以上，女嫁之大褏連裳，庶人女嫁之連裳」竝云「以青衣革帶」可見。「白玉雙珮玄組雙大珮綬」，當作「白玉雙珮玄組雙大綬」。又按：以上九字，《通典》與此同，《隋書·禮儀志》作「白玉珮玄組綬」，《通典·后妃命婦服章制度》篇同。《宋史·輿服志》作「白玉雙珮黑組雙大綬」，《唐書·車服志》作「珮綬如天子」。按：所謂「珮綬如天子」者，即上「六冕通天冠武弁之白玉雙珮玄組雙大綬」也，似不可删。又按：青韈舄色青，白玉雙佩色白，玄組雙大綬色玄，若改作青韈舄珮綬，則是珮綬亦用青色，非矣。又按：禮衣加雙珮小綬者，所以異於褘衣之雙珮大綬也，今謂禮衣特加雙珮，則褘衣本無雙珮，可知非矣。又按：受册助祭朝會諸大事，則服褘衣；宴見賓客，則服襢衣，豈有宴見賓客有雙珮，而受册朝祭諸大事反無雙珮之理？

黄羅爲表○念孫按：「黄羅爲衣」，「衣」譌作「表」。

及衣革帶○「衣」字衍文。○念孫按：「衣革帶」，「衣」字非衍文，見上。

鈿釵禮衣○念孫按：「鈿釵襢衣」，當于「親蠶則服之」之下空一格寫，不當擡頭。「襢衣」譌作「禮衣」。「巫白珠」，此落去「白」字。

朱袜○按：《唐車服志》並《通攷》是白袜，此云「朱袜」，譌。○念孫按：《通典》亦作「朱韈」，似不必改爲白韈。前「乘輿衮冕朱韈赤舄」是其證。

其革帶劍珮○念孫按：「珮」字下落去「綬」字。

紫袴○念孫按：「紫袴」當作「紫褶白袴」，見《隋書·禮儀志》及《通典》。

進德冠○念孫按：「進賢冠」，當空一格，不當空兩格。

及白練裙襦通著之○念孫按：《通典》「及白練裙襦通著之」八字與此同。及者與也，言與白練裙襦通著之也。前「乘輿翼善冠」及「白練裙襦通著之」是其證。今改爲「有白練裙襦通著之」，非是。

王梁珠鈿○當作「起梁珠寶鈿」。○念孫按：當作「玉梁珠寶鈿」。○念孫按：《通典》亦作「玉梁」，似不必爲「起梁」，《隋書·禮儀志》「平巾幘玉梁」是其證。「前乘輿平巾幘玉具裝」即此。

帛練○念孫按：「白」譌作「帛」。

竝博鬢○念孫按：「竝兩博鬢」，此落去「兩」字。

瑜玉雙珮純朱○「朱組」譌作「純朱」。○念孫按：《通典》亦作「純朱雙大綬」，似不必改爲「朱組雙大綬」，《隋書·禮儀志》作「纁朱綬」是其證。

諸事則服之○念孫按：諸大事，此落去「大」字。

禮衣○念孫按：「襢衣」譌作「禮衣」。

「親王朱綬」四小字○念孫按：當在「綵綟綬」之下，見《通典》。

驚冕○念孫按：「驚冕」，當空一格寫。

三章○念孫按：「服三章」，此落去「服」字。

水蒼珮○念孫按：「水蒼玉珮」，此落去「玉」字。

黑綬飾劍○「綬」字下落去「金」字。

九品服之○句有譌誤，當是「六品以下、九品以上從祀服之」。○念孫按：「九品服之」，當作「九品以上服之」，見《通典》。

褒聖侯○念孫按：「褒聖侯之」，譌作「侯」。

諸王侯之○念孫按：「諸王服之」，譌作「諸王侯之」。

三公○念孫按：「三師三公」，此落去「三師」二字。

法冠〇空一格寫。〇念孫按：「待左者左珥」，下「左」字譌作「右」。

解豸冠〇念孫按：爲解豸之形，此落去「解」字。

空項幘〇念孫按：「空頂幘」，「頂」譌作「項」。

按朝服亦名具服〇另是一服，不接上文寫，當空一格。〇念孫按：「一名具服」，「一」譌作「亦」。下「一名從省服」同。

冠幘簪纓導〇念孫按：「冠幘纓簪導」。

白裙襦〇念孫按：「白裙襦」下，落去「赤裙衫」三字。

赤裙衫〇三字衍文。〇念孫按：《通典》亦有「赤裙衫」三字，似非衍文。

革帶鉤解〇念孫按：「革帶鉤鰈」，「鰈」譌作「解」。

則服〇「則服之」，此落去「之」字。

馬紗〇念孫按：譌作「烏紗」。

冠友〇冠友皆本品褶。按：袴褶之制，因品級而異，此句當是冠皆有本品。〇念孫按：「冠友」當作「冠支」，見《通典》及《隋書·禮儀志》；《唐書·車服志》「前乘輿平巾幘冠支以玉」是其證。

褶並大口袴〇念孫按：「褶」上落去「紫」字。

襧當〇念孫按：「裲襠」當作「襧當」。

冠玄琪珠○念孫按：「冠去堪珠」，「去」譌作「玄」。

則與平巾幘者○念孫按：「者」字衍文。

通用細綾及准○「准」當作「羅」。○念孫按：凡典謁武弁，當空一格寫，下職事同官。

若外官拜表受制皆朝○念孫按：「拜表受制皆朝」，當作「拜表受制皆朝服」，見《通典》及《隋書·禮儀志》；《唐書·車服志》「前朝服，拜表大事則服之」是其證。今改爲「拜表受制則服」，非是。

五品以上○念孫按：「上」譌作「下」。

内外命婦花釵○當提起平格寫。○念孫按：「内外命婦服」，此落去「服」字。

寶鈿（堆）〔准〕花○念孫按：「寶鈿准花樹」，此落去「樹」字。

禮衣○念孫按：「襢衣」譌作「禮衣」，下同。

凡公主王妃○念孫按：當空一格寫。

各從夫及子○念孫按：下落去「若不同夫及子」六字。

霞弁○念孫按：「覆笄」譌作「霞弁」。

以青革帶○念孫按：「青」字下落去「衣」字。

連裳者質以青衣○「以」字衍文。○念孫按：「以青衣革帶」，「以」字非衍文，見前「皇后服褘衣」一條。

袜履譌爲抹○念孫按：當作「韈履」。

凡百官女嫁〇念孫按：「凡百官女嫁」，當空一格寫，下凡王公同。

齋戒

「齋戒」二字〇念孫按：當低一格寫，後「祈禱」、「禊制」竝同。

凡大祀〇念孫按：「凡大祀之官」，此落去「之官」二字。

不得吊喪問疾〇念孫按：「不得」上落去「惟」字。

其在齋病者〇念孫按：「其在齋坊病者」，此落去「坊」字。

前一日〇念孫按：前〔字〕〔一日〕下落去「祀」字。

凡齋官〇念孫按：「凡應齋官」，此落去「應」字。

設食如之〇念孫按：「亦如之」，此落去「亦」字。

祈禱

旱甚則循雩〇當作「大雩」。〇念孫按：「旱甚則循雩」，當作「旱甚則脩雩」，見《通典》。

則令丞行事〇上落去一句，想應是「社稷」二字。〇念孫按：「縣則縣令令丞行事」，此落去兩「縣」字、一「令」字。

榮京城諸門○「禜祭京城諸門」，「禜」譌作「榮」，又落去「祭」字。○念孫按：《通典》亦作「禜京城諸門」，似不必改作「禜祭京城諸門」，觀下「州縣禜城門」無「祭」字可見，《隋書·禮儀志》「禜京城諸門」是其證。

若州縣禜城門祀界内山川○念孫按：「若州縣禜城門不止」，此落去「不止」二字。○念孫按：「祈界内山川」，「祈」誤作「祀」。

雜制

太皇太后○念孫按：「〔太〕皇太后」下落去「皇太后」三字。

通稱之○念孫按：「通稱之」，「之」字衍文，下同。

日赴行在所○念孫按：當作「由赴行所在」。

遣使起居○念孫按：「使」字下落去「參」字，下同。

奉勑差使○念孫按：「奉勑差使」四字當連寫，不是空格。

並奉表疏賀○念孫按：「竝拜表疏賀」，「拜」譌作「奉」。

祥瑞圖書令大瑞者○念孫按：「凡祥瑞」，此落去「凡」字。

百官詣闕者表奏賀告廟攽下○「奏」字衍文。「告廟頒下」，「頒」誤作「攽」。○念孫按：《説文》：「攽，分也。」引《(用)〔周〕書》曰：「乃惟孺子攽。」「攽」字似不誤。○念孫按：「闕詣上表奉賀」，此譌作「詣闕者表奏賀」。

百官一品以下○念孫按：不當空一格，下「某品位」同。

某品位○當是「某品某位」。○念孫按：其品位，謂某品之位也，不當作「某品某位」。考《通典》亦作「某品位」。

不任滌理者○念孫按：「脩」譌作「滌」，「訖」字衍文。

祭川則沉浮皆以祀祭○念孫按：「祭川皆浮沉」，此譌作「祭川則沉浮」。「祭祀」譌作「祀祭」。

皆楚柴○「皆燔柴」，譌作「(燔)(楚)柴」，想「楚」字是「焚」字之譌。○念孫按：「祭地祇皆瘞埋」下，落去「祭山皆庋縣」五字。

守當○念孫按：當作「守掌」。

若埋幣者○念孫按：「者」字衍文。

凡季冬晦而儺○念孫按：「凡季冬晦行儺」，此譌作「凡季冬晦而儺」。

名封祖○念孫按：「始封祖」，此譌作「名封祖」。

三果帳○念孫按：「三梁帳」譌作「三果帳」。

卷第四吉禮

目○念孫按：弟二行「吉禮」當低一格，弟三行「皇帝冬至祀圜邱」當低二格，弟四行、弟五行當低三格，弟六行「齋戒」當低一格。此下「陳設」、「省牲器」、「鑾駕出宮」、「奠玉帛」、「進熟」、「鑾駕還宮」，竝與「齋戒」同，後放此。「奠玉幣」當作「奠玉帛」，見《通典》。「皇帝冬至禮圜邱」七字相連，不空格。

竝給二十日○念孫按：「竝給假二十日」，此落去「假」字。

陳設〔一〕

第四卷終○念孫按：卷第四終，「終」字衍文，各卷無此字，下六卷「終」同。

卷弟五吉禮

目○念孫按：「奠玉幣」，當作「奠玉帛」，見前卷。

卷弟六吉禮

目○念孫按：「祈穀于圜邱」五字相連，不空格。「薦玉帛」當作「奠玉帛」，見前卷。

卷弟七吉禮

目○念孫按：「薦玉帛」當作「奠玉（幣）〔帛〕」，見前卷。

念孫按：《大唐開元禮》卷弟七，此作「七卷終」，蓋庸妄人所改。

卷弟八吉禮

鑾駕還宮如圜邱之儀○念孫按：九字當另一行寫。

卷八○念孫按：當作「卷弟八」。

卷弟九吉禮

目

孟夏雩祀圜邱○念孫按：當作「孟夏雩祀于圜邱」。「奠薦玉帛」，當作「奠玉帛」。竝見前卷。

陳設○念孫按：「進熟」二字，此譌作「陳設」。

目

卷弟十吉〔禮〕

目○念孫按：「皇帝大享於明堂」，當作「皇帝季秋大享於明堂」。「薦玉帛」，當作「奠玉帛」。竝見前卷。「鑾駕還宮」，譌作「鑾駕出宮」。

省牲○念孫按：「省牲器」，此落去「器」字。

卷弟十一吉禮

目○念孫按：「吉禮」二字在弟二行，「季秋大享于明堂」在弟三行，此落去「吉禮」一行，當補入。○念孫按：「薦玉帛」當作「奠玉帛」，見前卷。此下又落去「進熟」二字。

卷弟十四吉禮

目○念孫按：「祀赤帝於南郊」六字相連，不空格，下卷同。「赤帝」譌作「青帝」。

卷弟十六吉禮

目○念孫按：「祀黄帝於南郊」六字相連，不空格，下卷同。

卷弟十七吉禮

目○念孫按：前卷「季夏土王日不作旺」，此「旺」字蓋庸妄人所改。

卷弟十八吉禮

目○念孫按：「祀白帝於西郊」六字相連，不空格，下卷同。

卷弟二十吉禮

目○念孫按：「祀黑帝於北郊」六字相連，不空格，下卷同。

卷弟二十四吉禮

目○念孫按：「進熟」下落去「鑾駕還宮」四字。

卷弟二十五吉禮

目○念孫按：「朝日」譌作「祀日」。

卷弟二十七吉禮

目○念孫按：「夕月」譌作「祀月」。「奠玉帛」譌作「薦玉帛」，卷内「薦玉帛」同。

卷弟二十八吉〔禮〕

立春後日祀風師丑日○念孫按：立春後丑日祀風。

卷第二十九吉禮

目○念孫按：「夏至祭於方丘」，譌作「夏至於方丘祭者」。「牲器」譌作「有牲器」。

卷第三十吉禮

目○念孫按：「祭方丘」，當作「祭於方丘」，見前卷。

東階西向〔一〕○念孫按：「階西向」當作「皆西向」，見《通典》。

其占者以太卜官人○念孫按：「太卜官之明卜者」，「之」譌作「人」。

立於門東西向○念孫按：「立於門東，西向」，當作「西面」，觀下「立於門西，東面」可見。考《通典》亦作「西面」。

立於席東○念孫按：「執龜立於席東」，此落去「執龜」二字。

「示」下空一字○「示」字下是「高」字，（處）〔據〕《唐禮樂志》補。

太卜令受龜少退受命○按：「太卜令受龜少退受命」，應依《禮樂志》改作「俟命」。下「太卜令曰諾」，乃爲受命也。

若將有册命大事。○念孫按：「若將有册命大事」以下二十六字當入注，見《通典》。

遂述命○按：「遂述命」（二）〔三〕字當在下「命龜曰」之上，此疑錯簡，似宜改正，此當云「遂右還」。○念孫按：

「遂述命還即席西面生命龜曰」十二字,《通典》與此同,似不必改。《儀禮・士喪禮》云「不述命,還即席,西面坐,命龜曰」是其證。○「還即席」不必改爲「右還即席」。

興授卜正龜負東扉○按:《禮樂志》「授卜正龜」下更有「卜正」二字。以負東(靡)〔扉〕正坐作龜者,卜正也,宜照《志》添補,乃不混。作龜,爲太卜令事也。○念孫按:「授卜正龜負東扉」七字,《通典》與此同,似不必改,《士喪禮》云「授卜人龜負東扉」是其證。蓋太卜令既授卜正龜,即退負東扉,非卜正退負東扉也。《唐書・禮樂志》云「卜正負東扉」,大誤。

白禮畢○念孫按:「白禮畢訖」,「訖」字衍文,《通典》無。

謁者引太常卿下還次○念孫按:「下」字上落去「以」字。

皆太卜令莅卜正視高○念孫按:「皆太卜令莅卜正字視高」,「正」字上落去一「卜」字。

筮日

掃除太廟南門之外○念孫按:「太廟南門之外」下,有「守宫設太卜令以下次於門外之東」十四字,見《通典》,此落去十三字,觀上篇「守宫設太常卿以下次於門外之東」可見。

次于門外之東階西向○按:「東階西向」下,當是脱去「設次」二字,似宜補載。○念孫按:「階西向」作「皆西向」,見《通典》。

以太卜官人明筮者爲之○念孫按:「太卜官之明筮者」,「之」譌作「人」。

立於門東西向○念孫按：「西向」下，落去「贊引告事具」五字。

某祭某神於某所尚饗○念孫按：「尚饗」下，落去「若將有冠婚等事則曰來曰某有某事庶乎從之」十九小字，見《通典》，當補。

遂述曰○按：「遂述曰」三字，當作「述命曰」。○念孫按：「遂述曰」當作「遂述命曰」，《儀禮·少牢饋食禮》「遂述命曰：假爾太筮有常」是也。

乃釋韇坐策訖○念孫按：「坐」字下不空格。「坐策訖」當作「坐筮訖」，見《通典》。

卜正退○念孫按：「卜正退」下落去「復位」二字。

卜正韇筮○念孫按：當作「卜正韇策」，見《通典》。

若不吉○念孫按：「若上旬不吉」，此落去「上旬」二字。

神位

壇上以高祖神堯皇帝配坐○念孫按：「以高祖神堯皇帝配坐在壇上壇之(等)第一等祀」十八字，見《通典》。此譌作「壇上以高祖神堯皇帝配坐壇之第一等祀」，遂不可解。

東方清帝靈咸仰○按：「祀」字宜書在夾行内，「青」誤作「清」，「靈咸仰」譌作「咸靈仰」，據《唐志》。○念孫按：「壇之第一等祀」，「祀」字不宜寫在夾行内，見《通典》。下「壇第二等祀」、「壇第三等祀」竝同。

並差其行位前○據《唐禮樂志》作「並差在行位前」。

餘内官諸座○「座」譌作「坐」。○念孫按：後「坐」字皆放此。

壇第三等○念孫按：「壇第三等」下，「祀」字譌作「自」。

中官市垣○念孫按：「中宫市垣」當作「中宫市垣」，見《通典》。

大角　提太微○按：《唐書·禮樂志》「太微」下有「五帝」二字，宜補。此即太微垣内之五帝内座，補此合上中宫市垣數之，乃共十七座也。○念孫按：《唐書·禮樂志》「太微」下竝無「五帝」二字，《通典》亦無。蓋上云帝座，即五帝座也，合七公以下十六座數之，共爲十七座。若加一五帝座，則是十八座，非十七座矣。

三百六十座○按：「(坐)〔座〕」字疑衍。○念孫按：「三百六十座」，與上句「一百五座」文勢相對，「座」字似非衍文，考《通典》亦作「三百六十座」。

日月星辰○念孫按：「曆象日月星辰」，此落去「曆象」二字。

以禋祀昊天上帝○念孫按：「以禋祀祀昊天上帝」，此落去一「祀」字。

不及星辰之例○按：「例」字譌，當是「列」字。○念孫按：「不及星辰之例」，言不與星辰同一例也，「例」字似不誤，觀後云「此即皆是星辰之例」可見。

故周以青圭禮東方○念孫按：「周」字下脱一「禮」字。

兆五帝於四郊○「五帝帝」疑是「五帝位」。○念孫按：「五帝帝」，當作「五方帝」，見上文。

又以爲上帝都號六天○按：「又以爲上帝都號六天」語應有誤，當云「與上帝共號六天」，疑「共」字譌作「都」字。

上帝上落去與字○念孫按：鄭氏以五帝爲上帝，故此駁之云：「五帝初無上帝之號。」若鄭氏已云五帝與上帝共號，六天則是已分上帝、五帝爲二矣，何須辨之耶？且「都」字亦非「共」字之譌，酌之。

准五傳曰○「准」當作「準」，下「請准禮修之」並同。按：《文獻通攷》皆是「准」字，則本是書亦是「准」字可知，但論文義，當作「準」，不知唐時准通準否。○念孫按：《五經文字》準字注之《字林》作「准」，則晉時準字已作准矣。《玉篇》「準」字注亦云：「俗作准。」二字以無分别也，《通典》亦作「准」。

夫五帝者○念孫按：「夫五方帝者」，此落去「方」字。

内壇之外○念孫按：「内壝之外」，「壝」譌作「壇」。

以成大雩帝之義也○念孫按：「以成《月令》大雩帝之義」，此譌作「以成大雩帝之義也」，觀下篇「以成《月令》大享帝之義」可見。

鄭康成所司引○念孫按：「鄭康成所引」，「司」字衍文，《通典》無。

故明上帝即天矣○「故明上帝即天矣」，「故」字應是「是」字。○念孫按：「故明上帝即天矣」，「故」字衍，《通典》無。

祝融氏○念孫按：「祝」譌作「祀」。

右用樂○念孫按：「右舊用樂」，此落去「舊」字。

沽洗○念孫按：「姑洗」譌作「沽洗」，後放此。

右樂舊○念孫按：「右舊樂」譌作「右樂舊」。

且社稷之祀○念孫按：「且」字衍，《通典》無。

豈同岳瀆只用三變○念孫按：「豈同岳瀆只用三變」，「岳瀆」當作「邱陵」，見《通典》。《周禮》曰「三變而致鱗物及丘陵之示」是也。

功臣配享前一行○念孫按：第五行之前，落去「仲春享先代帝王」一行，當補，觀下「帝嚳氏」云云可見，又見《通典》。

「功臣能享」小注○念孫按：「淮安王神通、河間王孝恭」，當在「殷開山、劉政會」之下，此配享高祖室者也，不當在太室宗，見《通典》。「崔元暐、袁恕已」，當在「張柬之」之下，見《通典》。蘇轅瓌，「瓌」譌「環」。

后契配○「后契配」，「后」當作「稷」。○念孫按：「后契配」，當作「稷契配」，見《通典》。

上下釋奠于太學○念孫按：「上丁」譌作「上下」。

「孔宣父爲先聖」小注○「孔忠」譌作「孔患」。○按：《史記・弟子列傳》：「鄭國字徒」。此曰「鄭子徒」，「子」字疑衍。○按：鄭徒之爲子徒，猶言游之爲子游。鄭子徒猶卜子夏、閔子騫、高子皋之類，無足異者。○念孫按：考《史記・列傳》正作「子徒」。原亢，據《史記》作「原亢籍」，疑此脱去「籍」字。公肩定，據《史記》作「公堅定」。廉梁，按《史記》作「廉潔」。施常，按《史記》作「施之常」。鄡單，此譌作「鄡」，六書無「鄡」字。○按：此原照《史記・仲尼弟子列傳敘》，《史記》載有顏幸、顏何、申黨，而此無其人。此載有顏辛黨，而《列傳》中無其人。應是「顏幸」譌作「顏辛」，而

「黨」字上脱去「顔何申」三字，宜更正。〇毛萇，譌作「長」。

餘准禮定〇念孫按：「餘准舊禮爲定」，此落去「禮爲」二字。

留侯〇念孫按：「留侯」譌作「留候」。

用剛目〇念孫按：「用剛日」譌作「用剛目」。

五岳五川〇念孫按：「四鎮四海四瀆」當在「五岳」之下；「五川」當在「五山五林」之下。見《通典》。

五星十二辰河漢〇念孫按：「五星十二辰河漢」與上連寫，不空格。「河漢」譌作「可漢」。按：《通攷》載《開元禮》五星十二辰亦有甄，恐誤。

冬依冬至〇念孫按：「冬依」當作「各依」。

季春大享明堂〇念孫按：「季秋」譌作「季春」。

歲星三辰勾芒七宿〇念孫按：「勾芒歲星三辰七宿」，此譌作「歲星三辰句芒七宿」，觀前「以句芒氏歲星三辰七宿从祀」句可見，別見《通典》。

神農伊祁〇念孫按：「神農伊祁」下落去「五官」二字，當補，見《通典》。

籩豆各一〇念孫按：「籩豆各一」，「一」譌作「二」。

八十五（坐）〔座〕〇念孫按：「八十五座」下落去一「座」字。

五岳四瀆四鎮四海〇念孫按：當作「五岳四鎮四海四瀆」，見《通典》。

鈃三〇按：鉶、鈃，《説文》本分爲二，《九經字樣》「鉶，祭器。鈃，樂器」是也。《韻會》見《禮記》「鉶」或作「鉶」、(鈃)〔鈃〕」，遂以爲通用，而不知其爲譌字也。此「鈃」字，似仍當易作「鉶」字，下並同。〇念孫按：《五經文字》云：「鉶、鈃，上祭器，下樂器。」又云：「《禮記》或通用下字爲祭器。」則「鉶」之通作「鈃」明矣。又《儀禮・聘禮》「六鉶」、《公食大夫禮》「宰夫設鉶四於豆西」、《特牲饋食禮》「豆籩鉶在東房」，釋文並作「鉶」、「鈃」，《通典》亦作「鈃」。《禮記・禮運》：「實其簠簋籩豆鉶羹。」釋文亦作「鈃」。《五經文字》謂《禮記》通用鈃字謂祭器，指此。又通作「刑」，《周禮・内饔》：「凡掌共羞脩刑膴胖骨鱐。」注：「刑，鉶羹也。」《史記・太史公自序》「啜土刑」，正義：「顔云：刑，所以盛羹也。」古字通用，未可執一。

俎三〇念孫按：「俎三」二字，當在「鈃三」之下，見上文。

馬社先牧〇念孫按：「光牧」二字，當在「馬社」之上，見《通典》，後放此。

孟春祭帝社〇念孫按：「孟春祭帝社」，當作「孟春祭先農」，觀前「孟春享先農」可見，别見《通典》。

登三〇念孫按：「甄」譌作「登」，後放此。

三年祭先代帝王〇念孫按：「三年祭先代帝王」，當作「仲春祭先代帝王」，見《通典》。

釋奠于先聖先師〇念孫按：「釋奠於先聖先師」，此譌作「先聖釋奠於先師」。

凡祀昊天上帝〇念孫按：「凡祀昊天上帝」以下，當另一行寫。

諸太廟〇念孫按：「諸太子廟」譌作「諸太廟」。

祭神農伊祁祀星辰下〇念孫按：「祀」字衍文，《通典》無。

亦用少牢○念孫按：「皆用少牢」譌作「亦用少牢」。

後節二肫胳○「肫胳」當作「膞骼」。《儀禮》鄭注曰：「服骨也。」「長脅一」當作「正脅一」，雖脅之在中者差長，正脅亦可稱長脅，但此既引鄭注「脅傍中爲正」句，正以解正脅之爲傍中而差長者耳。既易名爲長脅，豈有不自明長脅之何指，轉引鄭注以解正脅之理？畢竟原用《儀禮》全文，本是「正脅」二字。又按：上言胖體十一，而就下數之，只有十體可見，念孫按：「其牲皆升右胖」爲句，「體十一」爲句，非以「胖體十一」爲句也。又落去「代脅一」一句明矣。且肩臂臑膞骼五體，自前而後順引之，正脊脡脊橫脊六。自前而後順數之，焉有先言長脅，次言短脅，忽又逆數之理？似當依《少牢饋食》先曰短脅一，次曰正脅一，次曰代脅一，亦自前而後順數之爲是。○念孫按：《儀禮·鄉飲酒禮記》：「脊脅胳肺。」注：「凡牲，前脛骨，二肩臂臑也；後脛骨，二膞今本譌作「膊」，後放此。胳也。」音義：「膞，劉音純。」《鄉射禮記》：「折脊脅肺臑。」注：「臑若膞胳。」音義：「膞音純。」《既夕》注亦前肩後肫脊脅而已，音義：「肫，劉音純。」《士(膚)虞禮》：「升左肩臂。」音義：「肫，時倫反。」《少牢饋食禮》：「肩臂臑膞骼。」音義：「膞，劉音純。」《有司徹》：「肩臂肫骼臑。」音義：「肫音純。」以上七條，《鄉飲酒禮記》注、《鄉射禮記》注及《少牢饋食禮》皆作「膞」，《既夕》注及《士虞禮》、《特牲饋食禮》、《有司徹》皆作「肫」。[三]考《通典》亦作「肫」。而陸氏皆音「純」。是肫即膞也。「肩臂臑肫骼」，即「肩臂臑膞胳」是也。凡从專之字，亦可从屯。膞胳之膞，亦用肫，猶蓴菜之蓴，亦作蒓。自今本譌「膞」爲「膊」，而其字始不可通矣。又按：「其牲皆勝石胖」，乃是「其牲皆升右胖」之譌。

皆二骨竝以○念孫按：「皆二骨竝以」，當作「皆二骨以竝」，見《通典》，《少牢饋食禮》云「皆二骨以竝」是也。

凡供別祭用太牢者○念孫按：「凡供別祭用太牢者」與上連寫，不空格。下「凡祭器用籩豆各十二者」，當空一格，見《通典》。

乾魚乾棗栗黄榛子人蔆人茨○據《通攷》，本書是「稾魚榛子仁芡仁蔆」。此「稾」譌作「乾」，「仁」譌作「人」。○念孫按：《通典》亦作「乾魚」，似不必改作「稾魚」。稾或作薧，《周禮·（獻）〔𩾅〕人》：「辨魚物爲鱻薧。」注：「薧，乾也。」《史記·封禪書》：「武夷君用乾魚。」《禮記·少儀》注：「乾魚進首。」是其證。

豚胉○譌作「豚胉」。○念孫按：「豚胉」之「胉」，《周禮》作「拍」，「醢人豚拍」是也；《儀禮》作「胉」，《士喪禮》「兩胉」是也。此書前從《儀禮》作「豚胉」，後從《周禮》作「豚拍」，自相牴牾。今依《通典》，前後皆作「豚胉」。

其豆實○念孫按：「其豆實」，「其」字衍文，《通典》無，下「其豆」竝同。

簠實以黍飯○念孫按：「粱」譌作「黍」。

卷弟二

序例中

次金吾果毅二人引○念孫按：「引」字衍文，（見）《通典》無。

竝戎服被袍○念孫按：「袍」上落去「大」字。

副竿二分左右○念孫按：「次副竿」，此落去「次」字。

次白鷺車○念孫按：「白鷺」譌作「百鷺」。

次引十二重○念孫按：「次引駕十二重」，此落去「駕」字。

一重稍○念孫按：「一重稍弩」，此落去「弩」字。

次⿰扌罡鼓○念孫按：「⿰扌罡」不成字，當作「掆」，見《通典》。岡或〔作〕（罡）⿱罒山，譌作（罡）〔⿱网正〕，又譌作罡，凡从罡者放此。

二人皆自副○念孫按：「工人皆自副」，「工」譌作「二」。

次殿中侍御史二人○念孫按：「次殿中侍御史二人」下，當落去「分左右」三字。

次麾一人○念孫按：「次黃麾」，此落去「黃」字。

次相風轝士八人○念孫按：「次相風轝轝士八人」，此落去一「轝」字。

導盖一義○「導盖一人」，「人」譌作「義」，「又次稱長一人」。○「又」譌作「一」。○念孫按：「次導盖一」，此落去「次」字。「次稱長一人」，此落去「人」字。○又按：「次導盖一」爲句，「義一」爲句，「次稱長一人」爲句，似不當改爲「導蓋一人，又次稱長一人」。「導蓋一義，「一」不當改爲「導蓋一人，又次稱長一人」，本書無此文法。○《唐書·儀衛志》：「導蓋義各一。」《宋史·儀衛志》：「導蓋一義一稱長一人。」是其證。

左右衛果毅各一人○念孫按：「左」字上落去「次」字。

次通事舍人八人分左右○念孫按：「分」字上落去「騎」字。

次補闕二人○按：《通考》「次補闕二人」之上，有「次拾遺二人」。考之《儀衛志》亦曰「左拾遺一人在左，右拾遺一人在右」，則此鈔録者，脱漏必矣。○念孫按：「次御史中丞二人」下，落去「次御史二人、次拾遺二人」十字，非止落去「次拾遺二人」五字也，見《通典》。

起居舍人一人在右〇念孫按：「起」字上落去「次」字。

給事二人在左中書舍人二人在右〇念孫按：「次給事二人在左，次中書舍人二人在右」，此落去兩「次」字。〇又按：「給事」二字下落去「中」字。

横刀〇念孫按：「横」字上落去「帶」字。

在副仗矟衛内〇念孫按：「在副仗矟翊衛内」，此落去「翊」字。

【説明】

《大唐開元禮》，一百五十卷，唐蕭嵩等撰。國家圖書館藏清鈔本，十三册，附《辨證》一卷，王念孫撰，已一起復製爲縮微膠卷三捲。

清鈔本有李璋煜識語：

《大唐開元禮》一百五十卷，大興朱竹君先生臧本，余假鈔於徐星柏太史。三十卷以前，書眉揭紙籤累累。書「某某按」者，高郵王褱祖先生所校。𢈔書「按」而不箸名者，未審誰氏，其説多爲先生所是正；中或以墨圈標識，則與先生意見合也。玆裒録爲《新證》一卷，坿是書以傳。踵而成之，則星伯太史之責也。東武月汀李璋煜識。

李璋煜，字方赤，號月汀，山東諸城舊名東武。人。嘉慶二十五年進士。

據朱筠《笥河詩集》卷十三《送王懷祖詩》「傳鈔千萬本，《唐禮》子精閲」，王念孫校《開元禮》應是乾隆三十八年事，當時王氏三十歲，在朱筠安徽學政署中，李氏《識語》亦可證。

今採《辨證》中有「念孫按」的文字入遺文集，其餘删去。

【校注】

〔一〕陳設、省牲器、奠玉帛、進熟、鑾駕還宫各節，無王氏辨證文字，故删削，以下吉禮各卷並同。

〔二〕自「東階西向」一條起，至「卷第二序例中」前，次序頗嫌不順，似應在前「卜日」後。未遑稽考，姑仍舊。

〔三〕實引六條，《特牲饋食禮》未見。

《漢書》古字

卬，古仰字。頫，古俯字。墬，古地字。筦，古管字。

餽，古饋字。媿，古愧字。㠯，古以字。𡰥，古夷字。

嬗，古禪字。禶，亦禪字。它，古他字。佗，亦他字。

蚤，古早字。鼂，古朝字。毄，古繫字。絫，古累字。

褏，古袖字。盭，古戾字。隊，古燧字。眊，古耄字。

睹，古覩字。婁，古屢字。屚，古漏字。燕，古宴字。

譱，古善字。頌，古容字。廑，古勤字。廣，古曠字。

𡪢，古浸字。
蹏，古蹄字。
攘，古讓字。
匽，古偃字。
迣，古列字。
𢣘，古竦字。
吅，古眣字。
僊，古仙字。
骫，古禍字。
𢦏，古戩字。
裸，古贏字。
昜，古陽字。
雈，古堆字。
莫，古暮字。
郊，古岐字。

譆，古艱字。
謕，亦蹄字。
麤，古麄字。
中，古□字，丑列反。
尞，古燎字。
宼，古崇字。
澹，古瞻字。
靁，古雷字。
仄，古側字。
讇，古諂字。
僇，古戮字。
柗，古松字。
耑，古端字。
句，古勾字。
尃，古敷字。

粵，古越字。
䙴，古遷字。
咏，古詠字。
𪁺，古翔字。
貇，古貌字，亦作皃。
鬻，古煑字。
饟，古餉字。
髓，古髓字。
䖨，古詛字，亦作謯。
侮，古侮字。
栞，古刊字。
䕼，古然字。
狧，古舑字。
竟，古境字。
鞿，古羈字。

柬，古簡字。
潰，古沸字。
昌，古暢字。
徠，古來字。
犇，古奔字。
晦，古畒字。
埶，古藝字，《説文》作執。
韋，古轄字。
蜚，古飛字。
鬴，古釜字。
逌，古攸字，亦作逌。
厝，古錯字。
逢，古蜂字。
捄，古救字。
遙，古遥字。

蹊，古蹠字。
艸，古攀字。
繈，古絶字。
甾，古淄字。
沬，古頮字。
偪，古逼字。
蟁，古蚊字。
夅[三]，古禹字。
迼，古往字。
姗，古訕字。
唫，古吟字。
㮚，古栗字。
齅，古嗅字。
颺，古揚字。
虖，古乎字。

猣，古惕字。
楙，古茂字。
謼，古呼字。
褢，古懷字。
餢，古饐字。
蕆，古廿字[一]。
兮[二]，古貶字。
拲，古拱字。
紭，古紘字。
焯，古灼字。
嵳，古槎字。
嗛，古謙字。
吹，古聿字。
闅，古闅字。
侷，古愆字。

阸，古厄字。
壄，古野字。
竢，古俟字。
褱，藏也，與褢不同。
顇，古悴字。
骫，古委字。
丗，古卉字。
厸，古隣字。
鞀，古鼗字。
摺，古拉字。
悳，古德字。
惰，古惰字。
龢，古和字。
蕞，古叢字。
稺，古稚字。

鱷，古鯨字。
莞，古苑字。
尉，古慰字。
遬，古速字。
譌，古訛字。
菑，古災字。
綺，古袴字。
关，古笑字，亦作咲。
呐，古訥字。
耤，古藉字。
遂，古遁字。
隊，古墜字。
䁆，古眉字。
咤，古吒字。
廼，古遒字。

共，古恭、供字用此。

紅，古功、工同用此。

耆，古亦作嗜用。

頃，古亦作傾用。

伯，古亦作霸用。

罷，古亦音皮，無「疲」字。

敖，古亦作傲用。

氏，支音，係借用。

孫，古亦作遜用。

撫，古亦作摹用。

襢，古亦作祖用。

招，古亦作韶用。

釐，古亦作僖、禧用。

倍，古亦作陪用。

反，有平聲。

與，古通歟。

右，古佑、祐同用此。

中，古亦作仲用。

觧，古亦作懈用。

説，古亦音聿，無「悦」字。

虛，古亦作墟用。

視，古亦作示用。

賈，亦音駕，無「價」字。

御，古亦作禦用。

兄，亦轉作況音。

能，古音柰。

食，意音，係借用。

約，借作要。

叟，古亦作搜用。

義，古音□〔四〕。

適，古嫡、謫同用此。

左，古佐字。

信，古亦作伸用。

巨，古亦作詎用。

亡，古亦〔音〕符，無「無」字。

女，古亦音蕊，無「汝」字。

氐，古亦作抵用。

取，古亦作娶用。

波，古亦作陂用。

酈，古亦作驪用。

勺，古作酌用。

讐，古亦作售用。

奄，借音淹。

虞，古亦作娛用。

半，古亦作判用。

湛，古耽字。

風，古亦作諷字用。

卒，古亦作猝用。

帑，古孥字。

失，古亦作佚用。

將，古亦作獎用。

提，古亦作抵用。

疑，古亦作擬用。

眇，古亦作妙用。

亶，古亦作但用。

佻，古音肇。

鄉，古亦作嚮、向用。

包，古胞字，亦借庖。

倡，古唱字。

嘔，古亦作謳用。

頓，古亦作鈍用。
驀，古部字。
並，古亦作傍用。
領，亦有鈴音。
隃，古亦作踰用。
篹，與撰同。
軼，亦與溢通用。
撟，與矯同(同)〔用〕。
毆，與驅通用。
擥，古亦作擥用。
謼，古呼字。
堀，亦作窟用。
填，古與鎮、寘通用。
蛾，古蟻字。
措，借作笮用。
毳，古亦作脆用。

魁，亦音塊。
盟，古亦作孟用。
麗，古(亣)〔亦〕作驪用。
枹，音孚。
顓，古亦作專用。
籑，與饌同。
驁，與傲同。
梡，亦與俶通。
虙，古伏犧之虙。
鬲，亦作隔用。
液，借作「掖」用。
茀，借作孛用。
饋，與作匱用。
嚴，借作儼。
婧，古惰字。

内，古亦作納用。
濯，古亦作櫂、擢用。
依，古亦作扆。
揖，古亦作輯用。
財，古與才、裁、纔通用。
謾，與慢、嫚通用。
遴，與吝、悋通用。
轃，與臻通用。
卷，古拳字，通用。
廑，亦作僅用。
亢，古抗字。
底，借作砥用。
曶，與忽同。
落，借作絡。
訾，借作貲、資用。

害，古亦作曷用。
敦，亦音屯。
意，古亦作億用。
瘉，古亦作愈用。
訞，古妖字。
餝，與敕、勑通用。
岠，與距通用。
孅，與纖通用。
啁，古亦作嘲。
識，借作幟用。
鍰，借作環用。
嚻，亦音敷。
旃，古作氈用。
紬，古亦作抽用。
崪，借作萃用。

音義異同

敦

都昆切，音惇。《易・臨卦》「敦臨吉」。　又都回切，音堆，迫也。《詩・邶風》「王事敦我」。　又徒官切，音團。《詩・大雅》「敦彼行葦」傳曰：「聚貌。」又《豳風》「有敦瓜苦」疏曰：「瓜繫蔓之貌。」　又徒魂切，與屯同。《詩・大雅》「鋪敦淮濆」。　又丁僚切，音刁。《詩・大雅》「敦弓既堅」疏云：「敦與雕古今字異。」又《周頌》「敦琢其旅」解同。　又都内切。《周禮》「玉府珠盤玉敦」。　又大到切，同燾，覆也。《周禮・司几筵》「每敦一几」。　又杜皓切，桃上殺，義同前。　又陳留切，音儔，義亦同前。又杜本切。《左傳・文十八年》「渾敦窮奇」疏云：「敦同沌。」　又都困切。《爾雅》「在子曰困敦」注曰：「敦同頓。」　又主允切。《周禮・内宰》「壹其度量淳制」注云：「故書淳爲敦。杜子春讀爲純，音準，謂幅廣狹也。」　又他昆切，與憞同。　又都鈞反。崔瑗《南陽文學頌》「我國既淳，我俗既敦」。　又亭年切。蘇子瞻《祭同安郡君文》「嗣爲兄弟，莫如君賢，婦職既備，母儀甚敦」。

苴

子余切，包裹也。《禮·曲禮》「弓劍苞苴」。又千余切，音蛆。《詩·豳風》「九月菽苴」注：「麻子也。」又鋤加切，音槎，浮艸也。《詩·大雅》「如彼棲苴」。又宗蘇切，音租，茅編席也。《漢書·郊祀志》「埽地而祠，席用苴稭」。又徐嗟切，一作席何切，苴咩城在雲南。又伯加切，古與巴通用。《史記·張儀傳》「苴蜀相攻」。又伯坳切，古與苞通用。《後漢書》「譙周曰：益州天苴」。又子邪切，一作即窩切，菜壞也。又再呂切，藉履艸也。又側魯切，酢菜。又側稚切。《莊子》「其土苴以治天下」。《韓文》「補苴罅漏」。又將豫切。《漢書·終軍傳》「苴白茅于江淮」。又子與切，咀嚼也。《群經音辨》亦音咀。又才啞切，音灺，幔也，又伺也。

辟

頻移切，音皮。《禮·玉藻》「朱裏終辟」注：「辟，緣也。」又莫里切。《禮·郊特牲》「有由辟焉」注：「辟古與弭通用，謂弭灾兵也。」又房亦切，音弼，便辟，習容止少誠實。《書》「伯冏便辟側媚」。又刑也。《書·呂刑》「大辟疑赦」。又古作闢字用。《孟子》「欲辟土地，朝秦楚」。古作擗字用，拊心也。《詩·邶風》「寤辟有摽」。又悲益反，音壁，君也。《書・洪範》「惟辟作福」。又驅除也。《孟子》「行辟人可也」。今人以符籙驅邪曰辟邪。又古作躄字用，廢疾，足不能行。賈誼《治安策》「非亶倒縣，又類辟」。　又芳壁切，音劈，邪也，古作僻字用。《禮・玉藻》「非辟之心無自入也」。《左傳》「楚辟我衷」。　又必郢切，音丙，去也。《莊子》「至信辟金」。　又匹至切，古作譬字用。《禮・坊記》「辟則坊與」。《中庸》「辟如行遠」。　又毗義切，古作避字用。《論語》「賢（者辟）世」。　又北戹切，音百。《禮・內則》「麕爲辟雞」注：「聶而切之也。」　又卑義切，古則作嬖字用。　又卑里切，音彼，法也。

齊

徂奚切，禾麥吐穗一望平也。又整也，範不齊者使之齊也。又國名。又古作臍字用。《左傳・莊六年》「後君噬齊」。　又莊皆切，古作齋字用。《禮・祭義》「致齊于內，散齊于外」。《書・大禹謨》「夔夔齊慄」。　又疾私切，薺藜也，古作薺字用。《說文》引《詩》「墻有薺」，不作「茨」。《禮玉藻》「趨以采齊」。　又千禮切，音泚，甘菜也。《詩・邶風》「其甘如薺」，古文當用齊字，必不加艸。　又津私切，古作齎字用。《禮・曲禮》「兩手摳衣去齊尺」。又古與津私切之「劑」字通。《周禮・司市》「以質劑結信而止訟」。　按調劑之劑，《月令》用「齊」字，則質劑之劑亦當作齊字。　又才詣切，古作劑字用，調劑也。《禮・內則》「凡食齊視春時，又造酒節制」。《禮・月令》「火齊必得」，又「寶物曰火齊」，如雲母金，紫色。　又牋西切，古作齏字用。《周禮・醢人》「五齊」注曰：「齏同。」又古作齎字用，財賄也。《周禮・掌皮》「歲終則會其財齊」。　又歎也。《易・萃卦》「齎咨涕洟」，古不應從貝。　又子計切，音祭，和也。《周禮・食醫》「八珍之齊」。　又子淺切，古與剪通用。《儀禮・既夕》「馬不齊髦」。　古作粢字用。《詩・小雅》「以我齊明」注：「齊明，粢也。」又古作齍字用。《周禮・世婦》「共齍盛」，《禮・祭統》「天子親耕南郊以共齊盛」，不从皿，與《周禮》不同。　古作躋。《禮・樂記》「地氣上齊」。　又古作齌字用。《玉篇》有齌季女，今本止作齊。　又《廣雅》「齌，好也」。

比

卑里切，音匕，校也。《周禮・小司徒》「掌九比之數」，「及三年則大比」。　又方也，謂以彼比此也。《詩》有比、興、賦三體。　又整比，猶綴輯也。　又剖以切，音諀，與庀同，具也。《周禮・大胥》「比樂官」。　又毗至切，音避，親輔也。《易・比卦・象》曰「比，輔也」。　又近也。《周禮・司徒》「五家爲比」。　又及也。《詩・大雅》「比于文王」。　又並也。《史記・蘇秦傳》「騎不得比行」。又偏黨也。《論語》「君子周而不比」。又從也。《論語》「義之與比」。又頻也。《禮・王制》「比年一小聘」。又合也。《禮・射義》「其容體比于禮」。又必利切。《禮・祭義》「比時具物」。　又房脂切，音毗，和也。杜詩「不教鵝鴨惱比鄰」。又皋比，虎也，皮也。《左傳・莊〔十〕年》「皋比蒙馬」。又師比，帶鉤也。《國策》「黃金師比」。　又毗必切，音弼。《莊子》「人籟則比竹」是矣。

番

附袁切，音煩，獸足之掌也。《説文》「从釆、从田，象其掌」。或加足作蹯。　又孚袁切，音翻，遞也。《漢書・武帝紀》「賢良直宿更番」。　又蒲禾切，音婆。《史記》「闔閭(罰)伐楚取番」，即鄱陽也。　又普官切，地名，今廣東省番禺縣。　又薄官切，音槃，番和縣在張掖郡。　又白胡切，音蒲，今真定府平山縣即漢番吾地也。　又博禾切，音波。(詩)《書》「秦氏番番良士」。　又補過切，音播，獸足。　又孚蔓切，音販，與翻義同。杜詩「會須上番看成竹」。獨孤及詩「舊日霜毛一番新」。　又普半切，縣名，在上谷。　又芳遠切，《史記・扁鵲傳》「切之得番陰脈」。

湛

側黯切，厚重貌。《詩·小雅》「湛湛露斯」。又水名。《周禮·職方氏》「其浸潁湛」。又澄也。謝混詩「水木湛清華」。又丈陷切，姓也，晉有湛方生。又丁含切，樂也。《詩·小雅》「和樂且湛」，又「或湛樂飲酒」。又直深切。《史記·司馬相如傳》「湛恩汪濊」。又夷針切，音淫，久雨也。王充《論衡》「久雨爲湛」。又子鴆切，古通浸。《字林》「投物水中也」。又將廉切，音尖，漬也。《禮·内則》「湛諸美酒」。又丑甚切，音趻；湛潭，水貌。又以荏切，音影，水動貌。又直禁切，没入水也。又羊戎切，音容。《楚辭》「鶩諸神之湛湛，歷群靈之豐豐」。

卷

居倦切，音眷。《法言》「一卷之書，必立之師」。又古轉切，古作捲字用。《論語》「則可卷而懷之」。又艸名。《詩·周南》「采采卷耳」。又驅員切。《説文》「曲膝也」。按卩爲膝，从㔾則曲矣。此乃卷字本義、本音。又丘云切。《漢書·周勃傳》「其先，卷人也」。又巨員切，曲也。《詩·大雅》「有卷者阿」。又古作惓字用。《漢書·賈捐之傳》「敢昧死竭卷卷」。又古本切，古與（袞）衮通用。《禮·王制》「三公一命卷」。

又渠殞切，定安地名。　又去阮切。

從

《説文》「从，相聽也」，平聲，疾容切；又「從，隨行也」，去聲，慈用切。音義各别，不容牽溷。今姑隨俗釋其音義。　墻容切，作「相聽」解。《書·益稷》「汝無面從」。　又七恭切，音聰。《書》「從容以和」。　又書容切，音舂，久意。《禮·樂記》「待其從容然後盡其聲」。　又將容切，音椶，東西曰衡，南北曰從。又《史記》「合從而楚王，衡成則秦帝」。　又古作蹤字用。《漢書·張湯傳》「從迹安起」。　又祖動切，音總，髻高也。《禮·檀弓》「爾無從從爾」。　又鋤江切，義同。　又慈用切。《書·冏命》「其侍御僕從」。《詩·齊風》「其從如雲」。　按此音當用撮口呼。　又似用切，音頌，同宗也。《爾雅》「從祖祖父從祖祖母」，此音當用合口呼。　又古作縱字用。《禮記》「欲不可從」。　子用切，與縱同。《孟子》「從耳目之欲」。《論語》「從之純如也」。

純

常倫切，音淳，絲也。《論語》「今也純」。　又純一不襍也。《易》「純粹精也」。《詩·（大雅)〔周頌〕》「文王之德之純」。又量名。《淮南・地形訓》「里間九純純丈五尺」。又主允切，音準。《儀禮・士冠禮》「服纁裳純衣」註：「衣有緣曰純」。又徒温切，音豚。《詩・召南》「白茅純束」。又純留，縣名。《左傳・襄十八年》「執孫蒯於純留」。又從緣切，音全。《禮・投壺》「二算爲純」。又莊持切，古作緇字用。《周禮・媒氏》「入幣純帛無過五兩」。《禮・祭統》「以共純服」。俱同緇。〔五〕又朱倫切，古作諄字用。諄諄或作純純。又規倫切，音鈞，亦作衣緣解。又(朱)〔未〕(切)聞切，音分，亦作衣緣解。又杜本切，音盾，地名。

羨

似面切，貪欲也。《詩・大雅》「無然歆羨」。又餘也。《詩・小雅》「四方有羨」。又圜長也。《周禮・典瑞》「璧羨以起度」，鄭司農：「羨，長也。」又以淺切，音衍，亦餘也，溢也。又夷然切，音延，墓中道也。《史記》「衛共伯入，釐侯羨自殺」，索隱曰：「羨音延。」又弋枝切，音夷。《漢書・地里志》「江夏郡沙羨」。

參

所今切，音森。《左傳》：「遷實沈于大夏，主參。」武王夢帝謂己：「而子曰虞，將與之唐，屬諸參。」杜注：「音森。」《説文》以商星爲參，誤也。　又倉含切，閒厠也。《禮・曲禮》「母往參焉」。　又干與也。《周禮》：「設其參。」謂參列也。　後世參知政事、參軍、參謀蓋取此義。　又參錯也。《易・繫辭》「參伍以變，錯綜其數」。　又謁見也。《廣韻》「承也，覲也」。居官者禮有朝參，俗又改作叅，以劾奏僚屬爲叅，此官文書俗體也。　又思含切，古作三字用。《左傳》「自參以上」。《考工記》「鍭矢參兮，茀矢參兮。　參兮其長而殺其一。　參兮其羽以設其刃」，至俗竟改作叁，則市賈之俗可耐矣。　又楚簪切，音蔘。《詩・周南》「參差荇菜」。　又桑感切，古作糝字用。《周禮・司裘》〔注〕「大侯九十，參七十，干五十」。　又七紺切，古作摻字用，鼓曲也，《漁陽摻》是也。　又擥也。《詩・鄭風》「摻執子之袪兮」，亦當作參。

區

邱于切，音驅。《説文》「藏隱也，从品在匸中。　品，衆也」。　又小室之名。《漢書・胡建傳》「穿北軍壘以爲賈區」。　又義與類近。《論語》「區以別矣」。　又玉數也。《爾雅・釋器》

「玉十謂之區」。又區區，小貌。《禮樂志》「河間，區區小國」。又祛尤切，音邱。《韓文》「禮不諱嫌名」，謂宇與禹、丘與區也。又烏侯切，音甌。《左傳》「豆區釜鐘」。又隱匿也。《左傳・昭七年》「楚文作僕區之法」。又姓。《王莽傳》「中郎區博」。又居侯切，音鉤。《禮・樂記》「區萌達」。

厭

迂艷切，足也。《詩・周頌》「有厭其傑」注：「厭者，受氣足也。」又斁也，厭棄也。又於檢切，音掩。《荀子》「厭目而視者，視一以爲兩」。又古作黶字用。《大學》「見君子而後厭然」註：「厭讀爲黶，閉藏貌。」又與魘通用。又於葉切，音□，壓也，伏也。《左傳・昭廿六年》：「將以厭衆。」又禳也。《史記・高祖紀》：「因東游以厭之。」又順從貌。《荀子》：「天下厭然猶一也。」又引手曰厭。《儀禮・鄉飲酒》「賓厭介入門左」疏：「以手向身引之。」又於鹽切，安也。《詩・國風》「厭厭良人」。《小雅》「厭厭夜飲」。又乙甲切，音押，古與壓通用。《禮・檀弓》「死而不弔者三：畏厭溺」註：「墻壓而死。」又乙及反，音邑。《詩・周南》「厭浥行露」注：「厭浥，濕意。」又鄔感切，音黯。《莊子・(逍遥遊)〔齊物論〕》「其(也)厭也如緘」。

【説明】《〈漢書〉古字》、《音義異同》按兩份殘稿載稷香館叢書第一册《説文疑》後，作者未詳，著録家皆指爲王念孫，今從之。

【校注】

〔一〕此條當作「穢，古薉字」。

〔二〕此字當作「㝵」。

〔三〕此字當作「㕣」。

〔四〕「音」下缺一字，疑是「俄」。

〔五〕「純」同「緇」，非是。「純」是「紂」之誤字，「紂」同「緇」。

古韻稿 殘片

東冬鍾江	
屋燭	沃覺
之止哈海	
職德	緝葉怗
元寒桓删山仙	
月曷末黠鎋薛	
蒸登	尤有幽黝
職德	沃覺

續表

<table>
<tr><td colspan="6">灰皆齊微脂
賄駭薺尾旨</td><td colspan="2">佳支</td></tr>
<tr><td colspan="2">薛鎋黠末曷月</td><td colspan="3">没迄物術</td><td>屑櫛質</td><td colspan="2">錫㫺麥陌</td></tr>
<tr><td colspan="2">痕魂欣文淳</td><td colspan="3">先臻真</td><td>模虞龟
姥麌語</td><td colspan="2">咍之
海止</td></tr>
<tr><td colspan="2">没迄物術</td><td colspan="3">屑櫛質</td><td>鐸</td><td colspan="2">乏業狎洽盍合</td></tr>
<tr><td colspan="2">青清耕庚</td><td colspan="3">唐陽</td><td>麻戈歌</td><td colspan="2">豪肴宵蕭</td></tr>
<tr><td>錫昔麥陌</td><td colspan="2">鐸</td><td>藥</td><td colspan="2">錫㫺麥陌</td><td colspan="2">覺藥沃</td></tr>
<tr><td colspan="6">凡嚴銜咸淡覃</td><td>添鹽侵</td><td>矦厚</td></tr>
<tr><td colspan="6">乏業狎洽盍合</td><td>怗葉緝</td><td>燭屋</td></tr>
</table>

上聲四

《詩・關雎》三章　采○友○〔一〕　《葛覃》三章　否○母○

《芣苢》首章　苢○采苢有○　《麟之趾》首章　趾子

《采蘩》首章　沚事△　《草蟲》首章二章三章　子止止

《江有汜》首章　汜以以悔○　《何彼襛矣》二章　矣李子

《綠衣》首章　裏矣已　《匏有苦葉》四章　子否○否○友○

《谷風》三章　沚以　《旄丘》二章　久○以　四章　子耳

《(蝦)〔蝃〕蝀》二章　雨□母○　《相鼠》二章　齒止止俟

《竹竿》二章　右○母○　《木瓜》三章　李玖○

《葛藟》三章　涘母○母○有○　《丘中有麻》三章　李子子玖○〔二〕

屋沃當分爲二部

術月當分爲二部

蕭部有入聲

屋爲侯之入聲

質爲脂之入聲

沃爲尤之入又爲蕭之入

陌爲支之入又爲庚之入

術爲脂之入又爲諄之入

月爲脂之入又爲元之入

入之配平，其例參差不一。有兩平（之）〔三〕平而（其）〔共〕一入者，若東侯之於屋，東蕭尤之於沃，陽魚之於鐸，庚支歌之於陌，蒸之之於職，真脂之於質，諄脂之於術，元脂之於月是也。有兩入三入而（其）〔共〕一平者，若屋沃之於東，質術月之於脂是也。順其（目）〔自〕然而無所矯拂，斯善矣。段君必欲比而同之，於是併侯之入聲於沃以承尤，而《小戎》之以續轂馵玉屋曲韻驅，《楚茨》之以禄韻奏，《角弓》之以裕韻瘉，以木屬韻附，《桑柔》之以谷穀韻垢，《左傳·哀十七年》繇詞之以竇韻踰，《楚辭·離騷》之以屬韻具，《天問》之以屬韻數，皆以爲合韻矣。且於《角弓》之「君子有徽猷，小人與屬」，《易·晉·初六》之「罔孚裕无咎」，皆非韻而以爲韻矣。併（用）〔月〕於術以承脂，而《蓼莪》之烈發害與律弗卒，《論語》之達适與突忽，《楚辭·天問》之繼飽與（舊）〔蠆〕達，《遠遊》之至比按：至比二字誤。與厲衛，皆混爲一部，而音不諧矣。以胸有成見，故不能虚而與之委蛇也。

【説明】

此殘片，載《昭代經師手簡》，殆寫於乾隆四十五年庚子得見段玉裁《六書音均表》後。

【校注】

〔一〕稿中韻脚字旁所加符號，見本書丙編中陸宗達《王石臞先生〈韻譜〉〈合韻譜〉遺稿跋》。

〔二〕以下文字，又載《王石臞文集補編》，題爲《平入分配説》，文字有不同，殆爲修改稿。

平入分配説

屋沃當分爲二部　術月當分爲二部

蕭部有入聲　屋爲侯之入聲

質爲脂之入聲　沃爲尤之入又爲蕭之入

陌爲支之入又爲庚之入　術爲脂之入又爲諄之入

月爲脂之入又爲元之入

入之配平，其例參差不一。有兩平三平而共一入者，若東侯之於屋，東蕭尤之於沃，陽蕭之於藥，以朱筆乙去此句。陽魚之於鐸，庚支歌之於陌，蒸之〔之〕於職，真脂之於質，淳脂之於術，元脂之於月是也。有兩入三入而共一平者，若屋沃之於東，藥鐸之於陽，以朱筆乙去此句。質術月之於脂是也。順其自然而無所矯拂，斯善矣。段君必欲比而同之，於是併侯之入聲於沃以承尤，而《小戎》之以續轂馵玉屋曲韻驅，《楚茨》之以祿韻奏，《角弓》之以裕韻瘉，以木屬韻附，《桑柔》之以谷穀韻垢，《左傳·哀十七年》繇詞之以竇韻踰，《楚辭·離騷》之以屬韻具，《天問》之以屬韻數，皆以爲合韻矣。且以《角弓》之「君子有徽猷，小人與屬」，《易·晉·初六》之「罔孚裕无咎」，皆非韻而以爲韻矣。併月於術以承脂，而《蓼莪》之烈發害與律弗卒，《論語》之達适〔與〕突忽，《楚辭·天問》之繼飽與蘁達，《遠遊》之至比與（屬）〔厲〕衛，皆混爲一部，而音不諧矣。改蕭之入聲爲平聲，而《簡兮》之籥翟爵，《淇奧》之綽較謔虐，《溱洧》之樂謔藥，《揚之水》之鑿襮沃樂，《晨風》之櫟駮樂，《賓之初筵》之酌爵，《隰桑》之沃樂，《板》之虐謔蹻耄謔熇藥，《桑柔》之削爵濯溺，《崧高》之藐蹻濯，皆以爲非入聲矣。此以胸有成見，故不能虛而與之委蛇也。

劉盼遂按：右文藏鹽城孫氏，墨蹟自「改蕭之入」至「非入聲矣」一段，復以朱筆乙去。

疊韻轉語　二册，手稿

一册

東㊀公冬鍾江　　先㊀天仙㊀權輿

支脂之㊀基微　　蕭宵

魚㊀初虞㊀權輿模　　肴豪

齊佳灰咍㊀哉㊀胎　　歌戈

真諄臻文㊀林……㊀君欣　　麻

元㊀元痕　　耕清青蒸登

寒桓删山　　侯㊀侯幽

二册

侵㊀林覃談鹽添咸銜嚴凡

惢　　裸　　何

臥戈𣎆牛斛　沙瓦隓隋璿遀坐禾和

朵萑𧴪瑣鎈麻靡我羅罹詈罷羆𠂢鎈

离離也地施池義儀羲加嘉多宜奇猗

龢

果

第十七部

它（一七）

沱（一七）

佗（一七）

冎（一七）

咼（一七）

過（一七）

哥（一七）

匕與十五部匕別。

化

吹

𠂇

左

厤

歷

役

鬩

畫

𠂢

派

册

繫（一六）

系（一六）

繠（一六）

買（一六）

爲（一七）
何（一七）
丂（一七）
可（一七）
鴐
解
厄
戹
狄
迹
秝

鬲
鬵
鷊

轂
啻
適
易
析
晢
朿與三部朿別。
策
速
責
刺
辟
帝
是
晳

脊

狊與三部臭別。

鶪

訨

彖與十四部彖別。

蠡

厽

系

匸與十部匸別。

豸

麗

危

兮

只

廌

益

卑

斯

乁

氏

祇

疧

厂

虒

圭

佳

巵

奚

兒

規

乙〔一五〕與十二部乙別。

蠲　曰（一五）與十二部曰別。

乾（一五）　殺

曶（一五）　介

乖（一五）　由

厠（一五）　畀

[illegible]（一五）　苜

鬱（一五）　敕與十六部刺別。

帚（一五）　賴

毳（一五）　骨

歺（一五）　𠫓

摯（一五）　突

第十六部　鼻

支（一六）　旻

巂（一六）　祟

知〔一六〕 簭 蓋 繼 會 巜 杀 器 埶 㡀 敝 互 咼 弗 旻

㲉 竅 竄 末 夬 勿 叡 喬 术 曳 刺 辥 薛 櫱 欁

乞　系　衰　妃　配　肥　兀　自　臬　白亦自字，與五部白別。　𠛱　大　介

⿰車獻　桀　羍與七部㚔、十一部幸別。　逹　月　舌　最　奪　截　秫　聿　律　歲　薉　外

癹 發 伐 乚 戉 亅 叕 寽 𢆉 昏 聒 屮 甾 折 哲

世 貰 欮 厥 戌 祭 医 殹 [illegible] 類 內 孛 貝 乂 砅

帶 戌 匄 曷 禼 牽 丯 㓞 契 害 卒 未 市與一部市別。 位 率

蠆 厲 凷 尉 犮 對 頪 𠦪 𢷎 兑 气 旡 既 恖 夒

木　復　出　隶　彗　慧

鬮　豊與九部豐別。　夗　弟　朿　美　隶

冐　吠　四　豖　豙　季　采　惠　回　囘　尸　次　戾　利　秎

此火水矢兕二履肆棄辠罪伊委夬勿

黎毇毀尒爾鼻旻祟叡寂㕯竄末比昆

[illegible] 器 埶 㡀 敝 彑 [illegible] 畏 希 氏與十六部氏別。 底 厎 奞 㒼 夂

米 麋 幾 隹 崔 唯 隼 夷 匕 尼 旨 稽 耆 脊 尾

師　威　癸　罘　褢　綏　枚　几　禾與十七部禾別。　示　視　祁　祋　敳　豈

犀　虫　屖　皆〔一五〕　白〔一五〕　帥〔一五〕　歸〔一五〕　厶〔一五〕與六部厶別。　私〔一五〕　夊〔一五〕　衣〔一五〕　鬼〔一五〕　嵬〔一五〕　凷〔一五〕　貴〔一五〕

微　皛〔一五〕
非　(兗)〔衮〕
囗與四部囗别。　班
韋　建

第十五部(算)

算
妻〔一五〕　華
飛〔一五〕　犬
删
片　彖
雋　笑
扶　贊
允　㕣與九部公别。
夋　沿
㒼　㪚

㝷　潸
叜　棥
斷　樊
鮮　延
爨　鬳
[illegible]　獻
[illegible]　次與十五部次别。
寒　羨
姦　緐
面　耑
般　段（叚）
煩　燕
贊　丸
秝　虔
彝　吅

憲 衍 戔 山 肙 冠 完 元 然 縣 肰 焉 丹 廛 閑

干 く 宛 奞 潘 番 貫 毌 弁 肩 夐 奐 患 單 萑

楲 柬 闌 蘭 宴 匽 安 晏 㫃 倝 𣦼 亶 曼 展 卵

岸 旱 罕 妟 寬 卝 𢇇 䙳 夗 泉 雁 鴈 旦 半 䇂

爰 反 閒 亘 宣 桓 見 連 莧 褰 [illegible]

言 泉 邍 歎 难 灥 䜌 官 珏 廾 舜

第十四部

叀〔一四〕

飧 寸

專（一四）
袁（一四）
睘（一四）
釆（一四）與一部采別。
𢍰（一四）
卷（一四）
卺（一四）
哭（一四）
厂（一四）
屵（一四）
彥（一四）
焚
彬
豚
盾

筋
蚀
𢌿
㥯
隱
乚
圂
壼
文
𢒃
吝
閔
豯
豳
匔

今刃典昷温緼亹熏賁君員罤鰥昆𦎫

斤巾侖堇困麇屯春門殷分釁釁𣅀西

皾 璊 川 雲 云 存 畢〔一二〕 一〔一二〕 乙〔一二〕 血〔一二〕 徹〔一二〕 逸〔一二〕 印〔一二〕 [illegible]〔一二〕 失〔一二〕 刖〔一二〕

垔 免 昏 孫 奔 室〔一二〕 七 壹 卪 即 節 日 疾 㮚 桼 漆

第十三部

先辰晨脣實吉壹頡質穴匹必宓瑟

至隶𠧪廟諱〔玄〕牽引矜廟諱〔胤〕八肙辡𧆑民𦬁信

盜晉眞顛佞匀訇㒳閵進扁臣臤賢堅

辛亲新令天田千年因命申陳電仁晶〔一一〕

省〔一一〕

第十二部

秦〔一二〕
卂〔一二〕
人〔一二〕
儿〔一二〕
粦〔一二〕
瀕〔一二〕
寅〔一二〕
丏〔一二〕
㝉〔一二〕
賓〔一二〕
[illegible]〔一二〕

幵　幷　貞　霝　巠　井　耿　冂　鬲　甹　鳴　殸

身〔一二〕
旬〔一三〕
敬
冂
冥
鼏
争
頃
平
盜
寧
甯
嬰
甹
弜

壬與七部壬別。
廷
呈
戥
㦸
青
鼎
名
生〔一四〕
盈〔一五〕
卬
慶
丙
㝩
章

秉 黽 亞(一〇) 鬯(一〇) 竝(一〇) 亢(一〇) 匚(一〇)

第十一部

熒(一一) 丁(一一) 成(一一) 亭(一一) 正(一一)

商 亡 巟 喪 長 [illegible] 量

羕 誩 競 香 彭 央

昌　卿
囧　上
朙　畺
网　彊
兩　強
倉　兄
相　桑
高　爽
向　刅與十三部刃别。
尚　梁
堂　爿
象　牆
皿　將
孟　臧
襄　永

庚 康 唐 皀 鄉 兵 兊 京 芉 羕 毀

方 放 旁 皇 亢 陽〔一〇〕 湯〔一〇〕 冢 蒙 凶 匈

第十部

王〔一〇〕 行〔一〇〕

兇 宗 崇

衡〔一〇〕　㞷〔一〇〕　匡〔一〇〕　往〔一〇〕　狂〔一〇〕　网〔一〇〕　罔〔一〇〕　黄〔一〇〕　廣〔一〇〕　昜〔一〇〕　煬〔一〇〕　邕　雝　宋　戎　封

嵩　豐　衆　龙　厖　竦　冢　茸　悤　同　農　奉　夆　用　甬　庸

容
工
巩
空
送
克
共
雙
公
蟲
冬

第九部

降
隆

从
⿺辶从
囱
耴（八）與四部取別。
夾（八）
盇（八）
㬎（八）
臿（八）
籋（八）
沓（八）
帀（八）

夅
中
船

丰　宮
東　冄（七）

第八部

童　重
龍　凾（八）
斬　臽（八）
毚　峪（八）
甘　監（八）
奄　鹽（八）
夔　炎（八）
欠　剡（八）
尢與（宂別，古宂在三部）。　熊（八）
妾　焱（八）
甲　敢（八）
　　厰（八）

枼 涉 灋 業 疌 曄 巤 八 十 叶 聶 習 燮 龖

嚴〔八〕 广〔八〕 詹〔八〕 合 拾 邑 雥 雧 猒 厭 咠 戢 及 立 溼 亼

劦
協
夌
廿
甛
冄
㐭
稟
審
弇
㔾
氾
从
兼
廉

㬎
隰
淫
占
黏
丣
三
參
㦰
韱
罙與十五部突別。
壬
任
品
㸒與二部䍃別。

僉
閃
㐁
男
琴
彡
㝷
甚
音
（先）〔旡〕
（兟）〔兓〕
（㬱）〔朁〕
侵
錦
㚔與十一部幸別。

鹹
覃
林
心
今
念
金
酓
欽
歆
凡
風
羊
南

軐

承〔六〕

徵〔六〕

兢〔六〕

厶〔六〕

厷〔六〕

仌〔六〕

登〔六〕

豋〔六〕

棄〔六〕

仍〔六〕

爯〔六〕

稱〔六〕

巹〔六〕

䔲〔六〕

第七部

咸〔七〕
瞢〔六〕
夢〔六〕
蠅〔六〕
朋〔六〕
弓〔六〕
曾〔六〕
升〔六〕
雁
弃〔六〕
朕〔六〕
興〔六〕
夌〔六〕
亙〔六〕與十四部亘別。

炙〔五〕
白〔五〕
帛〔五〕
尺〔五〕
百〔五〕
赤〔五〕
赦〔五〕
赫〔五〕
咢〔五〕
壑〔五〕
㝐〔五〕
霍〔五〕
霸〔五〕

恆　爻〔五〕

丞　乏〔五〕

烝〔六〕

第六部

庰　禹〔五〕

朔〔五〕　鼓〔五〕

凵

兔〔五〕　夏〔五〕

罕〔五〕　宁

睪　舄〔五〕

擇　隻

谷〔五〕與三部谷不同。　蒦

郤　旅

𩫏〔五〕與十三部𩫏別。　寡

鄦　圂
輡　蠱
乇〔五〕　若〔五〕
昝　魯〔五〕
稽　虙
靃　屰
下　壺　穌　洛　夫　斮〔四〕
女　奴〔五〕　舍　路　牙〔五〕

第五部

処〔五〕　舁　余〔五〕　瓜　叚〔五〕　且〔五〕
羽〔五〕　圖　涂　烏　豭　沮〔五〕
兆　乎　素　於〔五〕　家　者〔五〕
雨　乍　䀠　与　車〔五〕　奢〔五〕
五　土　瞿　與　巴　父〔五〕

吾　夕　襾〔五〕　卸　吴　甫〔五〕
予〔五〕　無　賈　御　虍　尃〔五〕與十四部尃別。
午〔五〕　母〔五〕　茻　亦　虙　浦〔五〕
許〔五〕　巫　庶〔五〕　䠶　盧　亏〔五〕
户〔五〕　石　度〔五〕　厺〔五〕　虘　咢〔五〕
雇　乇與三部足別。　席〔五〕　亞〔五〕　雐　蕚〔五〕
武〔五〕　馬〔五〕　麤〔五〕　惡　古　夸〔五〕
鼠〔五〕　吕　巨〔五〕　魚〔五〕　居　雩〔五〕
黍　鹵　榘〔五〕　鬳　各　瓠〔五〕
厚　矦〔四〕
付　几〔四〕與十五部几別。
府　殳〔四〕
歪　需〔四〕
奏　須〔四〕
丨　俞〔四〕

主 芻〔四〕
斗 后〔四〕
冓 取
豆 㝡與十五部最別。
具 聚
屚 後
寇 臾
晝 侮〔四〕
部〔四〕 口
豈〔四〕 㫗〔四〕
夙〔三〕 曲〔三〕
鹿〔三〕 玉〔三〕
翏〔三〕 奧
孰〔三〕 吉
秃〔三〕 㱿〔三〕

欶 咎 由 手〔三〕 酋 畱
匊〔三〕 艸 宂 老〔三〕 臭 周
臼 草 戊 牡 宎 矛
學〔三〕 夰 丑 畜 牢 柔
竹 昊 丂 嘼 爪 敄

目（三）　蜀（三）　籀　考　考　雔（三）　叉　包

第四部

术（三）　復　祝（三）　保　帚（三）　蚤　匋

婁（四）　玨（三）　肉　鳥（三）　保　甾（三）　丩　焦

句（四）　录（三）與十四部彔别。　告　谷　簋　百（三）　收　穛

朱（四）　㯥　育　角　劉　頁　囚　号

禺（四）　逐　毒（三）　族　肘　道　秀　亯

壴（四）　丵　卣　屋（三）　受　守　冃　壽（三）

尌（四）　豖（三）與十五部豕别。　賣　獄　棗　皁　冃　孚

廚（四）　卜（三）　辱（三）　哭　韭　皀　冒　𢆶

區（四）　攴　蓐　足（三）　夒　夅　好（三）　幽（三）

蓲（四）　局（三）　佤　朿　臼　缶（三）　報　酉（三）

條　厽　堯（二）

修　尻　𨟻（二）

脩肅赤叔戚夔秋本翏舀彭猋卯

州求流六坴竈休舟惪憂汓潎曹

盜〔二〕勺〔二〕雀〔二〕弱〔二〕皃〔二〕貌〔二〕梟〔二〕号〔二〕號〔二〕了〔二〕叜〔二〕巳〔二〕

第三部

丣 攸 九〔三〕

喬 少 克〔一〕

刀 㚖 㝵〔一〕

召 麃 得〔一〕

㬥

到 暴 伏〔一〕

兆 夭 牧〔一〕

苗 芺 墨〔一〕

䍃 畐〔一〕

要 敫 苟〔一〕與四部苟别。

第二部

爻 卓

肴 勞 毛〔二〕

孚與三部孝別。教芈毄巢弔息亟力（二）防棘嗇黑（二）匿畟

龠翟爵交虐高戠（二）子（二）啻意（二）再（二）葡備（二）直（二）悳（二）

樂（三）杲（三）喿（三）尞（三）小（三）丿（三）士（二）喜寺（二）時（二）史（二）吏負（二）畀（二）緷

巛甾（二）辭司（二）丘（二）采友否音

臺式㠯（二）能矣疑亥郵牛

色〔一〕 塞〔一〕 仄〔一〕 矢〔一〕 𠬝 服〔一〕 麥〔一〕

圣〔一〕 弋 則〔一〕 賊〔一〕 革〔一〕 或〔一〕 戓〔一〕

戒 婦〔一〕 舊〔一〕 乃〔一〕 異〔一〕 北〔一〕 侌〔一〕

宰 啚〔一〕 止〔一〕 齒〔一〕 已〔一〕 己 耳〔一〕

茲〔一〕 玆 畐 富 不〔一〕 丕〔一〕 甾

〔第一部〕

【説明】

此爲稿本，二册一函，又有縮微膠卷，並藏北京大學。

筆者閲讀此稿，遇到幾個問題，特作如下説明：

首先，此稿正題名《疊韻轉語》，殆誤題。一則名不副實。第一册依《廣韻・平聲》韻目分列《爾雅・釋詁上》「始也」、「君也」兩個條目的被解釋詞，圓圈中字，手稿用紅色。似與《爾雅分韻》有關；第二册按古韻十七部分列《説文》中的聲符字。「聲」字缺。全二册既無疊韻字，又不涉及轉語。且二册内容亦無關聯，自不當共題一名。二則另有王念孫同名手稿，整理者未見，本文《合集》已從魏建功《古音系研究》中採入。見王國維《叙録》。稿中雖有轉語，如鮮支、又作析支、賜之。駃騠、卷施等，但重在揭示其聲轉，而非疊韻，故題名亦不確。此誤必不出自王念孫。依整理者推測，殆誤自王念孫之孫王壽同，因王壽同最早收集王念孫遺文，書法亦有乃祖之風，而學問則不逮。

其次，此稿倒裝，「弟一部」三字脱漏，閲讀不順，開卷即懵然不知首尾。今仍舊式，讀者倒翻並按横行查閲即可。

再次，稿中分古韻十七部，各部用「弟×部」的字樣標明，而前後兩部尾首排列的字多相亂。不論是原稿排錯，還是後人整理時讀錯，今一概依段玉裁《六書音均表》之二《古十七部諧聲表》，在校注中糾正。其餘訛奪，隨文出校。

王念孫《答江晉三論韻學書》云：「及服官後，始得亡友段君若膺所撰《六書音均表》，見其分支、脂、之爲三，真、諄爲二，尤、侯爲二，皆與鄙見若合符節。唯入聲之分合及分配平上去，與念孫多有不合。」據此，本稿殆爲王念孫審讀《六書音均表》之記録。稿中「與×部×别」及許多字的排列次序，多同段《表》，於此可證。故本稿當作於服官之初。

【校注】

〔一〕均應歸入弟一部。順注倒讀，下同。

〔二〕均應歸入弟二部。

〔三〕均應歸入弟三部。

〔四〕均應歸入弟四部。

〔五〕均應歸入弟五部。

〔六〕均應歸入弟六部。

〔七〕均應歸入弟七部。

〔八〕均應歸入弟八部。

〔九〕均應歸入弟九部。

〔一〇〕均應歸入弟十部。

〔一一〕均應歸入弟十一部。

〔一二〕均應歸入弟十二部。

〔一三〕均應歸入弟十三部。

〔一四〕均應歸入弟十四部。

〔一五〕均應歸入弟十五部。

〔一六〕均應歸入弟十六部。

〔一七〕均應歸入弟十七部。

《河源紀略》卷二〇《辨訛一》

山海經

《西山經》:「崑崙之丘……河水出焉,而南流〔東〕注於無達。」「又西三百七十里,曰樂遊之山。」「又西三百五十里，曰玉山。」「又西四百八十里，曰軒轅之丘。」「又西三百里，曰積石之山。其下有石門，河水冒以西流。」

臣等謹案：崑崙一山，史册所紀，地各不同。欲定崑崙之所在，必先審河源之所出。恭考《欽定輿地全圖》，回部三面皆山〔一〕，其天山以北，水皆北流；葱嶺以西，水皆西流；而和闐南山之南，亦無北流之水。入回部中者，至喀什噶爾、和闐，葉爾羌諸河自出回部山中，東流入於羅布淖爾，至阿勒坦噶達素齊老復出爲河源〔二〕。而《爾雅》、《山海經》諸書皆稱河出崑崙虛，則崑崙之在回部，昭昭可據矣。伏讀聖諭，有云「崑崙在回部中」，誠爲千古不易之定論，非向來考據之家所能窺其萬一也。至《山海經》所指之崑崙，計其道路，反在積石之東千五百里。又言河自積石西流，則其説至爲謬誤。此不得不詳加辨正也。案《禹貢》云：「浮于積石，至於龍門西河。」又云：「織皮崑崙、析支、渠搜，西戎即叙。」積石爲雍州貢道所經，而崑崙遠屬西戎，則其在積石之西明矣。又《穆天子傳》稱乙丑天子西濟于河，丙寅用伸八駿之乘，以飲于枝洔之中，積石之南河。丁巳，遂宿于崑崙之阿。自積石西行，越五十二日乃至崑崙，崑崙在積石之西，又一證矣。《史記·大宛傳》云：「于闐之東，水皆東流，注鹽澤。鹽澤潛行地下，其南則河源出焉。」《漢書·西域傳》云：「河有兩源：一出葱嶺，一出于闐。于闐在南山下，其河北流，與葱嶺河合，東注蒲昌海……潛行地下，南出……爲中國河。」此即今回部諸水東流注羅布淖爾，又東南伏流沙磧中，至阿勒坦噶達素齊老再出爲河源者也。又案《漢書·地理志》云：「積石山在河關縣西南羌中，河水行塞外，東北入塞内，至章武入海。」此即今青海所出之河，會星宿海，過積石，入河州，爲中國河者也。博考羣書，證以圖志，自于闐、葱嶺之東，水皆東流，非西流。至積石一山，尤在星宿海之東北，其不可指爲崑崙以西之山明矣。若如《山海經》積石在崑崙之西，河水又皆西流，則河何以得入中國？且《禹貢》所稱導河積石至於龍門者，反在西域之外矣，有是理乎？昔顏之推以《山海經》禹、益所記，而有長沙、零陵、桂陽、諸暨，疑爲後人羼入，非其本文。尤袤亦謂是先秦之書，非禹及伯翳所作。二説頗爲允當。今考其所紀山川方嚮在中土者，已難爲典要，則崑崙、積石河流之遠在異域，其不可爲據依，又曷足怪哉？

又案：積石者，河水所逕之山，非所出之山也。《漢·地理志》云，金城郡：「河關，積石山在西南羌中。」漢河關故縣在今西寧府西南邊外，今去邊外西南五百餘里，有山曰阿木尼瑪勒占木遜，即《禹貢》積石山也。河水行山南，繞東麓轉西，《水經注》以此爲河曲。梁寅《河源記》言河繞山之三面如玦然。此爲河水所逕之山，灼然可見矣。若如《山海經》云積石之山下有石門，河水冒以西流，則是以此山爲河水所出矣。自河源再出阿勒坦噶達素齊老，會星宿海，至此已九百餘里，何得以此山爲河水所出乎？然《淮南子》、前後《漢志》、《水經注》諸書以及後人之説紛然蹈襲，皆謂河出積石者，何也？大率皆由誤讀《禹貢》導河積石之文所致。夫導河積石者，言禹行河自此始，非謂河源出於積石也。亦猶洛水出冢領，東逕熊耳，而《禹貢》言導洛自熊耳；淮水出胎簪，東逕桐栢，而《禹貢》言導淮自桐栢，從河知導水不必定自發源之山也，何獨至於導河而必謂自發源之山哉？鄭康成注《禹貢》，謂凡言導者，發源於上，未成流。孔穎達駁之云：「河出崑崙，發源甚遠，豈至積石猶未成流。」又云：「河源不始於此，記其施功處耳。」斯言至爲允協。自《山海經》以積石爲河水所出，而讀《禹貢》之人盡爲其所誤，以致百家異説，輾轉傳訛，率皆未睹地形，鑿空附會，竟成千古之疑案而不可破矣。

《海内西經》：「海内崑崙之墟在西北。」「河水出東北隅，以行其北，西南又入渤海，又出海外，即西而北，入禹所導積石山。」

謹案：此與上《西山經》謂積石在崑崙之西，河水冒以西流同一謬誤，無庸更辨。至云河水西南又入渤海，又出海外，即西而北，入禹所導積石山，其言尤屬荒誕。案《史記》稱于闐之西水皆西流，注西海，其東則東流，注鹽澤。是西流入西海者，則不復更東流注鹽澤矣。若如《山海經》西南又入渤海，又出海外，則是流出西海之外矣。禹所導積石山在西海之外，河水既出海外，安能復入中國，流至積石山耶？

又案：《水經》「河水出崑崙東北陬，屈從其東南，流入渤海。又出海外，南至積石山」云云，此乃悉踵《山海經》之謬説。而胡渭作《禹貢錐指》，乃曲爲之解云：「凡大澤謂之海，渤海即蒲昌海，非真海也。」今案：《史記·封禪書》云：「三神山在渤海中。」《漢書·武帝紀》云：「元光三年春，河徙，從頓丘東南流，入渤海。」是渤海即爲大海，豈有廣袤三百里之蒲昌海，而得謂之渤海者乎？又案：《淮南·地形訓》亦云：「河水出崑崙東北陬，貫渤海，入禹所導積石山。」高誘注云：「渤海，大海也。」則渤海之非蒲昌海，益明矣。又案：今回部河源，自發源至蒲昌海，自蒲昌海至積石，盡皆東流，此乃云「西南又入渤海，又出海外，即西而北，入禹所導積石山」，東西顯然相背，何得以西流所入之渤海，强指爲東流所入之蒲昌海乎？又案：《西山經》云：「不周之山……東望泑澤，河水之所潛也。其源渾渾泡泡。」郭注云：「泑澤即鹽澤，一名蒲昌海。」是《山海經》本以泑澤爲蒲昌海，非以渤海爲蒲昌海。間考《山海經》一書，從無一水兩名之例。今既名泑澤，斷不又名爲渤海也。又《大荒〔北〕經》云：「大逢之山，河濟所入，海北注焉。」郭注云：「河濟注海，已復出海外，入此山中也。」此則明言水既入海，又復出海外矣，豈得亦以大澤爲海當之乎？蓋《山海經》之渺茫難憑，大率類是。苟必欲强加援引，又從而爲之辭，亦何事不可相附會乎？

淮南子

《地形訓上》〔三〕：「河水出崑崙東北陬，貫渤海，入禹所導積石山。」高誘注云：「渤海，大海也。河水自崑崙由地中行，禹導而通之，出積石山。《書》曰〔道〕河（出）積石，入猶出也。」《地形訓下》：「河出積石。」高誘注云：「河源出崑崙，伏流地中萬三千里，禹導而通之，故出積石。」

謹案：《淮南子》之言，乃盡襲《山海經》之誤，辨已見前矣。至高注云河水「由地中行，禹導而通之，出積石」，此語尤爲可怪。夫禹未治水之前，河本出崑崙，逕積石入中國，泛濫而爲患者也。禹之治水，不過鑿龍門，播九河，導之入海而已，非河本由地中行，而禹導之使出積石也。又案《欽定輿地全圖》，河水自蒲昌海伏流，至青海復出，相去不過千五百里，何得云伏流地中萬三千里乎？至《書》本云「導河積石」，不云「河出積石」，今欲附會《淮南子》本文而改《書》辭以就之，又何意乎？郭璞注《山海經》，亦云禹治水，復决疏出之，故云「導河積石」，此又承高誘之訛也。

《大宛列傳・贊》：「《禹本紀》言河出崑崙，崑崙其高二千五百餘里，日月所相避隱爲光明也。其上有醴泉、瑶池。今自張騫使大夏之後也，窮河源，烏睹《本紀》所謂崑崙者乎？故言九州山川，《尚書》近之矣。至《禹本紀》、《山海經》所有怪物，余不敢言之也。」裴駰集解：「鄧展曰：《尚書》曰導河積石，是爲河源出於積石，積石在金城河關，不言出於崑崙也。」

謹案：崑崙之説，自昔相傳，豈爲虚妄。惟漢世去上古已遠，而崑崙又僻在西戎，是以拘墟之儒少見多怪，即以近屬河關數百里外之積石尚誤指爲河源，而況遠及萬里之崑崙乎？據遷所云「自張騫使大夏之後，窮河源，烏睹《本紀》所謂崑崙者乎？故言九州山川，《尚書》近之」。若是乎《禹本紀》、《山海經》皆荒誕不足信，而所信惟《尚書》矣。獨不思《尚書》亦有「織皮崑崙、析支、渠搜」之語乎？案：鄭康成注《禹貢》云：「衣皮之民居此崑崙、析支、渠搜三山之野者，皆西戎也。」而《爾雅》亦云河出崑崙虚。《禹貢》爲大禹所記，《爾雅》爲周公所作，豈亦故爲荒幻之辭以誣後世乎？自史遷有烏睹所謂崑崙之説，而《漢書・張騫傳》踵之。至鄧展作注，又言河出積石，不出崑崙，則誤讀「導河積石」爲「河出積石」矣。司馬貞《史記索隱》辨之云：「案《山海經》河出崑崙東北隅，《西域傳》云南出積石山爲中國河，積石本非河之發源，猶《尚書》導洛自熊耳，然其實出於冢領山，乃東逕熊耳。今推此義，河亦然矣。」則河源本崑崙，東流至積石，始入中國，而《山海經》竝《禹貢》各互舉耳。然則史遷之説，司馬貞固已不信之矣。

漢書

《張騫傳·贊》：「《禹本紀》言河出崑崙，崑崙高二千五百餘里，日月所相避隱爲光明也。自張騫使大夏之後，窮河源，惡睹所謂崑崙者乎？故言九州山川，《尚書》近之矣。至《禹本紀》、《山經》放哉。」

辨已見上。

《西域傳》：「西域以孝武時始通，本三十六國，其後稍分至五十餘，皆在匈奴之西、烏孫之南。南北有大山，中央有河，東西六千餘里，南北千餘里。東則接漢，阸以玉門、陽關，西則限以葱嶺。其南山東出金城，與漢南山屬焉。其河有兩源：一出蔥嶺山，一出于闐。于闐在南山下，其河北流，與蔥嶺河合，東注蒲昌海。蒲昌海，一名鹽澤者也。去玉門、陽關千三百餘里，廣袤三百里。其水亭居，冬夏不增減，皆以爲潛行地下，南出於積石爲中國河云。」

謹案：班氏所傳西域之山川、形勢、道理、方嚮，至爲詳密。參以今之《輿圖》〔四〕，無不相合者。獨以鹽澤爲潛行地下，南出於積石，則猶踵《山海經》、《淮南子》諸書之誤。又漢時青海之地界在西羌，使跡罕至，睹聞之所不及，遂爲記載之所不備云。

《河源紀略》卷二二《辨訛二》

水經

崑崙墟在西北，去嵩高五萬里，地之中也。注：「《禹本紀》與此同。」

謹案：崑崙在今回部，嵩高山在今河南府登封縣北。計崑崙至嵩高，不及二萬里，何得云去嵩高五萬里乎？酈注云「《禹本紀》與此同」，則《水經》乃襲《禹本紀》之説也。

萬斯同《水經河源辨》云：「《山海經》言崑崙有三：其一見《西次三經》之内，曰崑崙之丘，實惟帝之下都，河水出焉，而不言其道（理）〔里〕；其一見《海内西經》之内，曰海内崑崙之墟在西北，方八百里，高萬仞，河水出東北隅，此即《西次三經》之山，但言有詳畧，非二山也；其一見《大荒經》，曰西海之南，流沙之濱，赤水之後，黑水之前有大山，名曰崑崙之岳，下有弱水之淵環之，而亦不言道（理）〔里〕。惟《禹本紀》言崑崙高二千五百餘里，去嵩高五萬里。夫河水所出之崑崙，《山海經》所云者，在西域于闐國，去長安九千六百七十里。長安去嵩高不過千里，今言去嵩高五萬里，則是《大荒》之崑崙，非于闐之崑崙也，何得言河水出其東北陬？」〔五〕胡渭《禹貢錐指》云：「《山海經》：西海之南，流沙之濱，赤水之後，黑水之前有大山，名曰崑崙之丘。案《後漢書·西域傳·論》云，甘英臨西海以望大秦，距玉門、陽關四萬餘里，而崑崙更在西海之南，遠斯極矣。《禹本紀》所云去嵩高五萬里者，當指此山。《水經》引以説西北之崑崙，非也。」〔六〕

謹案：萬斯同、胡渭之説，皆謂《禹本紀》去嵩高五萬里者，乃《大荒》之崑崙，非河水所出之崑崙，《水經》不當誤合爲一。今考《史記·大宛傳·贊》云：「《禹本紀》言河出崑崙，崑崙其高二千五百餘里。」《山海經》云：「海内崑崙之墟在西北……河水出東北隅。」郭璞注云：「自此以上二千五百餘里，上有醴泉、華池，去嵩高五萬里……見《禹本紀》。」則是河出崑崙，去嵩高五萬里，皆《禹本紀》之言也。既皆《禹本紀》之言，則去嵩高五萬里之崑崙，即河水所出之崑崙矣，何得以爲非河水所出，而別指一《大荒》之崑崙以當之乎？至胡渭又引《後漢書》西海距玉門、陽關四萬餘里之説，而申以崑崙更在西海之南云云，若似乎《大荒》之崑崙適合《禹本紀》五萬里之數者，則其説愈巧而愈鑿矣。夫《禹本紀》明言河出崑崙，則非《大荒》之崑崙可知，豈可因駁《水經》之誤，而又自生一誤乎？蓋《水經》乃承襲《禹本紀》之浮夸，而駁之者又紐合《山海經》之荒誕，以訛益訛，展轉引伸，何所窮極耶？

其高萬一千里。注：「《山海經》稱方八百里，高萬仞。郭景純以爲自上二千五百餘里。《淮南子》稱高萬一千里百一十四步三尺六寸。」

謹案：諸書所云崑崙之高，參差不一，而《淮南子》尤鑿而無據。總之，周秦以降，中土之人目不覩所謂崑崙者，而人人胸中各横一驚奇之見。若似乎既謂之崑崙，自當高遠莫測矣。影響揣摹，横加尺度，即一崑崙之高而已變幻不同如此，其他尚有足信者乎？

河水出其東北陬，屈從其東南流，入渤海。又出海外，南至積石，山下有石門。

謹案：此數語乃仍《山海經》之謬，辨已見《山海經》條下。

又南入葱嶺山，又從葱嶺出而東北流。其一源出于闐國南山，北流與葱嶺所出河合，又東注蒲昌海。

謹案：《海内》崑崙之墟在西北，河水出東北隅以行其北，西南又入渤海，又出海外，即西而北，入禹所導積石山，積石之山下有石門云云。此《山海經》之言也。崑崙去嵩高五萬里，此《禹本紀》之言也。崑崙高萬一千里百一十四步三尺六寸，此《淮南子》之言也。是皆荒誕之言，未可據以爲信。《漢書·西域傳》云：「河有兩源：一出葱嶺山，一出于闐。

于闐在南山下，其河北流，與葱嶺河合，東注蒲昌海。」是則可案諸圖志，確乎不易之論也。奈何爲《水經》者，漫無決擇，既已强牽諸説，混合爲一，又以崑崙、積石二山加之於葱嶺之上，而繼以南入葱嶺云云，則是河源在葱嶺之西北矣。恭考《欽定輿地全圖》，回部之西爲葱嶺，其北爲天山。其葱嶺以西，水皆西流。天山以北，水皆北流。則地勢之東南高而西北下可知。西北之水豈能逆流直上，徹數百里之重巒疊嶂而復出於葱嶺之東乎？是以《漢書》但稱河出葱嶺于闐，未嘗言葱嶺于闐之外復有上源。既無上源，則崑崙不得在葱嶺之西北明矣。至於積石一山，近在西寧邊外五百餘里，西去葱嶺五千餘里，故《漢書》稱葱嶺、于闐之河，東注蒲昌海，南出於積石爲中國河，奈何反加積石於葱嶺之上乎？是以酈道元駁之云：「余考羣書，咸言河出崑崙……淪於蒲昌，出於海外……逕積石爲中國河。」「而經文在此，似如不比積石，宜在蒲昌海下矣。」考《水經》作者，《唐書》題曰桑欽。然班固嘗引欽説，與此經文異。觀其涪水條中稱廣漢已爲廣魏，則決非漢時；鍾水條中稱晉寧仍曰魏寧，則未及晉代。推尋文句，大抵三國時人。今考其書，頗爲足據。然獨於河水發源，自蒲昌以上，悉屬影響猜疑。緣察其致誤之由，蓋作書時係取《禹本紀》、《山海經》、《淮南子》、《西域傳》稍爲删改，雜綴成文，非但不知《夏禹王本紀》之難憑，并且不知《漢書·西域傳》之可據，任情牽合，茫無主張，遂使後人疑爲葱領之上復有河源。如郭璞注《山海經》云：「河出崑崙，潛行地下，至葱嶺山、于闐國，復分流岐出。」此即承用《水經》之謬説也。蓋三國時，内地紛争，西域阻絶，覩聞不周，記載參錯，理則然矣。惟我聖朝大啟土宇，混一内外，圖書所通，無遠弗届。匪特西域舊疆瞭如指掌，即葱嶺天山之西北，亦復如在目前。遂使數千年未決之疑竇，一旦豁然貫通，亦考古者之一大幸也。

後漢書

《郡國志·隴西郡》：「河關，積石山在西南，河水出。」

謹案：此云河水出積石，亦襲《山海經》、《淮南子》諸書之誤，辨已見《山海經》條下矣。

後漢書注附

《桓帝紀》：「延熹三年，燒當羌叛，段熲追擊於積石，大破之。」注：「積石山在今鄯州龍支縣内，即《禹貢》導河積石是也。」

謹案：《禹貢》導河之積石，在今西寧府西南邊外五百三十餘里，故《漢書·地理志》云金城郡河關積石山在西南羌中，《水經注》云《禹貢》所謂導河自積石山在西羌之中，漢河關故縣在今西寧府西南邊外，而積石又在其西南羌中，此則《禹貢》導河之積石也。至鄯州龍支之積石，在今西寧府之東南八十餘里，即李吉甫《元和郡縣志》謂一名唐述山者是也。《水經注》云「河北有層山，甚靈秀。巖堂之内，時見神人往還，俗不悟其仙者，乃謂之神鬼。彼羌目鬼曰唐述，因石之爲唐述山」云云。是此山本名唐述，不名積石，其謂之積石，不知始自何人。而注《後漢書》者，遂踵其失。揆厥由來，蓋緣《禹貢》導河之積石遠在河關西南羌中，自南北朝時河關没入吐谷渾，久而不復，中土之人遂不知河關以外之積石矣。故隋大業二年於赤水城置河源郡，以境有積石山，立名河源，城在今西寧府東南，其境内之積石山即唐述山也。以唐述爲積石，因以積石爲河源。展轉滋訛，不復詳究。郡名既立，貽誤遂多，正不獨《後漢書注》爲然矣。考唐儀鳳二年改置河源軍，在鄯州西百二十里。又於澆河故城置積石軍，在廓州西南北五十里。是皆仍隨氏之誤而不覺悟者也。至張守節作《史記正義》，始云河自鹽澤潛行入吐谷渾界大積石山，又東北流至小積石山。李吉甫《元和郡縣志》亦云小積石山在枹罕縣西北七十里。河出積石山，在西南羌中，今人目爲大積石。此則已知西南羌中之積石，而加唐述以小積石之名，因目羌中積石爲大積石。小大分名，最爲明晰矣。蓋二山之相去，中間幾及千里。且一在西寧邊外之西南，一在西寧邊内之東南。内外既異其方，東西又殊其向。彼此之各不相涉既已判然矣，何事後之儒者紛紛之説，猶自不一而足也？《尚書》蔡沈傳云：「《地志》積石在金城郡河關縣西南羌中，今鄯州龍支縣界也。」既引《漢書·地理志》，似知河關西南羌中之積石矣，奈何復以鄯州龍支之積石相混，以斷斷不能强合之二山而必牽之使合乎？故元都實窮河源，仍以廓州西南之積石州爲積石，積石州即唐之積石軍也。而至正中修《宋史》，其《河渠志》亦云黄河自貴德西寧之境至積石，經河州，此又宗蔡《傳》而失於考正者矣。

隋書

《地理志》河源郡下云：「積石山，河所出。」

謹案：以積石山爲河所出，乃承用《漢書》之誤，辨已詳見上卷矣。顧此又自有其誤者，則以積石山河所出屬之河源郡下也。蓋《漢書》所謂河出積石者，在金城郡河關縣西南羌中，此《禹貢》導河之積石也。隋大業二年，於赤水城置河源郡，以境有積石山名，此積石山即唐述山，《元和郡縣志》所謂小積石山是也。既以唐述山一名小積石山爲積石，又因《漢書》積石爲河所出，遂以立河源郡之名，此所以一誤而又再誤者也。又考《隋書·地理志》枹罕郡下龍支縣又有唐述山，此則同一《地理志》，前後不數行，而已自相矛盾如此，其爲書也疎矣。

《河源紀略》卷二三《辨訛三》

通典〔七〕

案《水經》云「崑崙墟在西北，去嵩高五萬里，地之中也。其高萬一千里，河水（陬）〔出〕其東北陬，屈從其東南流，入於渤海。又出海外，南至積石，山下有石門。又南入葱嶺山，又從葱嶺出而東北流。其一源出于闐國南山，北流與葱嶺所出河合，又東注蒲昌海。又東入塞，過燉煌、酒泉、張掖郡南，又東過隴西河關縣北」云云。案《水經》所云崑崙山者，宜出於《禹本紀》、《山海經》；所云南入葱嶺及出于闐南山者，出於《漢書·西域傳》。而酈道元都不詳正，所注河之發源，亦引《禹紀》、《山經》。釋法顯《遊天竺記》、釋氏《西域記》所注南入葱嶺，一源出于闐山，合流入蒲昌海，雖約《漢書》，亦不尋究。又《水經》云：「出海外，南至積石，山下有石門」，然後南流入葱嶺。據此，則積石山當在葱嶺之北。又云「入塞，過燉煌、酒泉、張掖郡南」，並今郡地也。夫山水地形固有定體，自葱嶺、于闐之東，燉煌、酒泉、張掖之間，華人來往非少。從後漢至大唐，圖籍相承，注記不絶。

大(積)〔磧〕距數千里,未有桑田碧海之變,陵遷谷移之談,此處豈有河流?纂集者不詳斯甚。又案禹導河積石者,堯時洪水,下民昏墊。禹所開決,本救民患。積石之西,沙鹵之地,河流既小,地勢復高,不爲民患,不事疏鑿,以此施功發跡。自積石山而東,則今西平郡龍支縣界山是也,固無禹治水之功。自葱嶺之北,其《本紀》灼然荒唐,撰經者取爲準的。班固云言九州者,《尚書》近之矣,誠爲愜當。其《漢書·西域傳》云河水一源出葱嶺,一源出于闐,合流東注蒲昌海,皆以潛流地下,南出積石爲中國河云。此《禹紀》、《山經》猶校附近,終是紕繆。案此言惟憑張騫使大夏,見兩道水從葱嶺、于闐合流入蒲昌海。其于闐出美玉,所以《張騫傳》遂云窮河源也。案古圖書名河所出曰崑崙山,疑所謂古圖書即《禹本紀》,以于闐山出玉,乃謂之崑崙,即所出便云是河也。窮究諸説,悉皆謬誤。孟堅又以《禹貢》云導河自積石,遂疑潛流從此方出。且漢時羣羌,種衆雖多,不相統一,未爲强國,漢家或未嘗遣使詣西南羌中,或未知自有河也。寧有今吐蕃中河從西南數千里向東北流,見與積石山下河相連,聘使涉歷,無不言之?吐蕃自云崑崙山在國中西南,則河之所出也。又案《尚書》云:「織皮崑崙、析支、渠搜,西戎即叙。」又范蔚宗《後漢書》云:「西羌在漢金城郡之西南,濱于賜支。」《續漢書》曰:「河關西可千餘里有河曲,羌謂之賜支,蓋析支也。」然則析支在積石之西,是河之上流明矣。崑崙在吐蕃中,當亦非謬,而不謂河之本源，乃引蔥嶺、于闐之河，謂從蒲昌海伏流數千里至積石方出，斯又班固之所未詳也。佑以《水經》僻書，世人多不之覩，或有好事者於諸書中見有引處，謂其審正，此殊未之精也。不揆淺昧，考諸家之說，辨千古訛舛，是故曲折言之。

謹案：杜佑之説，不信積石在蔥嶺之北，又斷積石之西無禹功，一切《禹紀》、《山經》掃落不遺餘力，誠可謂魏晉以來之獨具卓識者矣。顧以《漢書・西域傳》爲不足憑，蒲昌以下伏流爲紕繆，謂崑崙在吐蕃中，且誤指《禹貢》導河積石爲在西平龍支縣界中，是皆拘墟錯誤之談，未可爲允當之論也。夫自古言河源者，莫著於《史記・大宛傳》及《漢書・西域傳》，而《西域傳》之言尤爲明晰。蓋當日班超父子繼奠西垂，孟堅以其家人述其家事，夫豈無耳聞目見者而姑妄言之？嘗考《西域傳》之説，證以今之《欽定輿地全圖》，其謂南北有大山，中央有河，東西六千餘里，南北千餘里，東則阸以玉門、陽關，西則限以蔥嶺云云，是皆揆諸疆域，正以方嚮，隱度不失累黍者也。又謂河有兩源，一出蔥嶺，一出于闐。于闐在南山下，其河北流，與蔥嶺河合，東注蒲昌海。今自和闐以北、蔥嶺以東，和闐、喀什噶爾諸河皆東注羅布淖爾。和闐、喀什噶爾河者，即于闐、蔥嶺河也。羅布淖爾者，即蒲昌海也。以今之地，案之班書，一一皆相脗合，夫豈妄作而能若是哉？杜氏又曰：「大磧距數千里，未有桑田碧海之變，陵遷谷移之談，此處豈有河流？」是不信蒲昌以下伏流之説矣。不知于闐河北合葱嶺河，東流三千餘里，受水大小十餘，而盡注於廣袤三百里之蒲昌海。果使其下無伏流，亦安得以容之乎？且《山海經》云：「不周之山……東望泑澤，河水之所潛也。其源渾渾泡泡。」泑澤者，蒲昌海也。潛者伏也，是蒲昌伏流之説，《山海經》亦已言之矣。又《水經注》云：「其水澄渟，冬夏不減，其中回湍雷轉，爲隱淪之脈。當其澴流之上，飛禽奮翮於霄中者，無不墜於淵波」，即河之所潛也。又云：「河自蒲昌，有隱淪之證。」酈氏既謂蒲昌有隱淪之證，又詳叙其靈異如此，夫豈無所見而云然乎？又案《欽定輿地全圖》，自羅布淖爾之東南，至阿勒坦噶達素齊老千五百里，其間沙連山斷，伏流隱見可指者，小大相望不絶。是豈有桑田碧海之變，陵遷谷移之談，而爲昔之所無，今之所有乎？且水之有伏流，中土亦皆有之，不獨河水爲然。恭讀聖諭，有云濟水三伏三見，此亦一證。然則河之伏流，亦曷足爲怪乎？又讀《御製河源》，案語有云：「大河之源，獨黄色爲靈異。」蓋河自蒲昌初伏於沙磧之中，潛流千五百里。故當其始發，爲色獨黄。苟非挾沙以行，豈有出山即成黄色之水乎？蓋唐人雖至吐蕃，實未覩河水潛流發源之處，況自吐蕃西北至蒲昌海尚有千五百里，其間伏流隱見，亦烏從得而知之哉？杜氏斯言，其爲檮昧之見矣。至謂崑崙在吐蕃中，則其説更爲無據，不過信吐蕃自云崑崙在其國中一語耳。夫自古言崑崙者，但聞在中土之西北，不聞在中土之西南。故《山海經》云海内崑崙之墟在西北，《水經》云崑崙墟在西北，去嵩高五萬里。若崑崙在吐蕃中，則在中土之西南，而不在西北矣。且崑崙者，産玉之山也。故《爾雅》云：「西北之美者，有崑崙虚之璆琳、琅玕焉。」《史記・大宛傳》云：「漢使窮河源，河源出于闐，其山多玉石。」是産玉者，爲崑崙。無玉者，不得爲崑崙矣。今吐蕃無玉，而于闐多玉，豈得反以在吐蕃者爲崑崙，在于闐者爲非崑崙乎？杜氏又謂積石在龍支縣界中，是誤以唐述山爲《禹貢》導河之積石（石）矣，其失尤爲顯著，説已詳見《後漢書注》辨中，不必更爲深論也。至謂孟堅以《禹貢》導河自積石，遂疑潛流從此方出，漢時羣羌不爲强國，未嘗遣使詣羌中，故不知吐蕃河從西南數千里向東北流，與積石山下河相連云云。若斯之論，深爲允愜。蓋漢使未詣羌中，故不知積石以上河源重發。唐人不究西域，故罔聞蒲昌以下伏流顯然。去其兩非，存其兩是，遂成定論，終古莫之能易矣。

元和郡縣志〔八〕

《河州・枹罕縣》：「積石山，一名唐述山，今名小積石山，在縣西北七十里。案河出積石山，在西南羌中，河自蒲昌海潛行地下，出於積石爲中國河，故今人目彼山爲大積石，此山爲小積石。」

謹案：李吉甫分别大小積石之名，最爲明備。辨（以）〔已〕見《後漢書註》條下矣，獨是猶仍《漢書》河自蒲昌海潛行地下，出於積石之語，一似未知《禹貢》導河積石之上，尚有吐蕃河源者。蓋意在徵引《漢書》，遂未暇詳究其誤。考古不精，難免粗疎之誚矣。

太平寰宇記〔九〕

鄯州龍支縣下云：「積石山在縣南，《尚書》謂導河積石，謂此山也。」

謹案：此亦以小積石爲《禹貢》導河之積石，辨已見《後漢書注》及《通典》條下。

河州枹罕縣下云：「積石山一名唐述山，今名小積石山，在縣西北七十里。《禹貢》曰：『浮於積石，至於龍門西河。』《西域傳》：河東注蒲昌海，行地下，南出積石爲中國河。《續漢書・郡國志》：隴西河關縣，積石山在西南，河水出焉。」

謹案：《禹貢》、《西域傳》、《續漢書》所言之積石，皆大禹導河之積石也。唐述山一名積石，乃小積石也。樂史既知唐述山爲小積石矣，自當更有大積石在。乃上文叙唐述山之爲小積石，既如此其清晰，下文引書又如此其相背，上下各不相蒙，蓋緣其意在勦襲舊聞，不察地形遠近，遂致斯誤矣。

唐書

《吐蕃傳》：「河之上流，由洪濟梁，西南行二千里，水益狹，春可涉，秋夏乃勝舟。其南三百里，三山中高而四下曰紫山，〔直大羊同國〕，古所謂崑崙者也。（故）〔虜〕曰悶磨黎山，東距長安五千里，河源其間，流澄緩下，稍合衆流，色赤，行益遠，他水并注則濁。」

謹案：《唐書》叙吐蕃河源，頗爲清晰，但其間猶有未盡愜者。如以紫山爲崑崙，「河源其間，流澄緩下，稍合衆流，色赤」云云，是皆考古未精，訪聞不實之語也。夫唐吐蕃之地，即今青海，是所謂紫山即巴彦哈拉山。是崑崙在回部，不在青海，前已辨之詳矣。而此乃云紫山即古所謂崑崙，是考古未精也。恭讀《御製河源詩》，注云：「星宿海有泉，千百湧出，俱緑水。惟西南一河，名阿勒坦郭勒。此河實係黄河上源，其水色黄，從東南流，更折而西北，廻旋三百餘里，穿入星宿海，因會諸緑水，黄色微淡。自此合流東下，屈曲千七百餘里，至歸德堡，挾沙激浪，水色全黄，始名黄河。」又讀《御製河源》，案語有云：「大河之源，獨黄色爲靈異。」是河源出紫山即黄，因會諸緑水，黄色反淡，何得云始流澄緩下，合衆流色乃赤乎？蓋河自羅布淖爾伏流行千五百里大磧之中，至阿勒坦噶達素齊老始出，潛源怒發，挾沙以來，其色不得謂之澄，其流不得謂之緩也。夫地志之書，事事皆當核實，使後之人案蹟推求，罔有不合，始爲盡善。乃若《唐書》所云，考之于今，相背有如是者，豈非得之傳聞，漫不加察，率爾而成記載者乎？故曰訪聞不實也。

《河源紀略》卷二三《辨訛四》

輿地廣記〔一〇〕

河水出崑崙，自古言者皆失其實。《禹本紀》、《山海經》、《〔水經〕》固已迂怪誕妄，而班固所載張騫窮河源事，亦爲臆説。

謹案：歐陽忞蓋承杜佑之説，信吐蕃之河源，而不信西域之河源，故其言如此。顧謂《禹本紀》、《山海經》爲迂怪誕妄，則信然矣。若謂班固《張騫傳》所載河源事爲臆説，樂聞創論，而妄攻舊議，無乃太過乎？

通志〔一一〕

河水自西域來，其大源有三：正源出崑崙山東北陬而東行；一源出天竺葱嶺；一源出于闐南山，北行與葱嶺河合，而東入於崑崙河。或云張騫窮河源，至葱嶺河爾，故《西域傳》云河有兩源，一出葱嶺，一出于闐，而没其正源也。三河合而東過蒲昌，或云入蒲昌而復東出，于理不然。乃東至積石，山下有石門，河水冒以西南流，是爲中國河。積石山屬鄯州。

謹案：《漢書·西域傳》云「西域以孝武時始通，本三十六國」，「南北有大山，中央有河，東西六千餘里，南北千餘里。東則接漢，阨以玉門、陽關，西則限以葱嶺」，「其河有兩源：一出葱嶺山，一出于闐。于闐在南山下，其河北流，與葱嶺河合，東注蒲昌海」云云。詳考班氏之説，證以今之《欽定輿地全圖》，真可謂明若眉列，指數不失尺寸者也。《史記·大宛傳》云：「漢使窮河源，河源出于闐，其山多玉石。」「天子案古圖書，名河所出山曰崑崙云。」是崑崙之在于闐，又顯有可據者也。今鄭樵之説，云河有三源，一源出天竺葱嶺，一源出于闐南山，北流與葱嶺河合，而東入於崑崙河，是葱嶺、于闐之外復有一崑崙河矣。既爲《西域傳》之所無，又非今地圖之所有，則所謂崑崙河者果安在乎？又引或云張騫窮河源，至葱嶺河爾；又譏《西域傳》但知葱嶺、于闐之兩源，而没其正源。若云張騫未至崑崙，故作《西域傳》者，但知有葱嶺、于闐河，而不知有崑崙之正源也。影響猜疑，茫無所據。其尤甚者，則以捐毒葱嶺爲天竺葱嶺，河水注蒲昌爲過蒲昌，且以入蒲昌而復出爲於理不然，以大積石山爲屬鄯州，種種差謬，可一一爲之指正也。《水經注》云：「河水重源有三，一源出捐毒葱嶺。」鄭氏之言蓋本諸此。捐毒，舊本《水經注》訛作「身毒」，身毒即天竺也，故鄭氏遂云一源出天竺蔥嶺。考《漢書・西域傳》云：「捐毒國南與蔥嶺屬，西上蔥嶺則休循也。」屬者連也，是捐毒國南與蔥嶺相連，西與休循相近也。《西域傳》又云：「休循國在蔥嶺西，東至捐毒二百六十里。」則捐毒當在蔥嶺之東北，西南去蔥嶺不過百餘里矣。《史記・大宛傳》云：「身毒國在大夏東南可數千里。」大夏即大月氏也。大月氏在蔥嶺西南二千餘里，身毒又在大夏東南數千里，豈得以蔥嶺東北百餘里之捐毒爲大夏東南數千里之身毒乎？且《水經注》云：「一源出捐毒蔥嶺。」夫惟捐毒即在蔥嶺之下，故稱捐毒指其國，稱蔥嶺指其山，兩相比附，故連稱以著明之。若身毒、蔥嶺，則相去懸絶，何得連文並舉乎？然捐毒之訛爲身毒，尚有一字之可尋，而身毒又轉爲天竺，更無蹤跡之能辨矣。一訛再訛，愈轉愈甚，亦何所底止乎？又考《漢書・西域傳》云：「河有兩源，一出蔥嶺山，一出于闐。于闐在南山下，其河北流，與蔥嶺河合，東注蒲昌海。蒲昌海……去玉門、陽關千三百餘里，廣袤三百里。其水亭居，冬夏不增減，皆以爲潛行地下，南出……爲中國河云。」是蒲昌爲河水之所注，實伏流之始，其下即潛行地下矣，何得云三河合而東過蒲昌？過者，經流之謂，非伏流之謂。蒲昌既爲河水之所經流，其下又當入於何處，則固未之聞也。乃又引或云入蒲昌而復出，直駁之云於理不然。所謂或云者，意蓋指《漢書・西域傳》之所云也。《西域傳》之言至爲足據，今乃云于理不然，其理果何理乎？又考濟水三伏三見，見於《禹貢》。而《水經注》所記諸川，如漾水、潛水、淶水、桑乾水之類，皆有伏流，何獨至於河而疑之？鄭氏所云，然乎否乎？至謂積石山下有石門，河水冒以西南流，爲中國河云云，乃承《山海經》、《漢書》、《水經》之訛。又以積石山爲屬鄯州，乃承《後漢書注》之訛。辨皆已見《山海經》、《漢書》、《水經》、《後漢書注》條下。

文獻通考〔一二〕

古今言禹導河始於積石，而河源出自崑崙，其説皆荒誕。惟《通典》及《輿地廣記》所言辨析詳明。

謹案：馬端臨之説，亦不過但信吐蕃之河源，不信西域之河源耳。因極力推崇《通典》及《輿地廣記》二書，而不覺其言之太過也。夫禹導河積石之文，載在《尚書》。河出崑崙墟之説，本於《爾雅》。《尚書》，宣聖之所删。《爾雅》，周公之所作。今云説皆荒誕，不已過乎？

潘昂霄《河源志》〔一三〕

河源在吐蕃朵甘思西鄙，有泉百餘泓，沮如散涣，方可七八十里。履高山下瞰，燦若列星，故名火敦腦兒。火敦，譯言星宿也。羣流奔湊，近五七里，匯二巨澤，名阿剌腦兒。自西徂東，連屬吞噬。馬行一日程，迤邐東鶩成川，號赤賓河。二三日程，水西南來合流，入赤賓，其流寖大，始名黄河。然水猶清，人可涉。又一二日，岐裂八九股，名也孫斡倫，譯言九度，通廣六七里，馬亦可度。又四五日程，水渾濁，土人抱革囊乘騎過之。民聚落糾木幹象舟，傅髦革以濟，僅容兩人。繼是兩山峽束廣可一里二里，或半里，其深叵測矣。朶甘思東北鄙有大雪山，名亦耳麻不莫剌。其山最高，譯言騰乞里塔，即崑崙也。山腹至頂皆雪，冬夏不消。土人言，遠年成冰時，六月見之。自八九股水至崑崙，行二十日程，河行崑崙南半日程。又四五日程，至地名濶及、濶提，二地相屬。又三日程，地名哈剌别里赤兒，四達之衝也，多寇盗，有官兵鎮防。崑崙迤西人簡少，多處山南，山皆不穹峻，水亦散漫。獸有髦牛、野馬、狼、狍、羱羊之類。其東山益高，地亦漸下，岸狹隘，有狐可一躍越之者。行五六日程，有水西南來，名納隣哈剌，譯言細黄河也。又兩日程，有水南來，名乞兒馬出，二水合流入河。河北行，轉西，至崑崙北。二日程地水過之，北流少東，又北流，約行半月程，至貴德州，地名必赤里，始有州治官府，州隸河州吐蕃等處宣慰司。又四五日程，至積石州，即《禹貢》積石。五日程，至河州安鄉關。

謹案：潘昂霄所志吐蕃河源，較《唐書》頗爲詳悉。顧其間猶有未盡愜者，則由窮源尚未得其源，考古尚未合于古也。如云吐蕃朵甘思西鄙有泉百餘泓，沮洳散涣，燦若列星，故名火敦腦兒。火敦，譯言星宿也。自此以上，更未云有一源出于何處者，是即以星宿海爲河水之真源矣。恭考《欽定輿地全圖》，河自回部于闐、葱嶺發源，東流三千餘里，注於羅布淖爾。此羅布淖爾以上，未伏流之河源也。河自羅布淖爾伏流之後，東南行沙磧中千五百里，至巴彦哈拉，乃出爲阿勒坦郭勒。此巴彦哈拉以下，伏流始見之，河源也。此源去星宿海西南尚有三百餘里，潘《志》既不知羅布淖爾以下伏流之河源，又不知星宿海以上始發之河源，故曰窮源尚未得其源也。伏讀《御製河源》，案語有云，崑崙在今回部中，回部諸水皆東注蒲昌海，即鹽澤也。鹽澤之水皆入地伏流，至青海始出，則星宿海諸水皆是也。而大河之源獨黄色爲靈異，更在星宿海之上，非崑崙之水伏流至此以出，而挾星宿海諸水爲河瀆而何？濟水三伏三見，此亦一證矣。蒲昌海即羅布淖爾，青海即吐蕃地也。是青海始出之黄河，爲回部再出之重源明矣。又讀聖諭，有云星宿海西南有一河，名阿勒坦郭勒，蒙古云阿勒坦即黄金，郭勒即河也。此河實係黄河上源，其水色黄，迴旋三百餘里，穿入星宿海。又阿勒坦郭勒之西有巨石高數丈，名阿勒坦噶達素齊老，蒙古語噶達素，北極星也；齊老，石也。其崖壁黄赤色，壁上爲天池，池中流泉噴涌，釃爲百道，皆作金色。入阿勒坦郭勒，則真黄河之上源也。是星宿海之上，尚有三百餘里之真源矣。

此皆元使之所不至，遂爲潘《志》之所不詳，故曰窮源尚未得其源也。至云「朵甘思東北〔鄙〕有大雪山，名亦耳麻不莫剌。其山最高，譯言騰乞里塔，即崑崙也」，是以亦耳麻不莫剌爲崑崙矣。又云：「山腹至頂皆雪，冬夏不消。土人言，遠年成冰時，六月見之。」恭考《欽定輿地全圖》，巴彦哈拉之東北七百餘里有山曰阿木奈瑪勒占木遜，蒙古語謂祖阿木奈，謂色斑駁瑪勒占，謂冰木遜，此即《禹貢》所謂導河積石山，非古所謂崑崙山也。今據潘《志》云「其山最高」，雪「冬夏不消。土人言，〔遠年〕成冰時，六月見之」，蓋其山最高，故謂之祖；積雪不消，遠年成冰，故色斑駁，且以冰名也。然則阿木奈瑪勒占木遜，即亦耳麻不莫剌，或蒙古語古今異耳。是爲禹導河積石山，非即崑崙山明矣。恭讀《御製讀宋史河渠志》，有云崑崙在回部，離此將萬里，誰能移于此乎？故曰考古尚未合于古也。又云「河北行，轉西，至崑崙北。一日程〔地水過之〕，北流少東，又北流，約行半日程，至貴德州」，「又四五日程，至積石州，即《禹貢》積石。五日〔程〕，至河州安鄉關」，是又以龍支唐述山一名積石，爲《禹貢》導河之積石矣。龍支唐述山一名積石，非《禹貢》之積石，辨已詳見《後漢書注》條下矣。而此則既誤以《禹貢》積石爲崑崙，自不得不以龍支唐述爲積石矣。故曰考古尚未合于古也。

《河源紀略》卷二四《辨訛五》

梁寅《河源記》〔一四〕

世多言河出崑崙者，蓋自積石而上望之，若源於是矣，而不知星宿之源在崑崙之西北，東流過山之南，然後折而抵山之東北，其遶山之三面如玦焉，實非源於是山也。然凡水者，山之血脈也。山高而廣，則其水必衆而鉅。崑崙，至高廣者也，而謂無一水源於其間耶？其不言之者，蓋欲破昔之謬，著今之奇，故畧之爾。

謹案：梁寅所指之崑崙山，蓋即禹導河積石山，在古析支之地，《水經注》所謂河曲者也。故云河自「西北，東流過山之南，然後折而抵山之東北，其遶山之三面如玦焉」，是此山之爲禹導河積石山明矣。既誤指禹導河積石山爲河出崑崙山，遂以唐述山一名積石山爲禹導河積石山，故云「自積石而上望之，若源於是矣」。自積石而上者，自唐述山一名積石山之積石而上也。若源於是者，蓋即指誤認之河出崑崙山，其實乃禹導河積石山也。夫河之不源於禹導河積石山，亦何待辨？因誤認禹導河積石山爲河出崑崙山，遂謂河源不出於崑崙，夫豈其然？寅爲是説，於心蓋亦有未安，故又從而爲之辭曰：「水者，山之血脉〔也〕。山高而廣，〔則〕其水必衆而鉅。崑崙，至高廣〔者也〕，而謂無一水源於其間耶？」是又周旋河出崑崙之説矣。然終歸于不信，故又云：「其不言之者，蓋欲破昔之謬，著今之奇，故畧之爾。」夫河之必出于崑崙，亦何待其周旋？惟終歸于不信，乃益形其差謬耳。要之，崑崙自在回部，積石自在羌中，不詳核于《漢志》，不確訪其地形，但憑臆見，輕詆舊聞，宜其多誤也。

宋史

《河渠志》：「元至元二十七年，命學士蒲察篤實西窮河源，始得其詳。今西蕃朵甘思南鄙曰星宿海者，其源也。四山之間，有泉近百泓，匯而爲海，登高望之，若星宿布列，故名。流出復瀦，曰哈剌海，東出曰赤賓河，合忽蘭、也里术二河，東北流爲九渡河，其水猶清，騎可涉也。貫山中行，出西戎之都會，曰闊即、曰闊提者，合納憐河，所謂細黄河也，水流(色)〔已〕濁。繞崑崙之南，折而東注，合乞里馬出河，復繞崑崙之北，自貴德、西寧之境，至積石，經河州，過臨洮，合洮河，東北流至蘭州，始入中國。」

謹案：《山海經》曰：「崑崙之丘……河水出焉。」《爾雅》云：「河出崑崙虚。」《水經》云：「崑崙墟在西北。」「河水出其東北陬。」是崑崙者，河水所出之山，非所繞之山也。考

《宋史》所叙，河源在西蕃朶甘思南鄙之星宿海，是即《唐書》所謂吐蕃之河源，非《漢書》所謂西域之河源矣。夫崑崙之在西域，遠距星宿海西北數千里。據《宋史》所云，星宿海流出復瀦，曰哈剌海，東出曰赤賓河，復東北流爲九渡河，又貫山中行，出西戎之都會，曰闊即、闊提者，謂之細黄河，此下始云繞崑崙云云，則其所謂崑崙者，去星宿海之東北蓋以數百里矣，尚安得以星宿海西北數千里之崑崙移於此乎？又案今之《欽定輿地全圖》，河自阿勒坦噶達素齊老伏流始出之後，東南過鄂敦淖爾，蒙古語謂星宿爲鄂敦，謂海爲淖爾，是所謂鄂敦淖爾者即星宿海也。又東南流五百五十餘里，至阿木奈瑪勒占木遜，經其南，繞其東，復折而西北，此即《禹貢》導河積石之處。《水經注》以此爲河曲，梁寅《河源記》言河繞山之三面如玦然，故《宋史》云河繞崑崙之南，折而東，復繞崑崙之北云云，是即誤指《禹貢》導河積石山爲河水所出之崑崙矣。不詳覈于古書，而全憑其臆斷，誠如聖諭所云「崑崙，大山也，河安能繞其南，又繞其北？此不待辨而可知其誣」者也。

元史

《地理志·河源附録》：「河源古無所見。《禹貢》導河，止自積石。漢使張騫持節，(到)〔道〕西域，度玉門，見二水交流，發葱嶺，趨于闐，匯鹽澤，伏流千里，至積石而再出。

唐薛元鼎使吐蕃，訪河源，得之於悶磨黎山。然皆歷歲月，涉艱難，而其所得不過如此。世之論河源者，又皆推本二家。其説怪迂，總其實，皆非本真。意者，漢、唐之時，外夷未盡臣服，而道未盡通，故其所往，每迂迴艱阻，不能直抵其處而究其極也。元有天下，薄海内外，人迹所及，皆置驛傳，使(騎)〔驛〕往來，如行國中。至元十七年，命都實爲招討使，佩金虎符，往求河源。都實既受命，是歲至河州。州之東六十里，有寧河驛。驛西南六十里，有山曰殺馬關，林麓穹隘，舉足浸高，行一日至巔。西去愈高，四閲月，始抵河源。是冬還報，并圖其城傳位置以聞。其後翰林學士潘昂宵從都實之弟濶濶出得其説，撰爲《河源志》。」云云。

謹案：河源在吐蕃中説，已見于《唐書》，元又遣都實往探，而其跡益著。顧所言猶有未盡合者，辨皆在上卷潘昂霄《河源志》條下。此篇附于《元史・地理志》之後，亦即采潘《志》爲之。是以不盡録，但録其緣起，而其誤已不一而足矣。如云「河源古無所見」，案《史記・大宛傳》云：「漢使窮河源，河源出于闐。」《漢書・西域傳》云：「其河有兩源，一出蔥嶺山，一出于闐。」是《史記》明言河源出于闐，《漢書》又言其河有兩源矣，何得云河源古無所見乎？又謂「漢使張騫持節，(到)〔道〕西域，度玉門，見二水交流，發蔥嶺，趨于闐，匯鹽澤」，案《漢書・西域傳》云：「河有兩源，一出蔥嶺，一出于闐。于闐在南山下，其河北流，與葱嶺河合，東注蒲昌海。蒲昌海一名鹽澤。」是河有兩源，一出葱嶺，一出于闐。于闐河北合葱嶺河，乃注鹽澤，非二水交流發葱嶺反趨于闐，乃匯鹽澤也。位置不知，方嚮遂背。此不過直寫《漢書》，略更字句，而其錯謬固已如斯。又謂漢使張騫（到）〔道〕西域，「見二水交流，發葱嶺，趨于闐，匯鹽澤」；唐薛元鼎使訪吐蕃河源，「得之於悶磨黎山。然皆歷歲月，涉艱難，而其所得不過如此。世之論河源者，又皆推本二家。其説怪迂，總其實，皆非本真」云云。夫漢使所窮西域之河源，固已顯然，了無可疑。即唐使所訪吐蕃之河源，雖不甚詳要，亦可信。今乃謂「其説怪迂，總其實，皆非本真」，豈確論乎？且漢、唐二書具在，試反覆其辭，亦何語爲怪迂，何事非本真乎？蓋《元史》不過欲自伸其論耳，亦何必貶捐前聞，言之已甚如此乎？

明一統志〔一五〕

崑崙山在朵甘衛東北番，名亦耳麻不莫剌。山極高峻，雪至夏不消。緜亘五百餘里，黄河經其南云云。

謹案：此亦承潘昂霄《河源志》、梁寅《河源記》、《宋史》、《元史》之訛，以亦耳麻不莫剌爲崑崙山，辨已見上各書條下矣。

僧宗泐《望河源詩自記》〔一六〕

河源出自抹必力赤巴山，番人呼黄河爲抹處，犛牛河爲必力處。赤巴者，分界也。其山西南所出之水則流入犛牛河，東北之水是爲河源。其源東抵崑崙，可七八百里。今所涉處，尚三百餘里。下與崑崙之水合，流中國。相傳以爲源自崑崙，非也。

謹案：宗泐之説，蓋亦指大積石爲崑崙，故謂河源東抵崑崙可七八百里也。辨亦見《河源志》諸書條下。

王鏊《河源辨》〔一七〕

西域之跡，發自張騫。騫所歷諸國，甚久且遠。東漢之世，大秦、條女、安息至於海濱四萬里外，重譯貢獻。班超遣掾甘英，窮臨西海而還，皆未覩所謂崑崙者。何元使得之易乎？《禹本紀》言河出崑崙，去嵩高五萬里。《外國圖》云，從大晉西七萬里，得崑崙之墟。今元使行不及五千里，云已踰之，何崑崙之近乎？自昔言崑崙者，皆在西北。《元史》所圖，廼在西南，何也？然則元使所謂崑崙者，果崑崙乎？所謂星宿海者，果河源乎？未可知也。

又曰：吾嘗考之，河有兩源，一出于闐，一出崑崙之墟。且漢史亦嘗窮河源矣，謂出于闐，其山多玉石，采來獻天子。案古圖書名其山爲崑崙，然非古所謂崑崙也。元使所見，其殆是乎？若崑崙之墟，彼固未之覩也。

又曰：佛圖調謂鍾山西六百里外有大崑崙，又有小崑崙。然則崑崙果非一乎？崑崙之遠近不一，河源惡乎定？曰：《水經》云：崑崙在西北，河水出其東北陬，東南流入渤海。其一源出于闐之南山，北流與葱嶺水合，東注蒲昌海。郭璞云：河出崑崙，潛行地下，至于闐國，復分流岐出，合而東注鹽澤，復行積石，爲中國河。此定論也。予見近世之論河源者，每以一犬之目轍，廢千古之論，故爲之辨。

謹案：言西域之河源者，始于《史記》而詳于《漢書》。言吐蕃之河源者，始于《唐書》而詳于《元史》。兩家之説，各有其是，不可偏廢。然河源有定，而崑崙靡定。蓋載籍極博，考據難憑。故從河源之所出以定崑崙，而崑崙得矣。不從河源之所出以定崑崙，而崑崙失矣。此《史記》以于闐南山爲崑崙之所以得，而《元史》以大積石山爲崑崙之所以失也。今王鏊生宋元之後，當舉世不信西域河源之時，而能獨創此論，亦可謂豪傑之士矣。所惜者，明時幅員不廣，加之考覈未精，所論終屬謬悠。匪但不足以辨駁《元史》，并不得爲尊信《漢書》也。如引《禹本紀》，言「河出崑崙，去嵩高五萬里」；又引《外國圖》，言「從大晉西七萬里，得崑崙之虛」。信此荒誕之詞，安可以窮實證之説乎？又謂「河有兩源，一出于闐，一出崑崙之虚」，謂《元史》所見者，于闐南山之崑崙，未覩崑崙之墟。夫于闐南山，則在西域；《元史》所見，乃在吐蕃。豈不誤乎？且于闐崑崙之外，復有一崑崙，果安在乎？《元史》所見之星宿海，雖非西域之河源，實蒲昌伏流之重發也。今并不知蒲昌以下之伏流，豈能定星宿海之非河源乎？又本《山海經》、《水經》及郭、酈二注之説，謂「崑崙在西北，河水出其東北陬，東南流入渤海」，又「河出崑崙，潛行地下，至于闐國，復分流岐出，合而東注鹽澤，復行積石，爲中國河」，則猶仍《漢書》以前之訛，辨如不辨矣。要之，辨河源者，不覩真跡，未聞確論，騁繁博之詞，懷影響之見，則疑古非也，信古亦非也。是以左袒吐蕃之説，而攻擊西域者，固爲失；即左袒西域之説，而攻擊吐蕃者，亦未爲得焉。

《河源紀略》卷二五《辨訛六》

俞安期《崑崙積石二山辨》〔一八〕

案《禹本紀》云，河出崑崙，崑崙其高二千五百餘里，日月相避隱爲光明也。其上有醴泉、華池。去嵩高五萬里，地之中也。《水經》曰，崑崙墟在西北，去嵩高五萬里。河水出其東北陬。《淮南子》云，高萬一千里有奇。《穆天子傳》云，天子自崑崙山入于宗周，乃里西土之數，自宗周瀍水以西，至于崑崙側瑤池上，萬有一千一百里。《水經注》，案是數說，參以《山海經》，謂里至互殊，難以詳究。蓋考之《山海經》，而不知崑崙有《海内》、《大荒》之別也。《海内西經》云：「海内崑崙之墟在西北」，河水出其東北隅。又《大荒西經》云：「西海之南，流沙之濱，赤水之後，黑水之前有大山，名曰崑崙之丘。」是有二崑崙矣。蓋穆天子所登者，《山海經》所謂海内之崑崙也。班固《西域傳》云：「南北有大山，中央有河，東西六千餘里，東則接漢，阨以玉門、陽關，西則限以蔥嶺」。計其里至，度其所在，是介蔥嶺、于闐之間矣。蔥嶺以西爲天竺國，又西有大崑崙，是爲天柱，是爲地中，《山海經》所謂大荒之崑崙。《禹本紀》、《水經》所謂去嵩高五萬里，《水經》所謂河水出其東北陬，屈從其東南流入于闐，是其重源也。《西域傳》又云：河有葱嶺、于闐兩源，合而東注蒲昌海，一名鹽澤，去玉門、陽關千三百餘里，廣袤三百里。范蔚宗云：西域内屬諸國，自敦煌西至鹽澤，列起亭障，置戊己校尉都護府，介西域之中。是蔥嶺、于闐之流入於蒲昌，漢之官卒目所經見，班固記之，諒非緜邈計度之辭。《水經》所載十三國，酈道元亦引固書入證，往往脗合，是非誕妄。至云鹽澤之水洄湍雷轉，爲隱淪之脈，當其環流，飛禽上經，無不墜之，是即河水所潛出於積石，亦豈臆造？由漢以來，彰彰較著。嗣後唐咸亨元年，薛仁貴征吐蕃敗績大非川，二年乃以河關静邊鎮置積石軍，久之遂訛。河關兩山夾峙，河出其中者，爲禹導河積石。逮至開元中，張守節作《史記正義》，始云河州有小積石山，河源出大崑崙入鹽澤，東南潛行入吐谷渾界大積石山，又東北流至小積石山。指河源所出者爲大崑崙，似以臨羌山爲小崑崙矣。又以河源關爲小積石，吐谷渾界者爲大積石。其名迹未盡溷也。蕭代之季，吐蕃據有河湟，中外隔越，既易五朝，歷數十年，邈無紀載。長慶中，劉元鼎使吐蕃，胡怪乎以河關爲積石，紫山爲崑崙，以積石冒出之流星宿川爲河源也。而杜佑之《通典》、歐陽忞之《廣記》、馬端臨之《通考》，以至鄧展、都實、潘昂霄輩，不悟置軍名所由起，寖假相延，遂堅執元鼎之説，極詆《山海》、《水經》以及班固、郭璞、酈道元之儔。於戲，曲士拘儒，經見不廣，及乎知識未逮者，輙爲荒唐。誠諺所謂少所見多所怪，妄鼓筆札，而令前人之與古蹟受誣千載也。

謹案：崑崙在西域，積石在羌中，此無庸辨也。有《禹本紀》、《山海經》、《水經》之謬説，而崑崙茫無定在矣；有《後漢書注》、《隋》《唐書》、《宋》《元史》之謬説，而積石茫無定在矣。今欲定崑崙之所在，當以《史記·大宛傳》、《漢書·西域傳》爲主，而屏絶一切荒誕之辭；欲定積石之所在，當以《漢書·地理志》、《水經注》爲宗，而割斷一切謬悠之説，斯爲定論矣。今俞安期辨崑崙、積石二山，知引《水經注》，謂《禹本紀》諸説爲難以詳究；引

《西域傳》，斷崑崙爲在蔥嶺、于闐之間，是矣。何又參以《山海經》《海内》、《大荒》有兩崑崙之説以自溷乎？又謂葱嶺以西爲天竺，又西有大崑崙。考《史記·大宛傳》云：「身毒（國）在大夏東南可數千里。」身毒即天竺，大夏即大月氏。大月氏在蔥嶺西南二千餘里，身毒又在大夏東南數千里。是天竺當反在葱嶺之東南，不得云葱嶺以西爲天竺矣。今乃云葱嶺以西爲天竺，是并不知天竺在葱嶺之何方也。既不知天竺在蔥嶺之何方，又何從而知天竺之西有大崑崙乎？牽合羣書以證明之，乃適成疵纇耳。知引《唐書》，考河關兩山夾峙，河流其中者，非禹導河之積石；引《史記正義》，證吐谷渾界者爲大積石，是矣。奈何又誤駁劉元鼎所指之星宿川爲積石冒出之河源乎？星宿川，《元史》謂之星宿海，大積石即今阿木奈瑪勒占木遜山也。恭考《欽定輿地全圖》，鄂敦淖爾在阿木奈瑪勒占木遜西南六百餘里。蒙古語鄂敦即星宿，淖爾即海，是星宿海尚在積石西南六百餘里，何得云星宿川爲積石冒出之河源乎？欲辨他人之訛，而又自成其訛，是爲疏矣。

萬斯同《崑崙辨》〔一九〕

《山海經·西次三經》曰：「崑崙之丘，〔是〕實惟帝之下都。」「河水出焉，而南流〔東〕注於無達。」《海内西經》曰：「海内崑崙之墟在西北。」「方八百里，高萬仞。」「河水出東北隅。」本止一山而兩言之者，蓋此經非出于一人，故所載有詳畧，其實非二山也。《山海經》所指之崑崙，不言在西域何國。以上文考之，其東北四百里曰槐江之山，丘時之水出焉，北流注於泑水。泑水即泑澤也，泑澤即鹽澤也。鹽澤去陽關止三百里，則崑崙當亦不遠，漢武帝之所名與？《山海經》所云地實相近，漢武帝所案圖書，當即用此經之文。若夫《唐書》之崑崙，漢語既曰紫山，番語又曰悶磨藜，何以知其爲崑崙而稱之？劉元鼎雖身歷其地，不過因古書河出崑崙之言，從而附會之，非其實也。《元史》之崑崙，謂去河源三百里。夫天下之水，未有不發源于山者。黄河爲天下大川之首，豈有不源于山而源于星宿海之理？且番漢之語，皆不名崑崙，而都實獨意之曰北崑崙也，其誰信之？夫欲窮真源，自當遡流而上。乃不由水道，反從山巔而行，此何意乎？自漢以來，皆言河出于闐，爲都實者當先求漢之河源，審知其非是，然後求之他方，庶幾無憾。今不問兩漢之故跡，舍于闐而問之吐蕃，自以爲河源在是，其誰信之？夫河源不出于崑崙，已背乎古人之説，而其所謂崑崙，又去于闐之崑崙數千里，其不可渾而爲一也明矣。然則究安從？惟《山海經》漢武帝之説，吾有取焉。

謹案：萬斯同不信吐蕃之崑崙，并不信星宿海爲河源，且引《山海經·西次三經》及《海内西經》，證漢武帝所名于闐崑崙爲是，駁《元史》謂水不源於山而源于星宿海，爲於理不然。此皆卓越之見也。然以《山海經》不足據之道理，紐合《漢書》鹽澤去玉門、陽關三百餘里之説，則大不然。夫《山海經》道里之不足據，固無庸辨，至《漢書》謂鹽澤去玉門、陽關三百餘里，此則今本《漢書》之訛脱也。案《水經注》引《山海經》云：「不周之山……東望泑澤，河水之所潛也，其源渾渾泡泡。」下云東去玉門、陽關千三百餘里，泑澤即鹽澤，是鹽澤去玉門、陽關千三百餘里，非三百餘里矣。恭考《欽定輿地全圖》，回部羅布淖爾西去嘉峪關外玉門縣千三百餘里，羅布淖爾即蒲昌海，蒲昌海即鹽澤也，是又鹽澤去玉門、陽關千三百餘里之明證矣。今乃云鹽澤去陽關止三百里，豈其然乎？至不信星宿海爲河源，謂天下之水未有不發源於山者，則其説甚是，其意猶非，何也？蓋萬氏實未知星宿海之上三百餘里尚有阿勒坦噶達素齊老之真源，且并不知蒲昌以下有伏流至阿勒坦噶達素齊老而出者爲重源潛發。其意不過篤信《山經》、《漢志》，直疑河源當在西域耳。顧其推測所至，十已得其六七，則較之潘昂霄輩以一人之目廢千古之論者，爲有進也。

胡渭《禹貢錐指·附論河源》〔二〇〕

案：吐番之源，都實親見之，殆非妄言。西域之源，且載於《史》、《漢》，豈爲虚記？然近世往往疑西域而信吐蕃，何也？則以吐蕃之水與積石山下河相連爲有目者所共見，而鹽澤潛行地下南出積石爲中國河者，幽闕難知故也。故吾謂欲辨二源之是非，其樞要全在于積石。積石之河，果爲鹽澤潛流之南出也，則必有卓詭之狀，與凡水不同者。《山海經》云：「不周之山……東望泑澤，河水所潛也，其源渾渾泡泡。」泑澤即鹽澤。酈道元云：「洄湍雷轉，爲隱淪之脈。當其環流之上，飛禽奮翮〔於〕霄中者，無不墜於淵波。」河水之伏也如是，則其南出於積石，自地中而上奮溢溢洶湧之狀，倍奇於鹽澤可知也。《水經》云：山下有石門，河水冒以西南流。而道元絶無所發明，則以積石久没羌中，人不得至其地，驗其形，故無可言也。獨怪唐人頗有知大積石者，聘使往來，身歷其地，見吐蕃之水自西南來，即以爲河源，而不能於積石之下詳察重源之有無，是爲可憾耳。自明王文恪著《河源辨》以來，學者始稍稍尋繹前載。然天下之事理，有古是而今非者，亦有古非而今是者。執一以論，即非通人。使積石之地果有重源顯發之迹，則《漢書》爲是，元使爲非。苟無其迹，而唯西南二大川自吐蕃來數千里與積石之河相連，則亦不可謂非河源矣。

謹案：胡渭調停西域、吐蕃二源之説，揣摩伏流潛發之形，亦可謂億則屢中矣。惜未覩今之《欽定輿地全圖》，又未讀《御製河源詩》及《案語》，并讀《宋史·河渠志》迄諸聖諭也。故知蒲昌之有伏流，而不知星宿海以上有重源顯發之處；知吐蕃之有河源，而不知積石山之下無石門冒出之流。是雖研精殫思，其實終成影響矣。蓋《史記》、《漢書》本不誤，奈積石界在羌中，故積石以上之重源不知也。《唐書》、《元史》亦不誤，奈蒲昌隔于西域，故蒲昌以下之伏流不知也。《史記》、《漢書》審覈至精，而潛行南出積石一語，實爲猜度之辭。《唐書》、《元史》覩聞已確，而河源古無所見一言，終是不根之論。故必存其兩是，乃能定其兩非，又必知其兩非，乃能從其兩是。然非遇重熙累洽之朝，作師作君之聖，據依欽定之《圖志》，折衷御製之詩文，亦烏能決從來之是非，成不易之論斷哉？此古人未際之昌期，實臣等遭逢之大幸也。

【說明】

《河源紀略》，三十六卷首一卷，載《四庫全書·史部十一·地理類》。乾隆四十六年辛丑，王念孫充《欽纂河源紀略》纂修官，別撰《辨訛》一門，釐爲六卷，分別辨正《山海經》、《淮南子》、《史記》、《漢書》、《水經》、《後漢書》、《後漢書注》、《隋書》、《通典》、《元和郡縣志》、《唐書》、《輿地廣記》、《通志》、《文獻通考》、《宋史》、《元史》、《明一統志》和元代以來私家著述中關於河源記載錯訛之處。阮元《河源紀略》亦有《辨訛》六卷，未見阮書，不敢斷定二書有無關聯。

【校注】

〔一〕回部，又稱回疆，清代人用指今新疆天山以南地區，維吾爾族聚居之地，清人稱維吾爾人爲白帽回或纏頭回，故名。

〔二〕阿勒坦噶達素齊老，參後《潘昂霄〈河源志〉》中案語。

〔三〕莊逵吉校本《地形訓》不分上下，「地」作「墜」。

〔四〕《輿圖》，《欽定輿地全圖》的簡稱。

〔五〕互見《辨訛六》萬斯同條。

〔六〕互見《辨訛六》胡渭條。

〔七〕引文見《通典·州郡四·風俗》，並參見《邊防》。

〔八〕引文見《元和郡縣志》卷三十九《隴右道上·河州·枹罕縣》。《元和郡縣志》，原名《元和郡縣圖志》，唐李吉甫撰，該書的圖亡於宋，故宋後稱《元和郡縣志》。

〔九〕引文見《太平寰宇記》卷一百五十一。

〔一〇〕《輿地廣記》，宋歐陽忞撰。引文見《輿地廣記》卷十六。

〔一一〕引文見《通志·四夷傳第三·西域序略》。

〔一二〕引文見《文獻通考·輿地考八》。

〔一三〕潘昂霄，字景樑，號蒼崖，卒謚文喜，元代濟南人。有《蒼崖類稿》、《金石例》、《河源記》等書傳世。參見《元史·地理志六·河源附録》。

〔一四〕梁寅，字孟敬，元末明初布衣。有《周禮考注》、《禮書演義》、《周易參議》、《詩演義》、《春秋考義》、《石門集》諸書。《河源記》，見《石門集》卷六。

〔一五〕引文見《明一統志》卷八十九。

〔一六〕宗泐，明代高僧，曾奉使西域。有《全室外集》九卷，續篇一卷。

〔一七〕王鏊，字濟之，卒謚文恪，明代學者。有《震澤長語》、《震澤集》、《史餘》、《春秋詞命》諸書。

《明史》有傳。

〔一八〕俞安期，初名策，字公臨，更名後改字羨長，明代才士。有《唐類函》、《詩雋類函》、《類苑瓊英》、《翏翏集》諸書。

〔一九〕萬斯同，字季野，號石園，門人私謚貞文先生，清代布衣，著名史學家。有《歷代史表》、《河渠考》、《河源考》、《群書辨疑》、《石園詩文集》等書。

〔二〇〕胡渭，初名渭生，字朏明，號東樵，清代輿地學家。有《禹貢錐指》、《易圖明辨》、《洪範正論》諸書。

《輶軒使者絶代語釋别國方言疏證補》第一

黨、曉、哲，知也。楚謂之黨〔一〕，注：「黨，朗也，解寤貌。」或曰曉，齊宋之間謂之哲。

《疏證》：知讀爲智。《廣雅》：「黨、曉、哲，智也。」義本此。智，古智字。注内黨、朗，疊韻字也。《廣韻》作爣朗，云「火光寬明」。

謹案：鄭注《周官·大司徒》云：「知，與智同。明於事也。」智與明同義。故明謂之曉，卷十三云：「曉，明也。」亦謂之哲；應劭注《漢書·五行志》云：「悊，明也。」悊與哲同。智謂之哲，亦謂之曉。解寤謂之黨朗，亦猶火光寬明謂之爣朗矣。何遜《七召》：「月無雲而曭朗。」曭朗，亦明貌。

虔、儇，慧也。注：「謂慧了，音翾。」秦謂之謾，注：「言謾訑，音訑，土和反。謾，莫錢反，又亡山反。」晉謂之㦣，注：「音悝，或莫佳反。」宋楚之間謂之倢，注：「言便捷也。」楚或謂之⿰言隋，注：「他和反，亦今通語。」自關而東，趙魏之間謂之黠，或謂之鬼。注：「言鬼脈也。」

《疏證》：《荀子・非相》篇：「鄉曲之儇子。」楊倞注云：「輕薄巧慧之子也。」《楚詞・惜誦》篇：「忘儇媚以背衆兮。」《惜往日》篇：「或詑謾而不疑。」《說文》云：「儇，慧也。」「謾，欺也。」「沇州謂欺曰詑。」注内訑即詑之俗字。此書音某及某某反之類多後人所加，雜入郭注，今無從辨別，姑仍其舊。「鬼脈」各本訛作「鬼眎」，脈俗作脉，因訛而爲眎。後卷十内「⿰虫𠂢，慧也」注云：「今名黠爲鬼⿰虫𠂢，⿰虫𠂢與脈同。」《廣雅》：「虔、謾、黠、儇、⿰言隋、㦣、捷、鬼，慧也。」義本此。倢、捷古通用。

謹案：卷十二云：「儇、虔，謾也。」注謂「惠，黠也」。惠與慧通。《齊風・還》篇：「揖我謂我儇兮。」毛傳云：「儇，利也。」正義云：「言其便利馳逐。」便利猶便捷，故此云「宋楚之間謂之倢」也。《說文》：「譞，慧也。」《淮南・主術》篇云：「辯慧懁給。」譞、懁並與儇同。《賈子・道術》篇云：「反信爲慢。」慢與謾同。注内詑字即正文⿰言隋字也。《廣韻》詑、⿰言隋並土禾切，字或作訑，通作他。《燕策》云：「寡人甚不喜訑者言也。」《淮南・說山》篇云：「媒伹者，非學謾他。」字並與詑同。凡慧黠者多詐欺，故欺謂之詑，亦謂之謾；慧謂之謾，亦謂之訛矣。注内土和反，各本訛作大和反，大和則音牠。考《玉篇》、《廣韻》訛字俱無牠音，又《集韻》一書備載《方言》之音，訛字亦不音牠，今據以訂正。䵏音埋，或莫佳反。各本「音埋」作「音悝」，字之誤也。《玉篇》、《廣韻》䵏字並音埋。《廣雅》：「䵏，慧也。」曹憲音莫佳、莫諧二反。莫諧正切埋字，莫佳之音亦與《方言》同。二音一屬佳韻，一屬皆韻，故《集韻》佳、皆二韻俱有䵏字。若孔悝之悝，則在灰韻，與莫佳、莫諧之音俱不合。故《玉篇》、《廣韻》、《集韻》䵏字俱無悝音，今據以訂正。今高郵人猶謂黠爲鬼，是古之遺語也。

娥、嬴，注：「音盈。」好也〔二〕。秦曰娥，注：「言娥娥也。」宋魏之間謂之嬴，注：「言嬴嬴也。」秦晉之間凡好而輕者謂之娥，自關而東、河濟之間謂之媌，注：「今關西人亦呼好爲媌，莫交反。」或謂之姣，注：「言姣潔也，音狡。」趙魏燕代之間曰姝〔三〕，注：「昌朱反，又音株，亦四方通語。」或曰妦，注：「言妦容也，音蜂。」自關而西、秦晉之故都曰忏。注：「秦舊都，今扶風雍縣也。晉舊都，今太原晉陽縣也。其俗通呼好爲忏，五千反。」好，其通語也〔四〕。

《疏證》：《廣雅》：「嬴、妦、媌、姣、姝、妍，好也。」義本此。《古詩十九首》：「盈盈樓上女，皎皎當牕牖。」「娥娥紅粉粧。」李善注云：「盈與嬴同。」郭注於娥、嬴並重言之，又以皎潔釋姣，正協此詩。《列子·周穆王》篇：「簡鄭衛之處子娥媌靡曼者。」張湛注云：「娥媌，妖好也。」《楊朱》篇：「鄉有處子之娥姣者。」《詩・陳風》：「佼人僚兮。」釋文云：「佼字又作姣，好也。」《邶風》「静女其姝」毛傳：「姝，美色也。」釋文云：「《説文》作㚥。」《鄭風》：「子之丰兮」毛傳：「丰，豐滿也。」釋文云：「《方言》作妦。」

謹案：卷二云：「秦晉之間美貌謂之娥。」《説文》：「秦晉謂好曰娙娥。」《史記・外戚世家》云：「邢夫人號娙娥。」《趙世家》云：「吴廣女名娃。」嬴、嬴與𡣍同。《説文》：「媌，目裹好也。」《太平御覽・人事部》二十二引《通俗文》云：「容麗曰媌，莫豹反。」《説文》：「姝，好也。」又云：「袾，好佳也。」引《詩》「静女其袾」。又云：「㚥，好也。」引《詩》「静女其㚥」。並字異而義同。忓，各本皆作妍，下有注云：「妍，一作忓。」盧氏抱經校本「忓」訛作「忓」。此校書者所記，非郭注原文。然據此知《方言》之本作忓也。蓋正文本作「秦晉之故都曰忓」，注文本作忓，五干反。祇因「五干」訛作「五千」，與「妍」字之音相同，而《廣雅》「妍」字亦訓爲好，後人多見妍，少見忓，遂改忓爲妍，以從五千反之音，而一本作忓者，乃是未改之原文也。請以三證明之：《廣雅》忓、妍俱訓爲好，然「忓」字在「妦」字之下，妦、忓二字相承，即本於《方言》。忓，曹憲音汗。《廣雅》又云：「忓，善也。」善與好義相近。若「妍」字，則在下文「婍」字之下，與「妦」字中隔二十五字，不相承接，是《廣雅》訓妍爲好，自出他書，非本於《方言》。則《方言》之有忓無妍可知，其證一也。《集韻・平聲・二十五寒》：「忓，俄干切，秦晉謂好曰忓。」《去聲・二十八翰》：「忓，侯旰切，好也。」皆本《方言》，而「姸」字注獨不訓爲好，《類篇》同。則《方言》之有忓無姸甚明，《集韻》侯旰切之音本於《廣雅音》，而俄干切之音則本於《方言注》，俄干即五干。則注文之作五干反又甚明，其證二也。《太平御覽》引《方言》云：「娥、㜲，好也，秦晉之故都曰忓。」又引注云：「其俗通呼好爲忓，五干反。」是宋初人所見本皆作忓，皆音五干反，其證三也。元黄公紹《古今韻會》「姸」字注引《方言》「秦晉之故都謂好曰姸」。則所見本已是姸字。今據諸書訂正。注内「今扶風雍縣」，各本作「雍丘」，後人妄改之也。《晉書・地理志》扶風郡有雍縣，無雍丘縣，《御覽》引郭注云：「秦舊都，今扶風雍縣也。」今據以訂正。

烈、枿，餘也。注：「謂烅餘也，五割反。」陳鄭之間曰枿，晉衞之間曰烈，秦晉之間曰肄，注：「音謚，《傳》曰：『夏肄是屏。』」或曰烈。

《疏證》：《詩・大雅・雲漢・序》：「宣王承厲王之烈。」鄭箋云：「烈，餘也。」烈與裂、𦓯音義同。《説文》：「裂，繒餘也。」《廣雅》：「𦓯，餘也」。枿，《説文》作櫱，云「伐木餘也」。又作蘖。《商書・盤庚》篇：「若顛木之有由蘖。」釋文云：「蘖本又作枿。馬云：顛木而肄生曰枿。」《魯語》：「山不槎蘖。」韋昭注云：「以株生曰蘖。」《詩・周南》：「伐其條肄。」毛傳云：「肄，餘也，斬而復生曰肄。」肄、餘語之轉。《爾雅・釋詁》：「烈、枿，餘也。」郭注云：「晉衛之間曰櫱，陳鄭之間曰烈。」與《方言》本文互異，蓋郭注偶訛耳。

謹案：《商頌・長發》篇：「苞有三櫱。」毛傳云：「櫱，餘也。」櫱音五割、魚列二切。《說文》：「歺，列骨之殘也，讀若櫱岸之櫱。」殘亦餘也。《廣韻》：「獸食之餘曰齾，五割切。」又《說文》：「孼，庶子也。」《玉藻》「公子曰臣孼」鄭注云：「孼當爲枿，枿、櫱一字也。」烈與枿聲相近。《齊語》：「戎車待游車之裂，與裂同。戎士待陳妾之餘。」韋注云：「裂，殘也。」殘亦餘也。《說文》以裂爲繒餘，故《左傳春秋紀》裂繻字子帛，裂與烈皆餘也。肄或通作肄。《玉藻》「肄束及帶」鄭注云：「肄讀爲肄。肄，餘也。」注內謂「𣧙，餘也」，各本「𣧙餘」皆作「烈餘」，盧改爲「遺餘」，云從卷二注改。卷二「孑、蓋，餘也」。注謂遺餘。念孫案：烈非遺字之訛，乃𣧙字之訛也。𣧙讀若殘。《說文》：「𣧙，禽獸所食餘也。從歺、從肉。」《廣雅》云：「𣧙，餘也。」《呂氏春秋・權勳》篇注云：「殘，餘也。」《周官・槁人》注云：「雖其潘瀾戔餘不可褻也。」殘、戔並與𣧙同。故郭云「謂𣧙餘也」。今本作「烈餘」者，烈字上半與𣧙相似，上下文又多烈字，因訛而爲烈。至遺與烈，形聲皆不相似。若本是遺字，無緣訛爲烈也，今訂正。

台、胎、陶、鞠，養也。注：「台猶頤也，音怡。」晉衛燕魏曰台，陳楚韓鄭之間曰鞠，秦或曰陶，汝潁梁宋之間曰胎，或曰艾。〔五〕注：「《爾雅》云：艾，養也。」

《疏證》：台、頤古通用。《詩·小雅》「母兮鞠我」毛傳：「鞠，養也。」「保艾爾後」、「福禄艾之」毛傳皆云：「艾，養也。」《爾雅·釋詁》：「頤、艾，養也。」疏引《方言》作「晉衛燕趙曰台。」《廣雅》：「頤、陶，養也。」

謹按：鄭注《頤卦》云：「頤，口車輔之名也。《震》動於下，《艮》止於上，口車動而上因輔嚼物以養人，故謂之頤。」《説文》：「(宧)〔宧〕，養也。室之東北隅，食所居也。」義並同。《漢書·地理志》：「祗台德先。」師古曰：「台，養也。所敬養者，惟德爲先。」蓋承用《漢書》舊注，故與僞孔傳不同。據此，則頤、台古字通。故郭云：「台猶頤也。」《盤庚》：「鞠人謀人之保居。」正義云：「鄭、王皆以鞠爲養。」《大玄·玄攡》：「資陶虚無而生乎規。」范望云：「陶，養也。」《爾雅》：「胎，始也。」《一切經音義》引舊注云：「胎、始養也。」《列女傳·序》云：「胎養子孫，以漸教化。」《易林》解之《大過》云：「胎養萌生，始見兆形。」是胎與養同義。艾通作乂。《皋陶謨》：「萬邦作乂。」《周頌·思文》正義引鄭注云：「乂，養也。」

憮、注：「亡輔反。」㤿、注：「音淹。」憐、牟，愛也。韓鄭曰憮，晉衛曰㤿，注：「㤿憸，多意氣也。」汝潁之間曰憐，宋魯之間曰牟，或曰憐。憐，通語也〔六〕。

《疏證》：《爾雅・釋詁》：「煤、憐，愛也。」郭注：「今江東通呼爲憐。」疏引《方言》作「秦或曰憐」。《釋訓》：「矜憐，撫掩之也。」郭注：「撫掩猶撫拍，謂慰卹也。」《說文》：「憮，愛也。韓鄭曰憮。」煤，憮也，讀若侮。煤、憮蓋聲義通。憮㤿與撫掩亦聲義通。《廣雅》：「憮、㤿、牟，愛也。」義本此。

謹案：下文云：「憐、憮、㤿，愛也。陳楚江淮之間曰憐，宋衛邠陶之間曰憮，或曰㤿。」卷六云：「煤，憐也。」煤與憮同。《爾雅》：「憮，撫也。」郭注云：「憮，愛撫也。」撫與憮聲近而義同。

㥄、憮、矜、悼、憐，哀也。注：「㥄亦憐耳，音陵。」齊魯之間曰矜，陳楚之間曰悼，趙魏燕代之間曰㥄，自楚之北郊曰憮，秦晉之間或曰矜，或曰悼。〔七〕

《疏證》：「《詩・小雅》：「爰及矜人。」」毛傳：「矜，憐也。」《曲禮》：「七年曰悼。」鄭注：「悼，憐愛也。」《廣雅》：「㥄、憮、齡、悼、憐，哀也。」義本此。矜、齡古通用。

謹案：卷六云：「㥄，憐也。」真、蒸二部聲相近，故從粦、從夌之字或相轉。《說文》：

「蔆，芰也。從艸，淩聲。𧁊，司馬相如說蔆從遴。」《史記・萬石君傳》：「徙居陵里。」徐廣曰：「陵一作鄰。」是其例也。故郭云：「㥄亦憐耳。」憮之言撫，卹也。」故《爾雅》云：「憮，撫也。」又云：「矜、憐、撫，掩之也。」卷十云：「無寫，憐也。」沅澧之原凡言相憐哀或謂之無寫。」無寫亦憮也，急言之則曰憮，徐言之則曰無寫矣。〔八〕寫古讀若「零露湑兮」之湑，說見《唐韻正》。哀與愛聲義相近，故憮憐既訓爲愛，而又訓爲哀。《呂氏春秋・報更》篇：「人主胡可以不務哀士。」高注云：「哀，愛也。」《樂記》：「肆直而慈愛者。」鄭注云：「愛或爲哀。」

咺、注：「香遠反。」唏、注：「虛几反。」㤪、注：「音的，一音灼。」怛，痛也。凡哀泣而不止曰咺，哀而不泣曰唏。於方則楚言哀曰唏，燕之外鄙、注：「鄙，邊邑名。」朝鮮洌水之間注：「朝鮮，今樂浪郡是也。洌水在遼東，音烈。」少兒泣而不止曰咺，注：「少兒猶言小兒。」自關而西、秦晉之間凡大人少兒泣而不止謂之唴，注：「卬尚反。」哭極音絶亦謂之唴，平原謂啼極無聲謂之唴哴，注：「哴音亮，今關西語亦然。」楚謂之噭咷，注：「叫逃兩音，字或作㕣，音求。」齊宋之間謂之喑，注：「音蔭。」或謂之惄。注：「奴歷反。」

《疏證》：《春秋・成公十六年公羊傳》「悕矣」何休注云：「悕，悲也。」宋玉《風賦》：「中心慘怛。」《說文》：「哀痛不泣曰唏。朝鮮謂兒泣不止曰咺，秦晉曰唴，楚曰噭咷，宋齊曰喑。」蓋本《方言》而小異其辭。《廣雅》：「恂、怛、惄，痛也。」「欷、咣、喨，悲也。」義皆本此。唏與悕、欷，哴與喨，古通用。

謹案：《漢書・外戚傳》：「悲愁於邑，喧不可止兮。」師古曰：「朝鮮之間謂小兒泣不止名爲喧。」喧與咺通。唏音虚豈、虚既二反，字亦作欷。《楚辭・九辯》云：「憯悽增欷。」《淮南・説山》篇云：「紂爲象箸而箕子唏。」唏之言歔欷也。《説文》：「歔，欷也。」「欷，歔也。」《楚辭・離騷》云：「曾歔欷余鬱邑兮，哀朕時之不當。」《史記・宋世家》：「箕子朝周，過故殷虚，感宫室毁壞，生禾黍，箕子傷之，欲哭則不可，欲泣爲其近婦人，乃作《麥秀》之詩以歌詠之。」即此所云「哀而不泣者」。故馮衍《顯志賦》云：「忠臣過故墟而歔欷也。」恂之言灼也。《後漢書・楚王英傳》：「懷用悼灼。」灼與恂通。《説文》：「憯，痛也。」「怛，憯也。」是怛爲痛也。《檜風・匪風》篇：「中心怛兮。」毛傳云：「怛，傷也。」傷亦痛也。《同人・九五》：「先號咷而後笑。」釋文云：「號咷，啼呼也。」噭咷猶號咷也。《昭二十五年公羊傳》云：「昭公於是噭然而哭。」啼極無聲謂之喑，猶不能言謂之瘖也。下文云：「惄，傷也。」

悼、惄、悴、憖，傷也。注：「《詩》曰『不憖遺一老』，亦恨傷之言也。憖，魚吝反。」自關而東、汝潁陳楚之間通語也。汝謂之惄，秦謂之悼，宋謂之悴，楚潁之間謂之慦。

《疏證》：《詩·衞風》：「躬自悼矣。」毛傳：「悼，傷也。」《小雅》：「我心憂傷，惄焉如擣。」《説文》：「悴，憂也。」《廣雅》：「悴、傷、慦，憂也。」「悼、惄、悴、慦，愓也。」傷、愓古通用。

謹案：《小雅·雨無正》篇：「憯憯日瘁。」瘁與悴通。《漢堂邑令費鳳碑》云：「黎儀瘁傷，泣涕連漉。」歸安丁氏升衢云：「自關而東、汝潁陳楚之間通語也。」此句首似少一「傷」字。

慎、濟、曆、惄、溼、桓，憂也。注：「曆者，憂而不動也，作念反。」宋衞或謂之慎，或曰曆。陳楚或曰溼，或曰濟。自關而西、秦晉之間或曰惄，或曰溼；自關而西、秦晉之間凡志而不得、欲而不獲、高而有墜、得而中亡謂之溼，注：「溼者，失意。潛沮之名。」或謂之惄。

《疏證》：《説文》：「惄，憂也。」「愵，憂貌。讀與惄同。」李善注陸機《贈弟士龍詩》引《方言》作「愵，憂也」。《荀子·不苟》篇：「小人通則驕而偏，窮則棄而儑。」楊倞注云：「儑當爲濕。」引《方言》「濕，憂也」。濕與溼通。《廣雅》：「桓、慎、曆、濟、惄、溼，憂也。」義本此。

謹案：《楚辭・七諫》：「哀子胥之慎事。」王注云：「子胥臨死曰：『抉吾兩目，置吳東門，以觀越兵之入也。』死不忘國，故言慎事。」據此，則慎事者，憂事也。《廣雅》：「懠，愁也。」曹憲音在細反。懠與濟聲近義同。盧云：「濟者，憂其不濟也。古人語每有相反者。」念孫案：若取相反之義，則當謂「不濟爲濟」，不當謂「憂爲濟」，憂與濟豈語之相反者乎？此曲爲之説而終不可通也。㬝，《玉篇》、《廣韻》並音潛，㬝之言潛也。郭云「失意潛沮」是也。《爾雅》：「慘，憂也。」慘與㬝亦聲近義同。《小雅・小弁》篇：「我心憂傷，惄焉如擣。」是惄爲憂也。《文選・洞簫賦》：「憤伊鬱而酷𢡃。」李善注引《蒼頡篇》云：「𢡃，憂貌。」《玉篇》音奴的切，𢡃與惄同。上文云「惄，傷也」。《爾雅》云：「惄，思也。」舍人注：「志而不得之思也。」思謂憂思也。故《爾雅》云：「憂，思也。」舍人以「志而不得」釋惄字，正與《方言》同。卷十二云：「惄，悵也。」《玉篇》：「惆悵，失志也。」此正所謂「志而不得、欲而不獲、高而有墜、得而中亡」謂之惄也。

鬱悠、懷、惄、惟、慮、願、念、靖、慎，思也。晉宋衛魯之間謂之鬱悠。注：「鬱悠猶鬱陶也。」惟，凡思也。慮，謀思也。願，欲思也。念，常思也。東齊海岱之間曰靖，注：「岱，太山。」秦晉或曰慎。凡思之貌亦曰慎，注：「謂感思者之容。」或曰惄。〔九〕

《疏證》：《爾雅·釋詁》：「懷、惟、慮、願、念、惄，思也。」《說文》：「惟，凡思也。」「慮，謀思也。」「念，常思也。」即取爲字之正訓。張衡《思玄賦》：「潛服膺以永靖兮。」李善注云：「《方言》：『靖，思也。』」《廣雅》：「鬱悠、慎、靖，思也。」義本此。

謹案：郭注：「鬱悠猶鬱陶也。」陶讀如皋陶之陶。鬱悠、鬱陶古同聲，經典相承讀陶如陶冶之陶，失之也。《孟子·萬章》篇云：「鬱陶思君爾。」《楚辭·九辯》云：「豈不鬱陶而思君？」是鬱陶爲思也。凡喜意未暢謂之鬱陶，積憂謂之鬱陶，積思謂之鬱悠，又謂之鬱陶。積暑亦謂之鬱陶。其義並相近。說見《廣雅疏證》「鬱悠，思也」下。上文云：「慎、惄，憂也。」《爾雅》云：「憂，思也。」憂與思同義，故惄、慎又爲思也。《周南·汝墳》篇：「未見君子，惄如調飢。」鄭箋云：「惄，思也。」《王制》云：「凡聽五刑之訟，必意論輕重之序，慎測淺深之量以別之。」是慎爲思也。《爾雅》：「靖、惟、慮，謀也。」謀者必思，故惟、慮、靖又爲思也。《小雅·小明》篇云：「靖共爾位。」

敦、豐、厖，注：鴟鵂。乔，注：音介。憮，注：海狐反。般，注：般桓。嘏，注：音賈。奕、戎、京、奘，注：在朗反。將，大也。凡物之大貌曰豐。厖，深之大也。東齊海岱之間曰乔，或曰憮。宋魯陳衛之間謂之嘏，或曰戎。秦晉之間凡物壯大謂之嘏，或曰夏；秦晉之間凡人之大謂之奘，或謂之壯。燕之北鄙、齊楚之郊或曰京，或曰將。皆古今語也。注：「語聲轉耳。」初別國不相往來之言也，今或同，而舊書雅記故俗語不失其方，注：「皆本其言之所出也。雅，《尒雅》也。」而後人不知，故爲之作釋也。注：「《釋詁》、《釋言》之屬。」

《疏證》：敦、大語之轉。憮，各本譌作憮，今訂正。雅記故俗，謂常記故時之俗。郭注：「雅，《尒雅》也。」以雅記對舊書，失之。尒，古爾字，各本譌作小，據下云「《釋詁》、《釋言》之屬」，當作《尒雅》甚明。《方言》此條自明其作書之意，謂舊書所常記故習之俗所語，本不失其方，而後人不知，是以作《方言》以釋之。郭不達其意，以爲指《爾雅》《譯詁》、《釋言》，亦失之。介、夏、憮、厖、嘏、奕、戎、京、壯、將，《爾雅·釋詁》亦云「大也」。夯、介古通用。《說文》：「厖，石大也。」「夯，大也。」「嘏，大遠也。」「奕，大也。」「奘，駔大也。」《廣雅》：「寷、般、敦，大也。」義本此。豐、寷古通用。

謹案：《周語》：「敦厖純固。」韋注云：「敦，厚也。厖，大也。」《商頌·長發》傳云：「厖，厚也。」《墨子·經》篇云：「厚有所大也。」厚與大同義，故厚謂之敦，亦謂之厖；大謂之厖，亦謂之敦矣。《爾雅》「厖」字注引《詩》「爲下國駿厖」。卷二云：「自關而西、秦晉之間凡大貌謂之厖。」夯，經傳皆作介，唯《漢樊毅脩華嶽廟碑》「受茲夯福」作此夯字。《小雅·巧言》篇：「亂如此憮。」毛傳云：「憮，大也。」正義云：「《禮》肉齏亦謂之憮。」《周官・腊人》：「共膴胖。」鄭注云：「《公食大夫禮》曰：『庶羞皆有大。』《有司》曰：『主人亦一魚加膴祭于其上』，大者胾之大臠，膴者魚之反覆。膴又詁曰大，二者同矣，則是膴亦牒肉大臠。」《有司徹》注云：「膴，刳魚時割其腹以爲大臠。」膴與幠通。《士冠禮》注云：「弁名出於槃。槃，大也，言所以自光大也。」《大學》「心廣體胖」注云：「胖猶大也。」槃、胖並與般通。《説文》：「幋，覆衣大巾也。」「鞶，大帶也。」《文選・海賦》注引《聲類》云：「磐，大石也。」義並與般同。《郊特牲》云：「嘏，長也，大也。」《爾雅》又云：「假，大也。」假與嘏通。《大雅・韓奕》篇：「奕奕梁山。」毛傳云：「奕奕，大也。」《周頌・噫嘻》篇：「亦服爾耕。」鄭箋云：「亦，大也。」亦與奕通。《商書・盤庚》篇：「乃不畏戎毒于遠邇。」某氏傳云：「戎，大也。」《大雅・生民》箋云：「戎菽，大豆也。」《爾雅》云：「馬八尺爲駥。」義並同也。《爾雅》：「奘，駔也。」郭注云：「今江東呼大爲駔。駔猶麤也。」丁云：「《漢書・叙傳》：『函雅故，通古今。』故如《詩》魯故、韓故之故，與詁同。雅當如郭氏解，若以雅爲常，下節古雅訓古常，尤不成辭。且舊書二字亦不類漢人句法。」盧云：「丁説是也。書雅當連文，記謂記載，故謂訓故，俗語鄉俗之語。」〔一〇〕念孫案：此當以「舊書雅記」爲句，「故俗語不失其方」爲句。雅者，故也，《史記・高祖紀》：「雍齒雅不欲屬沛公。」集解引《漢書》服虔注云：「雅，故也。」《張耳陳餘傳》：「張耳雅游。」索隱引鄭氏云：「雅，故也。」《荆燕世家》云：「今吕氏雅故本推轂高帝就天下。」謂故記也。舊書故記通指六藝羣書而言，故俗語謂故時俗語。既言舊書，又言故記故俗語者，古人之文不嫌於複也。言舊書故記中所載故時俗語本不失其方，而後人不知，故作《方言》以釋之耳。下節「古雅」二字正謂舊書雅記，郭以此爲《爾雅》，以彼爲風雅，皆失之也。古雅二字正當訓爲古常。古常猶言舊常、故常。《楚語》云：「使復舊常。」《蜀志・許靖傳》云：「不依故常。」古常之別語，謂舊時別國之方言耳。《僖二十年公羊傳》云：「門有古常。」《晏子春秋・雜》篇云：「重變古常。」古常二字何以不成辭？《漢書・河間獻王傳》云：「皆古文先秦舊書。」《劉歆傳》云：「皆古文舊書。」舊書二字何以不類漢人語？若謂故爲訓詁之詁，而以「書雅」連讀，「記故」連讀，則真不成辭矣。以「舊書雅記故」連讀，則愈不成辭矣。盧、丁之説皆非是。

假、注：「音駕。」佫〔一一〕、注：「古格字。」懷、摧、詹、戾、艐，注：「古屆字。」〔一二〕至也。邠唐冀兗之間曰假，或曰佫。注：「邠，今在始平漆縣。唐，今在太原晉陽縣。」齊楚之會郊注：「兩境之間。」或曰懷。摧、詹、戾，楚語也。注：「《詩》曰『先祖于摧』、『六日不詹』、『魯侯戾止』之謂也。此亦方國之語，不專在楚也。」艐，宋語也。皆古雅之別語也，注：「雅謂風雅。」今則或同。

《疏證》：佫、格古通用。艐、格、戾、懷、摧、詹，《爾雅・釋詁》亦云：「至也。」釋文：

「艐，孫云古届字。」格字亦作徦。《廣雅》：「徦，至也。」曹憲音格，徦、格古亦通。

謹案：徦，各本作假。《説文》：「徦，至也。」「假，非真也，一曰至也。」《集韻・去聲・四十禡》假、徦二字並居迓切，「假」字注云：「以物貸人也。」「徦」字注云：「《方言》至也。」《爾雅疏》引《方言》云：「徦，至也。邠唐冀兗之間曰徦。」徦、假古雖通用，然《集韻》、《爾雅疏》引《方言》並作徦，不作假，今據以訂正。《表記》引《詩》「聿懷多福」，《大雅・大明》。鄭注云：「懷，至也。」至與來義相近，故來謂之懷，亦謂之格；至謂之格，亦謂之懷矣。《魯頌・閟宮》篇：「魯邦所詹。」毛傳云：「詹，至也。」

嫁、逝、徂、適，往也。自家而出謂之嫁，由女出爲嫁也。逝，秦晉語也。徂，齊語也。適，宋魯語也。往，凡語也〔一三〕。

《疏證》：《列子・天瑞》篇：「子列子居鄭圃，將嫁於衛。」張湛注云：「自家而出謂之嫁。」《爾雅・釋詁》：「適、嫁、徂、逝，往也。」郭注引《方言》：「自家而出謂之嫁，猶女出爲嫁。」猶、由古通用。徂亦作𨑨。《説文》云：「𨑨，往也。𨑨，齊語。適，之也。適，宋魯語。」蓋本此。

謹案：凡自此之彼通謂之嫁。《趙策》云：「韓之所以内趙者，欲嫁其禍也。」《周官・

司稼》鄭注云：「種穀曰稼，如嫁女之有所生。」義並同也。「由女出爲嫁」，各本「女」下有「而」字。余同里故友李氏成裕云：「『而』字因上句『自家而出』而衍。此言『自家而出謂之嫁』，亦猶『女出爲嫁』耳。『女出爲嫁』，文義甚明。若云『女而出爲嫁』，則不辭矣。」《爾雅疏》引此已衍「而」字，郭注引無「而」字，今依李説訂正。

謾台、注：「蠻怡二音。」脅閱，注：「呼隔反。」懼也。燕代之間曰謾台，齊楚之間曰脅閱，宋衛之間凡怒而噎噫注：「謂噎憂也。噫，央媚反。」謂之脅閱，注：「脅閱猶瀾沭也。」南楚江湘之間謂之嘽咺。〔一四〕注：「湘，水名，今在零陵。咺，音香遠反。」

《疏證》：《廣雅》：「嘽咺、謾台、脅閱，懼也。」義本此。咺，曹憲音火袁反。脅亦作愶。《玉篇》云：「以威力相恐愶也。」閱亦作憪。《廣韻》：「憪惶，恐也。或作瀾。」注内瀾沭，各本訛作閱穀，今訂正。後卷十有云：「凡窘猝怖遽謂之瀾沭。」

謹案：注内「謂噎憂也」，各本作「噎謂憂也」。余故友寶應劉氏端臨《經傳小記》云：「此當作『謂噎憂也』。《詩》『中心如噎』傳曰：『噎憂，不能息也。』正義以爲憂深不能喘息，如噎之然。此説非也。憂在心，與喘息何與？世豈有憂而不得喘息者乎？噎憂雙聲字。《玉篇》引《詩》『中心如噎』，『謂噎憂不能息也』。增一『謂』字最得毛氏之意。噎憂即欭嚘，氣逆也。《説文》『欭』

字注：『嚘也。』《玉篇》『嚘』字注：『《老子》曰：「終日號而不嚘。」嚘，氣逆也。』亦作歅。《廣韻》：『欭嚘，歎也。歅，氣逆也。』噎噫、噎憂一聲之轉。」念孫案：端臨此説寔貫通《毛傳》、《方言》之旨，今據以訂正。《鄭風·狡童》傳云：「憂，不能息。憂亦與嚘同。」

虔、劉、慘、綝，殺也。注：「今關西人呼打爲綝，音廩，或洛感反。」秦晉宋衛之間謂殺曰劉，晉之北鄙亦曰劉，秦晉之北鄙、燕之北郊、翟縣之郊謂賊爲虔，注：「今上黨潞縣即古翟國。」晉魏河内之北謂綝曰殘，楚謂之貪，南楚江湘之間謂之歁。〔一五〕注：「言歁綝難猒也。」

《疏證》：《詩·周頌》：「勝殷遏劉。」毛傳：「劉，殺也。」《春秋·成公十三年左傳》：「虔劉我邊陲。」杜預注云：「虔、劉皆殺也。」慘，《説文》云：「毒也。」綝、惏古通用。《説文》：「河内之北謂貪曰惏。」與此小異。《春秋·僖公二十四年左傳》：「狄固貪惏。」釋文引《方言》：「殺人而取其財曰惏。」疏所引同，今《方言》無此語。惏又作婪。《説文》云：「貪也。」杜林説：「卜者黨相詐驗爲婪。」歁，各本訛作欺，注内同。《説文》：「歁，食不滿也，讀若坎。」《廣雅》：「歁、婪，貪也。」義本此。曹憲音苦感反。今據以訂正。歁、綝疊韻字也。

謹案：卷三云：「虔，殺也。青徐淮楚之間曰虔。」《廣雅》：「虔，殺也。」義本此。《爾雅》云：「劉，殺也。」《盤庚》篇：「無盡劉。」《君奭》篇：「咸劉厥敵。」某氏傳並訓劉爲殺。劉之言戮也，故《說文》云：「殺，戮也。」又云：「鎦，殺也。」「摎，縛殺也。」《玉篇》力周、居由二切。《續漢書・禮儀志》云：「斬牲之禮名曰貙劉。」義並同也。《說文》訓慘爲毒，謂毒害也。《後漢書・酷吏傳》注云：「慘，虐也。」《莊子・庚桑楚》篇云：「兵莫憯於志，鏌鎁爲下。」《漢書・陳湯傳》云：「憯毒行於民。」《谷永傳》云：「搒箠瘠於炮格。」慘、憯、瘠並通。卷二云：「惏，殘也。陳楚曰惏。」《大戴記・保傅》篇：「飢而惏。」盧辯云：「惏，貪殘也。」《楚詞・離騷》云：「衆皆競進以貪婪兮。」《說文》：「欿，欲得也。」《廣雅》：「欿，貪也。」欿與欺通。又《說文》：「腊，食肉不猒也。」亦與欺聲近義同。殺、賊、殘、貪，義並相近。《昭十四年左傳》云：「殺人不忌爲賊。」則殺亦謂之賊。《周官・大司馬》：「放弒其君則殘之。」鄭注云：「殘，殺也。」則殺亦謂之殘。韋昭注《漢書・武紀》云：「强取爲虔。」則貪亦謂之虔。《說文》：「嫪，婪也。」《廣雅》：「慘，貪也。」慘與嫪通，則貪亦謂之慘。

亟、憐、憮、俺，愛也。東齊海岱之間曰亟，注：「欺革反。」自關而西、秦晉之間凡相敬愛謂之亟，陳楚江淮之間曰憐，宋衛邠陶之間曰憮，或曰俺。注：「陶唐，晉都處。」

《疏證》：亟亦作惄，注内「欺革反」各本訛作「詐欺也」，於正文不相涉。《廣雅》：「惄、憮，俺，愛也。」義本此。曹憲於「㥛」下列欺革、九力二反，今據以訂正。《爾雅・釋言》：「憮，撫也。」郭注云：「憮，愛撫也。」

謹案：㥛字曹憲音欺革、九力二反，《説文》：「㥛，謹重貌。」《廣雅》：「亟，敬也。」即此所云「相敬愛謂之亟」。《漢成陽靈臺碑》云：「齊革精誠。」㥛、亟、革並通。

眉、棃、耋、鮐，老也。東齊曰眉，注：「言秀眉也。」燕代之北鄙曰棃，注：「言面色如凍棃。」宋衛兗豫之内曰耋，注：「八十爲耋，音經。」秦晉之郊陳兗之會曰耇鮐。注：「言背皮如鮐魚，耇音垢。」

《疏證》：《詩・豳風》：「以介眉壽。」毛傳：「眉壽，豪眉也。」《小雅》：「遐不眉壽。」毛傳：「眉壽，秀眉也。」棃亦通用黎。《吴語》：「播棄黎老。」韋昭注：「鮐背之耇稱黎老。」《詩・秦風》：「逝者其耋。」毛傳：「耋，老也，八十曰耋。」《大雅》：「黄耇台背。」毛傳：「台背，大老也。」鄭箋云：「台之言鮐也。大老則背有鮐文。」《爾雅・釋詁》：「黄髮、齯齒、鮐背、耇老，壽也。」

謹案：《廣雅》：「眉、棃，老也。」義本此。卷十二云：「麋、黎，老也。」郭注云：「麋猶眉也。」《士冠禮》：「眉壽萬年。」鄭注云：「古文眉作麋。」《少牢饋食》注云：「古文眉作微。」皆古字通用。《墨子・明鬼》篇云：「昔者，殷王紂播棄黎老。」《秦風・車鄰》正義云：

「《易・離卦》云：『大耋之嗟。』注云：『年踰七十。』」《僖九年左傳》曰：「伯舅耋老。」服虔云：「七十曰耋。」此言「八十曰耋」者，耋有七十、八十，無正文也。《大雅・行葦》正義引舍人《爾雅注》云：「鮐背，老人氣衰，皮膚消瘠，背若鮐魚也。」卷十又云：「耇，老也。」《説文》：「耇，老人面凍黎若垢。」

脩、駿、融、繹、尋、延，長也〔一六〕。陳楚之間曰脩，海岱大野之間曰尋，注：「大野，今高平鉅野。」宋衛荆吴之間曰融，自關而西、秦晉梁益之間凡物長謂之尋。《周官》之法，度廣爲尋，注：「度謂絹帛横廣。」幅廣爲充。注：「《爾雅》曰：『緇廣充幅。』」延，年長也，凡施於年者謂之延，施於衆長謂之永。注：「各隨事爲義。」

《疏證》：《詩・小雅》：「不駿其德。」《大雅》：「昭明有融。」毛傳皆云：「長也。」《爾雅・釋詁》：「永、延、融、駿，長也。」「年長也」之年，各本譌作永。李善注嵇康《養生論》及邢昺《爾雅疏》並引《方言》：「延，年長也。」今據以訂正。《廣雅》：「脩、繹、尋，長也。」義本此。

謹案：《楚辭・離騷》：「冀枝葉之峻茂兮。」王注云：「峻，長也。」峻與駿通。《郊特牲》云：「嘏，長也，大也。」大與長義相近，故大謂之駿，亦謂之嘏；長謂之嘏，亦謂之駿矣。《爾雅》：「繹，又祭也。周曰繹，商曰肜。」《高宗肜日》正義引孫炎注云：「繹，祭之明日尋繹復祭也。」肜者亦相尋不絶之意。《宣八年公羊傳》注云：「繹者，繼昨日事；肜者，肜肜不絶。」《周頌·絲衣》釋文肜作融，是融、繹皆取義於長也。《淮南·繆稱》篇：「父之於子也，能廢起之，不能使無憂尋。」高注：「憂尋，憂長也。」《齊俗》篇云：「峻木尋枝。」是尋爲長也。故《漢書》李尋字子長，《説文》：「尋，繹理也，度人之兩臂爲尋，八尺也。」亦長之義也。布帛之長有度，其廣有幅。度之言度音鐸。也，伸兩臂以度之，爲廣八尺，故曰度，廣爲尋也。幅之言畐也，幅，古讀若偪，説見《唐韻正》。畐，芳偪反。《説文》云：「畐，滿也。」其廣滿一幅，故曰幅。廣爲充也，《士冠禮》：「緇纚廣終幅。」鄭注云：「終，充也。」即《爾雅》所云「緇廣充幅也」。此本訓長，而兼言廣者，對文則廣與長異，散文則廣亦長也。故廣謂之充，亦謂之尋；長謂之尋，亦謂之充。《説文》云：「充，長也。」是其證矣。「延，年長也」，盧本仍改爲「延，永長也」，云：「攷宋本亦如是。李善注《文選》，於阮籍《詠懷詩》『獨有延年術』引《方言》：『延，長也。』於嵇康《養生論》又引作『延，年長也』，蓋即隱括『施於年者謂之延』意。案：所引乃《方言》原文，非隱括其意也。《爾雅疏》引《方言》遂作『延，年長也』。案：《疏》所引亦《方言》原文，非妄加年字也。不出『永』字，則下文『永』字何所承乎？或遂據《爾雅疏》改此文，誤甚。」念孫案：盧説非也。訓延爲年長者，所以别於上文之訓延爲長也。既曰「延，年長也」，又曰「施於年者謂之延」，此復舉上文以起下文之「施於衆長謂之永」耳。凡經傳中之復舉上文者，皆不得謂之重複。盧自不曉古人文義，故輒爲此辯，而不自知其謬也。舊本「年長」作「永長」者，涉下文「永」字而誤耳。若仍依舊本作「永」，則其謬有三：《方言》一書皆上列字目而下載《方言》，若既云「脩、駿、融、繹、尋、延，長也」，又云「延、永，長也」，則一篇而兩目矣，《方言》有此例乎？其謬一也。「延，長也」之文已見於上，故特別之曰「延，年長也」，若既云「延，長也」，又云「延，永長也」，則訓延爲長之文上下凡兩見，古人有此重疊之文乎？其謬二也。盧又謂但云「延，年長也」，而不出「永」字，則下文「永」字無所承。案上文釋「思」之異語云：「惟，凡思也。慮，謀思也。願，欲思也。念，常思也。」此皆承上之詞，若訓詁之連類而及者，則不必皆承上文。請以前數條證之。「晉衛之間曰烈，秦晉之間曰肄」，肄字上文所無。「汝潁梁宋之間曰胎，或曰艾」，艾字上文所無。「秦晉之間凡物壯大謂之嘏，或曰夏」，夏字上文所無。若斯之類不可枚舉。是訓詁之連類而及者，不必皆承上文也。此文云：「凡施於年者謂之延，施於衆長謂之永」，亦是訓詁之連類而及者，故永字亦無上文之可承，乃獨疑永字之無所承，則是全書之例尚未通曉，其謬三也。《文選注》、《爾雅疏》引《方言》皆作「年長」，自是確證。阮籍《詠懷詩》「獨有延年術」李注引《方言》以證「延年」二字，則所引亦必有「年」字，而今本脱之也，乃反以脱者爲是，不脱者爲非，傎矣。今訂正。

允、訦、注：「音諶。」恂、注：「音荀。」展、諒、注：「音亮。」穆，信也〔一七〕。齊魯之間曰允，燕代東齊曰訦，宋衛汝潁之間曰恂，荆吴淮汭之間曰展，注：「汭，水口也，音芮。」西甌毒屋黄石野之間曰穆。注：「西甌，駱越别種也，音嘔。其餘皆未詳所在。」衆信曰諒，《周南》、《召南》、《衛》之語也。

《疏證》：顔延之《宋文皇帝元皇后哀策文》：「壼政穆宣。」李善注引《方言》：「穆，信也。」《説文》：「燕代東齊謂信曰訦。」蓋取諸《方言》。《爾雅·釋詁》：「允、展、諶、亮、詢，信也。」疏云：「訦諶、亮諒、詢恂音義同。」

謹案：《逸周書·謚法》篇：「中情見貌曰穆。」是穆爲信也。《廣雅》：「睦，信也。」睦與穆通。

【説明】

王念孫研究《方言》的著作，今有《方言疏證補》一卷、《〈方言疏證〉批注語》和《方言分韻》與《廣雅》、《小爾雅》合。三種。劉盼遂先生言尚有《方言校正》，想是原稿，筆者未見。明代胡文焕《格致叢書》收録了《方言》，上海圖書館藏本上有王念孫批注，已載在本合集中。據王引之《光禄公壽辰徵文啟事》，王念孫研究《方言疏證》，應在乾隆四十四年己亥。

【校注】

〔一〕黨，先秦楚方言詞。章太炎《新方言》：「今謂瞭解爲黨，音如董。」其實從明代起即用「懂」。黨、懂一聲之轉。

〔二〕《説文》：「好，美也。」此條訓「好」各詞多指女子面容姣好。

〔三〕姝，或作⿰女殳，或作袾，並訓爲好。但《詩・邶風・静女》中，首章之「姝」，與次章之「孌」相對。孌，從女，䜌聲。䜌，《説文》訓亂也。亂本作𤔔，治也，治有順義。故⿰女𤔔、孌同字，《説文》訓順。《詩》中之「孌」即指性情柔順，故用來描繪「静女」。姝、孌變詞避複而已，義並爲柔順。《詩》毛傳不碻，《説文》引《詩》説本義，誤據毛傳。王氏亦未深辨。

〔四〕通語，此指非地區性的通用語。

〔五〕方言詞釋義，求諸其聲則得，求諸其文則惑。台、胎並在之部，㔺、宧、頤並同，故得通用。《説文》：「宧，養也。」

陶，從阜，匋聲。朱駿聲《説文通訓定聲》：「《方言一》：『陶，養也。』皆匋義之引申。」詳《廣雅疏證一》。

鞠，或作毓、鬻、冑、育，古音相同毓、育、鬻並在覺部喻母。或相近，鞠在覺部，冑在幽部，幽覺對轉。亦得通用。

毓、育同字，並有養義。詳《經義述聞・尚書上》「教冑子」條。

艾，在月部；養，在陽部。陽月通轉。故艾、養並可訓爲長養、長育、治理、稚幼。

〔六〕通語，此指鄰近的幾個地區的通用語。

〔七〕以上兩條當參讀：憐、悛一聲之轉，訓爲愛憐、哀憐，二義實相因。憮、撫聲義同，旁轉爲煤。

故《廣雅疏證一》云：「牟亦惵也，語之轉耳。」又云：「俺、愛一聲之轉。愛之轉爲俺，猶薆之轉爲掩矣。」詳王氏該篇。

〔八〕憮、寫古音並在魚部，故「無寫」合音爲「憮」。

〔九〕以上四條當參讀：注釋語痛、傷、憂、思義並相因，思又有思考、思念、憂傷諸義，故諸多被注釋語可通訓。悴、桓、咺、宣、慎、怛、慭、瘏、濟、惄、溼並訓爲憂，詳《廣雅疏證》一上、二上、二下相關各條。

〔一〇〕丁氏，即丁杰，原名錦鴻，字升衢、小山，號小疋，一作小雅，乾隆四十六年進士，歸安今浙江湖州。人。盧氏，即盧文弨。王念孫撰《方言疏證》，丁小雅迻録其《方言》校本，見王念孫《與劉端臨書》。終成《方言校正》。盧氏《抱經堂文集》有《重校〈方言〉序》、《與丁小雅進士論校正〈方言〉書》。引語殆出丁氏、盧氏校本。

〔一一〕參見《廣雅疏證》一上、二下，《經義述聞·爾雅上》。假、佫一聲之轉，音近義同。假，或作假，同音通用，各、佫、逄、格同此。其餘各詞亦依聲取義，不可以形求之。

〔一二〕郭璞注之某古某字，指古今用字習慣不同，非造字相承之古今字，詳段玉裁《説文解字注》「余」字下。佫、格同音假借，艐、屆更是異字異義。

〔一三〕凡語：指没有地域界限的通用語。

〔一四〕參見《廣雅疏證》二下、六上。

〔一五〕參見《廣雅疏證》一下、二上、三下。

〔一六〕長有長短之長、長大之長、長久之長諸義。此仿《爾雅》異義同條之例。詳見《經義述聞·

爾雅》。

〔一七〕信有誠、實諸義，與上條同例。參見《廣雅疏證》一上、一下。

《方言疏證》批注語 手稿

卷一「黨、曉、哲，知也」條

齊宋之間謂智爲哲。《一切經音義》五、十、十六、廿、廿一、廿二〔一〕。

念孫謹按：《漢書・楊雄傳》：「中和之發在於哲民情。」師古曰：「哲，知也。知字亦如字讀。」

卷一「娥、嬴，好也」條

燕代之間謂好爲姝。《一切經音義》二。

趙魏燕代之間謂好爲姝。六、廿二。

「姸」，《集韻》引《方言》作「忓」〔二〕，《御覽》同。雍丘也；《御覽》作雍縣。〔三〕

卷一「烈、枿，餘也」條

《注》〔四〕「烈」字當爲𦙶，𦙶與殘通。《説文》：「𦙶，禽獸所食餘也。從𣦵、從肉。」又「𣦵」訓骨之殘。《廣雅》：「殘、肂，枿也。」《齊語》：「戎車待游車之裂，戎士待陳妾之餘。」注：「裂，殘也。殘，餘也。」《周禮注》「殘餘」字多作「戔」，《槀人》注「潘瀾戔餘」。

卷一「台、胎、陶、鞠，養也」條

陳楚之間謂養爲鞠。《一切經音義》五、廿。

胎，養也。十三。

《列女傳・序》：「胎養子孫，以漸教化。」《後漢書・章帝紀》：「深元元之愛，著胎養之令。」《易林・解之大過》：「胎養萌生，始見兆形。」

卷一「咺、唏、㤞、怛，痛也」條

怛，痛也。《一切經音義》十一。下文云：「燕之北鄙、齊、楚之郊，或曰京，或曰將。」又曰：「燕之北鄙謂賊爲虔。」又曰：「燕代之北鄙曰桊。」

《楚辭·九章》：「曾唫哐愁。」《漢書·外戚傳》：「悲愁於邑，喧不可止兮。」顔師古注：「朝鮮謂小兒泣不止，名爲喧。」

卷一「悼、愁、悴、愁，傷也」條

秦晉謂傷爲悴。《一切經音義》二、廿二。

卷一「慎、濟、曙、愵、溼、桓，憂也」條

《廣雅》：「懠，愁也。」曹憲音釋：「懠，在細反」。懠與濟，聲近而義同。《爾雅·釋詁》：「擠，病也。」病與憂，義亦相近。

卷一「敦、豐、厖、夵、幠、般、嘏、奕、戎、京、奘、將，大也」條

《孫叔脩華嶽〔廟〕碑》：「受茲夵福。」

《荆燕世家》：「今吕氏雅故本推（轂）〔轂〕高帝就天下。」索隱：「雅，素也。」

《張耳陳餘傳》：「張耳雅遊，人多爲之言。」《漢書》注：「鄭氏曰：『雅，故也。』」《蒙恬傳》：「高雅得幸於胡亥。」

高注：「故記，大書也。」「臣之兄嘗讀故記」，《呂氏春秋·至忠》篇。

念孫謹案：此當以「舊書雅記」爲句，「故俗語不失其方」爲句。雅記，猶言故記。《漢書·張耳陳餘傳》：「耳雅遊，多爲人所稱。」師古曰：「雅，故也。」雅記即舊書，古人自有複語耳。下節「皆古雅之别語也」，正指「舊書雅記」而言。故俗語，謂故時俗語，言舊書雅記中所載故時俗語不失其方耳。

卷一「嫁、逝、徂、適，往也」條

宋魯謂往爲適。《一切經音義》十六。

卷一「謾台、脅鬩，懼也」條

愶鬩，懼也。《一切經音義》四十三。「嚇」，《方言》作「恐」。𢥪，音呼隔反。「恐哧」，《方言》作「恐鬩」。鬩音呼隔反。十、十一。

卷一「眉、梨、耋、鮐，老也」條

色似凍梨。《一切經音義》三。面色似凍梨。六。

卷一「脩、駿、融、繹、尋、延，長也」條

《楚辭·離騷》：「冀枝葉之峻茂兮。」王逸注云：「峻，長也。」

卷一「允、訦、恂、展、諒、穆，信也」條

《漢書·嚴助傳》：「舉兵於冶南。」冶，疑與野同。《史記·東越傳》：「閩越王都東冶。」

卷一「碩、沈、巨、濯、訏、敦、夏、于，大也」條

《史記·司馬相如傳》：「滮沈濬灾。」沈，當讀爲淫水之淫，謂大水也。高誘注《淮南·覽冥訓》：「平地出水爲淫水。」《桓六年左傳》〔五〕

齊宋之間謂大爲巨。《一切經音義》三、十。

齊宋之間謂大曰巨。六、廿二。

齊宋之間謂大曰碩。十六。

《荀子·君子》篇：「古者，刑不過罪，爵不踰德，故殺其父而臣其子，殺其兄而臣其弟。刑罰不怒罪，爵賞不踰德，分〔然〕各以其誠通。」

《爾雅》「夏、蝦，大也」疏於「蝦」字下引《方言》卷一云：「凡物壯大，謂之蝦。」而「假」字下不云「周鄭之間謂之假」。

卷一「抵、儆，會也」條

日月底于天廟，猶言日月會于新龍。

《大戴禮·誥志》篇曰：「庶物時，則民財儆。」

卷一「張小使大謂之廓」條

張小使大謂之廓。《一切經音義》九。

《鴻烈·道應》篇：「譬之猶廓革者也，廓之大則大矣，裂之道也。」《新序·雜事》「廓」作「鞹」。

卷一「嬛、蟬、綱、撚、未，續也」條

及，繼也。

撚，續也。《一切經音義》十四。

《漢蒼頡碑》：「宗□禮崇樂，以化未造。」又云：「表章大聖之遺靈，以示來世之未生。」兩「末」字皆作「未」。

《漢蕩陰令張遷碑》云：「張氏輔漢，世載其德，爰暨于君，蓋其繵緤。」繵與幝同。

卷一「踏、蹈、𨁎，跳也」條

楚曰蹠，秦晉曰跳。《一切經音義》廿。

卷一「逢、逆，迎也」條

《周語》：「道而得神，是謂逢福。」注：「逢，迎也。」

《爾雅》：「逢，遻也。」

卷一「釗、薄，勉也」條

齊魯謂勉爲勖。《一切經音義》四。

齊魯謂勉爲冒茲。五、八。

齊魯謂勉曰勖滋。十二，又十五、廿、廿二。

卷二「娃、孅、窕、豔，美也」條

秦晉之間謂美色爲豔。《一切經音義》一、四、十五、廿一。

卷二「奕、偞，容也」條

《紺珠集》引此，亦作「奕奕偞偞」。

《御覽》三百八十一引此作「奕奕偞偞」。

卷二「顥、鑠、盱、揚、膌，雙也」條

《爾雅》：「樂，美也。」

卷二「傀、渾、膞、臒、僇、泡，盛也」條

傀，盛也。《一切經音義》二。

《後漢書·黨錮傳》：「梁惠王瑋其照乘之珠。」

卷二「私、策、纖、葆、稺、杪，小也」條

眇，小也。《一切經音義》六。

纖，小也。細謂之纖。七、十二。

纖，小也，細也。梁益之間，凡物小謂之纖。

杪，小也。細薄曰杪者，稍微小也。十七。

木細枝謂之杪。十三。

《紺珠集》引此，「莢」字在「杪」字下。

《君子偕老》傳云：「絺之靡者曰縐。」

《韓非子・解老》篇：「凡理者，方員短長麤靡堅脆之分也。」靡，草死。

卷二「抱、嬔，耦也」條

《説文》：「䲒，讀若幡。」

《廣雅》：「娩，兔子也。」曹憲音匹萬。

《爾雅・釋獸》：「兔子，娩。」釋文：「娩，匹万反，又匹附反，本或作嬎，敷万反。」

疑匹訛作乍，又訛作追。李文授本亦作「追」。

卷二「逴、獡、透，驚也」條

透，驚也。宋衛南楚，凡相驚曰透。廿。

卷二「儀、彸，來也」條

《尚書》曰：「鳳皇來儀。」儀亦來也，猶上文言「祖考來格」，格亦來也。古人自有複語耳，解者皆失之。

卷二「餬、託、庇、寓、媵，寄也」條

媵，寄也。《一切經音義》五。

庇，寄也。九。

餬，寄食也。江淮之間謂寓食爲餬。十二。

卷二「逞、苦、了，快也」條

《說文》云：「楚謂疾行（謂）〔爲〕逞。」《淮南·道應訓》云：「苦，急意也。」逞、苦俱爲疾，故又俱爲快。今俗語猶謂疾爲快矣。

自山之東、江淮陳楚之間謂快曰逞。廿。

卷二「梅、慲、赧，愧也」條

赧，愧也。《小雅》云：「面愧曰赧。」《一切經音義》二。自愧而恥謂之赧。廿二。

卷二「叨、惏，殘也」條

叨，殘也。《一切經音義》十八。

卷二「憑、齘、苛，怒也」條

苛，怒也。陳謂之苛。《一切經音義》十五。

齘，怒也。郭璞曰：「言禁斷也。」十二、十八、廿一、廿二。

卷二「撊、梗、爽，猛也」條

爽，猛也。《一切經音義》九。

卷二「矙、睇、睎、略，眄也」條

陳楚之間謂眄曰睇。廿二。

自關而西、秦晉之間謂視爲眄。《一切經音義》一。

自關而西、秦晉之間曰眄。二、九、十四、廿二。

卷二「揄鋪、艦極、帗縷、葉褕，毳也」音脆，皆謂物之行敝也。條

「敝」字，據《集韻》、《類篇》「帗」字注引，又據「極」字注。

卷二「孑、蓋，餘也」條

廿一「蓋」作「燼」。

卷二「翿、幢，翳也」條

楚謂翳爲翿。《一切經音義》十九。

卷二「搜、略，求也」條

捃，取也。《一切經音義》十一、十三。

卷二「予、賴，讎也」條

《僖十年穀梁傳》：「吾與女未有過切，是何與我之深也？」《成二年左傳》：「子若不許，讎我必甚。」

《荀子·王制》篇：「君臣上下之閒者，彼將厲厲焉，日日相離疾也；我今將頓頓焉，日日相親愛也。」厲、賴古同聲。厲厲，相讐之貌也。

卷二「剝、蹶，獪也」條

《韓子·有度》篇：「聰智不得用其詐，陰躁不得關其佞。」《説疑》篇：「躁詐之人，不敢北面立談。」

卷十二云：「嫣、娗，傷也。」郭注：「爤傷，健狡也。」

《荀子·富國》篇：「其臣下百吏，汙者皆化而脩，悍者皆化而願，躁者皆化而慤。」

卷三「陳楚之閒，凡人獸乳而雙産謂之釐孶」條陳楚之間，雙生謂之釐孶。《一切經音義》八。

陳楚之間，凡人畜乳而雙產者曰釐孶。十三。

《淮南子·脩務訓》：「故夫孿子之相似者，唯其母能知之。」

卷三「楚、東海之間，亭父謂之亭公」條

《續漢書·百官志》引《風俗通》曰：「亭吏舊名負弩，改爲亭長，或謂亭父。」

南楚、東海之間，或謂卒爲褚。郭璞曰：「言衣赤也。」《一切經音義》四、九、十一。

《御覽》三百引《方言》亦作「南楚」。《韻海》云：「卒主擔弩導引，因以爲名。」

又《田叔傳》五頁。

應劭云：「舊亭卒名弩父，陳楚謂之亭父，或云亭部，淮泗（泗）謂之求盜。」

《高祖紀》索隱。

卷三「蔿、譌、譁、涅，化也」條

鷄伏卵而未孚《一切經音義》二、六、十二。

卷三「蘇、芥，草也」條

《類聚》八十一引此，「芥」下有「莽」字。

蘆

茉

《脩務訓》注：「摸，讀如模範之模。」

《説文》：「模，讀如嫫母之嫫。」

卷三「蘇亦荏也……其小者謂之蘸菜」薰，菜也，亦蘇之種類，因名云。條

薰字據《御覽》改。

卷三「蘴、蕘，蕪菁也」條

蘴、蕘，蕪菁也。郭璞注：「舊音蜂，今江東音嵩，字作菘，陳楚之間曰蘴，音豐。」魯齊之間謂之蕘，關之東西謂之蕪菁。《一切經音義》十一。

辛、幽皆小皃。

卷三「葰、芡，雞頭也」條

《淮南子·説山訓》：「雞頭已瘻。」高誘注：「雞頭，水中芡，幽州謂之雁頭。」

《吕覽·恃君》篇：「夏日則食蔆芡。」高誘注：「芡，雞頭也，一名雁頭，生水中。」

卷三「凡草木刺人，北燕、朝鮮之間謂之茦」條

凡草木刺人，關西謂之刺，北燕、朝鮮、洌水之間謂之茦。《一切經音義》一。

《淮南子·俶真訓》：「刑苑而神壯。」高誘注：「壯，傷也。」

《戰國策·齊（篇）〔策〕》：「今雖干將、莫邪，非得人力，則不能割劌矣。」

卷三「凡飲藥、傅藥而毒，南楚之外謂之瘌」條

凡飲藥、傅藥而毒刺。廿五。

凡飲藥而毒瘶，東齊謂之瞑眩。十三。

卷三「逞、曉、恔、苦，快也」條

自關而東曰逞，江淮陳楚之間曰好。廿五，廿仍作逞。

卷三「膠、譎，詐也」條

謬，詐也。廿。

《史記・趙世家》：程嬰謬謂諸將軍曰：「誰能與我千金，吾告趙氏孤處。」

卷三「慰、廛、度，尻也」條

東齊海岱之間謂居曰廛。《一切經音義》十八、廿四。

卷三「萃，雜，集也」條

東齊海岱之間謂萃爲聚。《一切經音義》四。

卷三「迨、還，及也」條

《哀十〔四〕年公羊傳》：「祖之所逮聞。」《漢石經》「逮」作「還」。

卷三「荄、杜，根也」條

茇、杜，根也。東齊曰茇，或曰杜。《一切經音義》十一。

東齊謂根爲荄。同上。

東齊謂蘸根爲荄。十三、廿。

東齊謂根曰荄。十三。

卷三「班、徹，列也」條

車道謂之輸。

卷三「裕，猷，道也」條

東齊謂猷曰道。《一切經音義》七。

卷三「庸、恣、比、侹、更、佚，代也」條

佚，代也。《一切經音義》十七。

《孟子》：「迭爲賓主。」或作「佚」。

卷三「氓，民也」條

氓爲之氓。

卷三「杋，仇也」條

㧘字見《太玄》。

卷三「寓，寄也」條

無寓人於我室。

卷三「露，敗也」條

是率天下而路也。

《呂氏春秋·不屈》篇：「士民罷潞。」高誘注：「潞，羸也。」

卷三「讁，怒也」條

人不足與適也。

讁，怒也。郭璞曰：「謂相責怒。」《一切經音義》五、十、十六。

卷三「間，非也」條

政不足〔與〕間也〔六〕。

卷三「格，正也」條

惟大人爲能格君心之非〔七〕。

卷三「斁，數也」條

《詩》曰：「商之孫子，其麗不億。」〔八〕

卷三「軫，戾也」條

紾兄之臂〔九〕。

《儀禮·鄉飲酒禮》「弗繚」鄭注云：「繚猶紾也。」《楚辭·九歎》云：「繚戾宛轉。」《淮南子·原道訓》：「扶摇抮抱羊角而上。」高誘注云：「抮抱，了戾也。」「了」與「繚」同。

胞系了戾。《金匱要略》下十二頁。

卷三「肎，潔也」條

不屑就〔一〇〕

卷三「譚，罪也」條

凡民罔不憝〔一一〕。

《書》曰：「元惡大憝。」憝、譚古字通。

卷三「俚，聊也」條

稽大不理於口〔一二〕。

卷三「梱，就也」條

捆屨〔一三〕

卷三「笠，圂也」條

既入其笠。

卷三「庾，隱也」條

人焉庾哉〔一四〕。

卷三「撲、鋌、澌，盡也」條

鋌、傷，盡也。物空盡也。《一切經音義》七。

鋌、傷，盡也。物空盡曰傷。傷，索也。十三。

《海内東經》：「湘水……入洞庭下。」郭璞注云：「洞庭，地穴也，在長沙巴陵。今吴縣南太湖中有包山，下有洞庭穴道，潛行水底，云無所不通，號爲地脈。」地穴謂之洞庭，亦中空之義也。庭猶鋌耳。

《文選・笙賦》注引《古咄唶歌》曰：「棗欲初赤時，人從四邊來。棗適今日賜，誰當仰視之？」

卷三「斟，益也」條

斟與沾聲相近。

卷三「差、閒、知，愈也」條

南楚疾愈謂之蠲。郭璞云：「蠲，除也。」《一切經音義》二、廿二、廿三。

差，愈也。二、六、十四、十七。

差、閒，愈也。三、八、廿一、廿三。

《金匱要略》：「初服一合，不知即服三合。又不知，復加至五合。」上卷四十二。

卷四「襌衣，江淮南楚之間謂之褋」條

褋，襌衣也。《一切經音義》十四。

《淮南子·氾論訓》：「豈必褒衣、博帶、句襟，委章甫哉？」高誘注：「褒衣謂方與之衣，如今吏人之左衣也。」

《御覽》六百九十二「南楚」作「之閒」。

卷四「衸謂之交」條

《顏氏家訓·書證》篇引曹大家《列女傳》注云：「衸，交領也。」

十三。

卷四「絡頭，帞頭也」條

〔絡頭〕，帞頭也。南楚江湘之間曰帞頭，自關而西、秦晉之間曰絡頭。《一切經音義》

卷四「覆結謂之幘巾……或謂之覆髮」條

《御覽》六百八十七引作「覆髻」。

卷五「鍑，北燕、朝鮮、洌水之間或謂之錪，或謂之鉼」條

鍑，或謂之鬲。郭璞曰：「鍑，釜屬也。」二。

鍑，或謂之鬲。十八。

䨲，秦地土釜也。《一切經音義》一。

䨲，《方言》：「秦云土釜也。」二。

卷五「蠡，陳楚宋魏之間或謂之簞，或謂之櫼，或謂之瓢」條

陳楚宋魏之間謂蠡爲櫼。郭璞曰：「櫼、蠡、瓠，勺也。今江東呼勺爲櫼。」《一切經音義》

十六。

蠡或謂之櫼，今江東呼勺爲櫼。十八。

卷五「桮落，陳楚宋魏之間謂之桮落，又謂之豆筥」條

落，《方言》：「杯落也。」《一切經音義》十六。

《御覽》引注，無「籠」字。

《御覽》「東」作「而」。

卷五「箸筩，陳楚宋魏之間謂之筲，或謂之籯」條

箸筩，郭璞曰：「謂盛匕箸籫也。」《一切經音義》二。

卷五「瓬、㼝……甖也」條

瓿甊、瓬，罌也。自關而東、趙魏之間或謂之罌，罌亦通語也。《一切經音義》三。

瓿甊，罌也。四。

瓬，罌也。〔郭〕注云：「今江東通名大瓮爲瓬。」十、十六。

罌以百珪百璧。《山海〔經〕》二。

卷五「甇甈謂之盎」條

盆之小者謂之甌。《一切經音義》十五。

卷五「甂，陳魏宋楚之間謂之甋」條

瓦甂，陋器也。《説苑·反質》。

甂甋，卑小皃也。《一切經音義》六引《纂文》云：「匾㔸，薄也。今俗呼薄爲匾㔸，關中呼㼪㔸。」

卷五「炊䉛謂之縮」條

鄭興注《周官·甸師》之「莤」：「讀爲縮。束茅立之，祭前沃酒其上，酒滲下去，若神飲之，故謂之縮。縮，浚也。故齊桓公責楚不貢苞茅，王祭不共，無以縮酒。」《廣雅》：「浚，湑也。」

卷五「扇，自關而東謂之箑」條

《御覽》七百二引此作「自關而東謂之扇，自關而西謂之篷」。

卷五「𦆽，自關而東、周洛韓魏之間謂之綆，或謂之絡」條

韓魏之間謂之(便)〔綆〕。《一切經音義》二。

卷五「臿，燕之東北、朝鮮洌水之間謂之𣝓」條

趙魏之間謂臿爲鍫。《一切經音義》十一、十五、又。

《管子·輕重乙》篇：「一農之事，必有一耜一銚，一鎌一鎒，一椎一銍，然後成爲農。」

卷五「杷，宋魏之間謂之渠挐，或謂之渠疏」條

杷謂之渠挐。郭璞曰：「有齒曰杷，無齒曰朳。」《一切經音義》十八。

卷五「僉，宋魏之間謂之欇殳，或謂之度」條

度之薨薨〔一五〕。

《司市》：「胥執鞭度守門。」

《廣成頌》：「枷天狗。」

《漢書・王莽傳》：「中必躬載紼。」

卷五「薄，宋魏陳楚江淮之間謂之苖，或謂之麴」條

江淮陳楚之間謂之苖。注云：「楚語轉耳。」《一切經音義》十五。

宋魏陳楚謂之麴，自關而西謂之箔，南楚謂之蓬薄。《御覽》七百。

卷五「槌，宋魏陳楚江淮之間謂之植……其横，關西曰栚」音朕，亦名校，音爻。條

爻字據《廣雅音》。

卷五「簟，宋魏之間謂之笙，或謂之籧苖」條

宋魏之間謂簟麤者爲籧篨。《一切經音義》十七。

江東謂籧篨直文而麄者爲笪，斜文者爲䉛，一名筕篖。《一切經音義》十八。

卷五「俎，几也」條

俎，几也。《一切經音義》九。

卷五「䡞車，趙魏之間謂之轣轆車，東齊海岱之間謂之道軌」條

䡞車，趙魏之間謂之歷鹿。《一切經音義》十四。

卷五「户鑰，自關而東、陳楚之間謂之鍵」條

關東謂之鍵，關西謂之闟。《一切經音義》二、四、六、十五、十六、廿一。

卷五「篿，謂之蔽，或謂之箘」條

博，或謂之棊。《一切經音義》二。

博，或謂之棊，或謂之曲道，吴楚之間或謂之箭，或謂之博。博，亦箸名也。二。

自關而東、齊魯之間皆謂圍棊爲弈。二。

博或謂之棊，齊魯謂圍棊爲弈。三、十七、廿二。

卷六「聳、漎，欲也」條

《史記·衡山王傳》：「日夜從容勸之。」《漢書》「從容」作「將養」，師古曰：「將讀曰獎。」

凡相被飾曰將。將，猶裝也。

卷六「聳、聹，聾也」條

無尾謂之屈。

斷足謂之刖。

卷六「由、迪，正也」條

《爾雅》：「督，正也。」督、迪聲相近。

《文六年左傳》：「宣子〔於是乎始〕爲國政，制事典，正法罪，辟刑獄，董逋逃，由質要。」由，正也。杜注曰：「由，用也。」失之。《書》曰「盤庚斆于民，由乃在位，以常舊服，正法度」是也。《書傳》訓「由」爲「用」，非。

匪由勿語。由，正也。箋訓爲從，失之。〔一六〕

卷六「惧、恧，慚也」條

惧、恧，慙也。荆揚青徐之間曰惧，梁益秦晉之間曰慙，山之東西，自愧曰恧。十九。

卷六「蛩烘，戰栗也」條

《曾子立事》篇、《荀子・君道》篇竝云：「君子……敬而不鞏。」鞏與蛩同。〔一七〕

卷六「錪、錘，重也」條

錘，重也。《一切經音義》十一、十七。

錘，重也。宋魯曰錘。十二。

腆，重也。東齊之間謂之腆。十三。

卷六「鉿、龕，受也」條

龕，受也。《一切經音義》四。

卷六「逴、騷、踔，蹇也」條

「路」改爲「略」，據卷二注改〔一八〕。

卷六「㾷、嗌，噎也」條

㾷、嗑，噎也。郭璞曰：「謂咽痛也。楚曰㾷，秦晉或曰嗑，又曰噎。」《一切經音義》三。

嘶，噎也。廿二、廿三作「誓」。

《莊子・天地》篇十九〔一九〕：「嗑然而笑。」釋文：「嗑，本又作嗌。」

卷六「怠、阤，壞也」條

阤，壞也。《一切經音義》六。

卷六「汩、遥，疾行也」條

汩乎吾將行兮。

卷六「絓、挈、僥、介，特也」條

「獣」改「嘼」。嘼字據《玉篇》「夰」字注及《哀十四年》正義改。

《管子·地員》篇：「有三分而去其乘。」尹知章注：「乘，三分之一也。」

卷六「台、既，失也」條

《太史公自序》廿九頁：「不既信，不倍言。」

卷六「既、隱、據，定也」條

《爾雅》：「忥，静也。」忥、既聲相近，静、定義相近。

《襄九年穀梁傳》：「恥不能據鄭也。」

《白起傳》：「趙軍長平，以按據上党民。」

《玉篇》：「㕡，去厲切，心息也。今爲憩。」《衆經音義》卷一引《倉頡篇》作㕡，墟例反。

卷六「稟、浚，敬也」條

懍，敬也。《一切經音義》十。

卷六「坻、坥，埸也」條

坻、封，埸也。《一切經音義》十一、廿三。

卷六「鋪頒，索也」條

斗藪，舉也。《一切經音義》十一、十四。

斗擻，舉之也。十八。

卷六「參、蠡，分也」條

參，分也，齊曰參。郭璞曰：「謂分割也。」《一切經音義》九。

劙，分割也。廿。

卷六「㽙、披，散也」條

披，散也。《一切經音義》六。

髲，聲散也。十四、廿二。

有女仳離〔二〇〕。

卷六「慂、偪，滿也」條

畐，滿也。《一切經音義》十二。

卷六「紕、繹、督、雉，理也」條

督，理也。《一切經音義》五、七、十六。

繹，理也。九。

卷六「踊、膂，力也」條

宋魯謂力曰旅。旅，田力也。郭璞曰：「謂耕墾也。」〔二一〕

卷六「譠、謕，諟也」條

《注》：「亦審諟，互見其義耳。」

卷二：「抱、娩，耦也。」注云：「耦亦匹，互見其義耳。」

卷六「擱、剿，續也。秦晉續折木謂之擱，繩索謂之剿」條木字據《集韻》引。

卷六「傻、艾、長，老也」條

叜、父、長，老也。東齊魯衛之間，凡尊老者謂之叜。《一切經音義》四。

叜、父、長，老也。東齊魯衛之間，凡尊老謂之叜，南楚曰父。十六。

卷六「巍、嶢、崝、嶮，高也」條

《戰國策·楚（篇）〔策〕》：「上崢山，踰深谿。」

卷六「猒、塞，安也」條

《荀子·王霸》篇：「猒焉有千歲之固。」

卷七「杜、蹻，𨃩也」條

杜，𨃩也。趙曰杜。郭璞曰：「今俗通語也。𨃩如杜。杜子𨃩，因以名也。」十九。

卷七「佻、抗，縣也」條

𠄏，縣也。趙魏之間曰𠄏。注云：「了𠄏，縣皃也。」《一切經音義》十三。

𠄏，縣也。《方言》：「趙魏之間曰𠄏。」《集韻·二十九篠》。

《僖元年公羊傳》：「抗輈經而死。」

卷七「發、稅，舍車也」條

《爾雅》：「廢、稅，舍也。」

今俗語曰卸車。

卷七「僉、胥，皆也」條

自關而東、五國之郊謂皆爲僉。《一切經音義》一、十二。

自關而東、五國之郊謂皆曰僉，東齊曰胥。三。

卷七「展、惇，信也」條

惇，信也，謂誠皃。《一切經音義》一。

卷七「膊、曬、晞，暴也」條

晞，暴也。北燕海岱之間謂暴乾爲晞。《一切經音義》十二、十八。

卷七「熬、聅、煎、㷄、鞏，火乾也」條

熬、聅、煎、㷄，火乾也。《一切經音義》一、十四。

聅，火乾也。五。

㷄，火乾也。七。

㷄，火乾也。關西隴冀以往謂之㷄。九。

聅，火乾也。秦晉之間或謂之聅。十三。

卷七「胹、飪、亨、爛、糦、酋、酷，熟也」條

亨，熟也。嵩岳以南、陳潁之間曰亨。《一切經音義》十八。

亨，孰也。十六。

卷七「瀧涿謂之霑漬」條

《玄應音義》二引《通俗文》云：「靈滴謂之𤄶渧。」《釋名》：「下重而赤白曰𦟝，言厲𦟝而難差也。」

卷七「漠漫、䀢眩，懣也」條

䀢眩，懣也。朝鮮洌水之間，煩懣謂之漠漫。《一切經音義》十二。

《周語》：「若視聽不和而有震眩。」

卷七「憐、職，愛也」條

《王風·葛藟》篇：「謂他人母，亦莫我有。」箋云：「有，識有也。」識與職通。《爾雅》：「職，常也。」《説文》作「識」。《漢樊毅脩華嶽〔廟〕碑》「職方氏」作「識方氏」；《荀子·哀公》篇：「其事不可識。」《大戴》作「職」。

《楚辭·九章》：「章畫志墨兮。」王注：「志，念也。」《史記》「志」作「職」。

卷七「攍、膂、賀、䑭，儋也」條

《御覽》八百二十九引作「東甌」。

卷七「樹、植，立也」條

樹、植，立也。《一切經音義》九。

卷七「傺、眙，逗也」條

逗，住也。《一切經音義》六。

【説明】

《方言疏證》，十三卷，戴震撰。王念孫的批注，用朱、墨色行書和草書，寫在相關詞條的天頭上或正文行間，旨在給戴氏作補證。王氏批注的本子，是孔繼涵於乾隆四十二年至四十四年刊刻的微波榭叢書中《戴氏遺書》本。今整理者據以抄録謄正，並加了標題。據屢引《一切經音義》推斷，王氏批注語當作於乾隆五十年前後。參見注〔一〕。全書僅存前七卷。

【校注】

〔一〕《一切經音義》下的數目字，指卷數。後面未出書名的數目字同此。王氏揭示的卷數，與今通用本上海古籍出版社據日本獅谷本影印《正續一切經音義》。不同。據劉盼遂《高郵王氏父子著述考》引繆荃孫《藝風藏書記》卷一，王氏所據本應是武進莊炘刻二十五卷本，莊炘、洪亮吉、王念孫、孫星衍都有此書校語。惜繆荃孫卒後，是書散佚，不知下落何處，王氏校語亦隨之亡佚。

〔二〕「忓」，手稿原作「忬」，後用朱筆改爲「忓」。

〔三〕手稿先作「雍丘也」，後用朱筆圈去「丘」字，再用黑筆在「也」上加「《御覽》作雍縣」五字。

〔四〕注，即郭璞《方言注》，《疏證》用小字注於各方言詞下。

〔五〕下缺。

〔六〕〔七〕見《孟子·離婁上》。

〔八〕見《詩·文王》。

〔九〕見《孟子·告子下》。

〔一〇〕句未完。蓋見《孟子·公孫丑上》：「不受也者，是亦不屑，就已。」

〔一一〕見《孟子·萬章下》。

〔一二〕見《孟子·盡心下》。

〔一三〕見《孟子·滕文公》。

〔一四〕見《論語·爲政》。

〔一五〕見《詩·緜》。

〔一六〕「匪由勿語」，見《詩·賓之初筵》。此行文字，手稿加墨圈删去。

〔一七〕手稿在「荀子」上加「曾子立事篇」五字，查《大戴禮》，篇中無「敬而不鞏」句，有「恐」、「戰戰」、「栗」諸字，似與《方言》此詞條無涉。

〔一八〕在「據」與「卷二」之間原有「廣韻集韻類篇玉篇」八字，手稿删去。

〔一九〕此數目字，指所引書葉數，下同。

〔二〇〕見《詩·中谷有蓷》。

〔二一〕此條手稿未標出處，見今通行本《玄應音義》卷五十五《過去現在因果經》第二卷。

校正《博雅音》十卷

《博雅音》卷一

《釋詁》

鼃户瓜反。萃律。豐豐。婡苦雷反。粗在户反。沛浦會反。袥音託。齡矜。㼌苦瓜。匯平對反、胡磊反、胡罪反。㚕扶弗反。㾊赤以反。抛布萌反。勏布蔑。朴普木。訏吁。夤以真反。誧鋪。䩔昌者反。顥考。顝苦骨反。䫥苦磊反。敦敦。芋吁。㺔彫。䫞許堯反。䐗竹家反。驁五高反。䑝音籠。員負。假格。軫苦禮。艾五害反，又刈。𢵈陟履反。岠巨。摵就夙反，又子六，又似育。抵多禮反。緊於兮反。徘歸往反。迋于放反。忓汗。惢素果反，又才累反。嫧側革反。娕測角反。㦖如小。馴旬音，《説文》字巛反。孎竹緑反。睩禄。嘘去焉。悰在宗反。比鼻。聆禮丁。娓媚。揗循。捄巨菊、巨牛反，又俱。臬魚刿。

瀍法。甬勇。棃離。傁蘇苟。㪣大到反。耇點。欵款。軨軨。奃火逼反。椝俱雨反。隒苦檢、居斂、語險三反。鑰乃頰。硼冰。愾苦賴。悀勇。㓞刃。愊皮逼。窒丁一。屯大村。○當音張倫反，説見《疏證》。鏍於敬。篏乙丈。臆憶。穌蘇。迦勿。釗昭音，世人以釗釗失爲一字。迃紆。敻吁性。逴丑卓。○各本「丑」譌作「尹」，今訂正。遾逝。蛄牒音，又齒廉反。懕一占。搴細則反。宓眉筆反，世人以「山如堂者密」作祕，宓字失之矣。毒毒。嘆莫，又亡白。湛丈減。倓達濫反。便房連。纛亡彼反。眯米。侎亡是。媞狄叶反，又之移、上支二反。○叶音稽。各本「叶」譌作「計」，今訂正。尼女一。澹大闞。佾逸。併步憐。昶丑丈。亭呼行。憼景。懍力甚反。浚三閏。悛此緣反。拌普干，又音伴。擻苦孝，又苦交。捐音沿。覂甫奉，又方犯。揎緣藥反。抗口葬。㢄於娱反，又口孤反。憮呼。磔竹戹反。㱿古候反。彍廓郭。攄丑於反。遨丑力。瞋嗔。躔直然。趨七于。徥直駭，又仕紙。遧魚韋。蹠只石。逯鹿。躭示亦。逭乎館反，《尚書》曰：「逭，逃也。」遀育。踚倫音，《方言》爲藥。○案：當作「《方言》爲踚，音藥」。稘基○各本「基」譌作「其」，今訂正。欸欸二反，又資利反。孋羅外反，又力臥。嬇才賜。㛺例。婚昏。媪温。媟葉。婂於業反。㾏吁。疥介。疫役。邛巨恭。匿女乙。㛿委媚、於爲。病符命，又補命。掇九劣、苦悅。瘁揆季。痼猶，又夷狩。瘿於整。疛胄○各本「胄」譌作「曹」，辨見《疏證》。疝所澗。齵區禹。痳仄已。瘩占內。瘍亦。㾓閑。痳林。㾜斯。痿於危。瘚巨月，又厥。痔跱。瘀於去。瘵始藥、以灼。疠女駭、而亥。痾阿。疕尼八。痟消。瘍於發，又渴。奸居滿。皰白教。㼎丸。瘤留。痒羊。艽求。疢勑鎮，今疹字。疰注。痂加。瘃陟録。瘙素刀。㾭丁世。瘍陽。癬四淺。瘙三到。癎鹽。瘥苦夾、工洽。胗軫。痞普迴。瘍馬嫁。創初良。窠乘。亯響。頤夷。委一僞。冣在遇。嗇色。茨材咨。壘力水。積在茲，又子私。濅子鳩。揲臣熱。秭咨履。秿父。極亟毀、丁禾。積子賜、子亦。㥛欺革、九力。憮武。㤿於檢、於劒。㥄陵。㥯隱。敓徒活。掇知劣，又丁活。搴九件。摭之亦。芼亡報。摡許既。扱初洽。扼烏革。摘陟革。擥力甘、力敢。索所白。撈牢，又力幺。撟几小、几消。○各本兩「几」字竝譌作「凡」，今訂正。攎（灰）〔仄〕加。○各本「仄」譌作「反」，今訂正。摷力刀。撩力幺。掭天含。抯莊加、子治。捕步。摕帝。汲九及。撤徹。挻式延、丑延。摻所減。銛他點。抍之丞。攟舉蘊。剿策交、初孝。撏才含。捊皮矦。㛹凶穢。嫛苦計。妜桂。㚻他計。嬖鼙。嘶晳，三歷。婚昏。媼温。歺五達。亢乎朗。○各本「乎」譌作「呼」，今訂正。《廣雅》訓亢爲極，則當音口浪反。羸力追。券去願。○案：券極之券字從力，音巨眷反。契券之券字從刀，音去願反。《廣雅》訓眷爲極，而曹憲音去願，則是誤以爲契券字矣。御巨略、去逆。𣢾烏嫁。憊皮怪。嗌上世。醮在焦。悴才遂。怛丁達。惴拙瑞。怮於聊、於流。悹去弓。悺貫。忦公拜。𢝜辨，婢典。○各本「辨」字誤入正文，辨見《疏證》。愓傷。惂坎。慁乎困。憖牛覲。𥈤才念。惄泥歷。溼濕。嚳口沃。劈普狄。擘補革。○各本正文脫去「擘」字，其補革之音遂溷入上文「劈」字下，「補」字又譌作「普」，辨見《疏證》。析三亦。筡塗。刡彼列。剫徒各。刎布仁、普真反。隓許規。隤積。陁大何、大可反。阤直紙。陊達可。靡莫知。㪚散音。揨宅耕。撞直江。鈌決。挃知帙。○各本「帙」譌作「怢」，今訂正。𠝹衝。衄女六。独大鴻。搗禱。釗居祈，又公內。抌丁感。𠠗牒。撽丁几。○各本脫去

「掓」字，其丁几之音遂溷入「劃」字下，（凡）〔「几」〕字又譌作「凡」，辨見《疏證》。抵底。𢱧邲，音必、白必。○各本「白」譌作「自」，今訂正。掙楚耕。鍼針。刺七亦。刵耳志。劊古外。刓五丸。剸尊本。剎楚律。刌村本。剕拂。剒仄略。戠慈頡。剚拙兗、大丸。剶楚芮、楚刮。○影宋本、皇甫録本、畢效欽本「刮」字竝譌作「乱」，吴琯本遂改爲「亂」，而諸本皆從之，今訂正。刐彫。刎亡粉。剩在矦。㓷栗。㓹拙兗。銛他點，又息廉反。○當音古活反，説見《疏證》。劕才雕。㓣苦拜。𨩽拙兗。刈乂。㔆士咸。㔏力涉。㓜牛二。儳仕緘。頪雷對。儵叔。倏叔。偼慈葉。朓天弔。蹂爾帚。躁子到。駛山吏。獧絹。挑大了。拊方宇。勮其御。𩊚去力。○各本脱去「𩊚」字，其去力之音遂溷入「勮」字下，辨見《疏證》。汩于筆。儵音叔。○各本此下有「一作儵」三字，蓋校書者所記。案儵即儵之俗字，考諸書無訓儵爲疾者，今删。颮忽。赽公穴。鬵仕林，濳。《説文》讀若岑。○各本「林」譌作「休」，「若」譌作「蒙」，今訂正。跀火月。䞠于月。腆土典。○各本「土」譌作「士」，今訂正。媕烏縑、烏檢。酏純。○各本「純」譌作「紃」，今訂正。𠜂刋。臓子冄。𦙫大念。腊子茌。膞代紺。賁布魂反，彼寄反失之矣。琇秀。𥈱大嫌。蒸旨升。嵦凱。豔艷。珇祖。㑌每磊。赧女板。怍昨。惧土典。㐱之忍。毖祕。瞢莫贈。㥏天德反。䘈女六反。怩尼。𢡃子六反。恧女六反。𢤱苦恨，如上聲道之。瘥楚嫁。瘉移主。慫悚。湧勇。勵厲。儓臺。婘拳。嬴盈。娃烏佳。嫷大果。孌力兗。嬞權。姚遥。娧通外。珇祖。旄莫對。娟一丸、一刮。妦丰。○各本「丰」譌作「半」，辨見《疏證》。忏汗。妧玩。媌莫交、莫絞。嵟魚件。○各本「件」譌作「伴」，今訂正。嫧楚革。○各本「革」譌作「草」，今訂正。鮮思延。嵮狄。嫡休六。嫮平故。

釥七小。嫽了。姣古邜。袾充朱、竹瑜。齋側皆。媉握。嫺於支。瞴亡宇。壓於鹽、烏頰。姝充朱、竹瑜。婉牛委。婐果〔一〕。嫿獲。嬇贊。媭綺。婽古雅。嬥徒聊、徒了。嫙旋。娙五朾、乎丁。○各本「朾」譌作「丁」，今訂正。蘸託陋。糟糟牢。袓才吕。褫且六。媆而兖。婠子六，又才久。○各本「久」譌作「反」，惟影宋本、皇甫本不譌。妷赴乏，又乞乏、芳乏。嬶亾救。嫈螢、瑩。嫛揆。覣於皮。婥綽。嫵武。嬽淵。姍素丹。㛩峯。耑端。㠒必沼。杓的，又片幺。○各本「片」譌作「斤」，「幺」譌作「久」。《説文繫傳》「杓」音片幺反，今據以訂正。懱蔑。瞣已禹。㦸乎郭。寱詣。愕吾各。逴勑略。猲式若。灼灼。透音叔，世人以此爲跳透字，他候反，未是矣。趯他的。憚大汗。摯貞二，又至。○當音充世反，辨見《疏證》。蕆勑輦。俙許皆。屬時欲。蜕土會。○各本「土」譌作「七」，今訂正。毤乎。毻門悼反，昌字也，必無育字邊，從毛，吐外反，形聲不然，或未。○案：此注譌脱甚多，不可校正。「毻」音他卧反，曹憲以爲「毻」字，非是，辨見《疏證》。劀口白、口郭。𪗋力支。躡女涉。蹬丁鄧。䟫去豉。○各本「豉」譌作「鼓」，今訂正。踚藥。跈才殄、乃展反，今之踐字。蹀牒。蹍女展。蹈道。蹂如酉。踼徒臘。跐側買。蹠之石。䟡支，又巨支反。剄古鼎。○案：「剄」當作「勁」，曹憲音古鼎反，非是，辨見《疏證》。䡾巨媿。鬢之忍。㔹巨月。㔨牟。憸七漸、四廉。擿魯。怏於亮。强巨兩。隉五結。阽鹽。刖一刮，一音月，又五刮。竝宜及。傒兮。鎌力霑。漻力彫、兮巧。淑孰。湜音寔。洌列。澂直陵。濘那定。漱匹妙。滲力感。潚肅。溓廉。○各本脱去「溓」字，「廉」字又誤入正文，辨見《疏證》。薳乙罽。○各本「罽」譌作「罽」，今訂正。穌蘇。秳乎括。穀奴候，《春秋》之穀烏菟。○「烏」與「於」同，各本「烏」譌作「烏」，又脱去

「菟」字，今依段氏若膺校本補正。 莛楚騍。 倅寸對。 揣初毁，又丁果、尺兖。 ○各本「又」譌作「反」，今訂正。 硂七全。 泚且禮。 謜元。 護於縛、於虢、居縛。 ○各本「於縛」之「於」譌作「于」，今訂正。 湊七候。 朚莫郎。 趣趨娶。 ○各本「趨」譌作「趍」，「娶」譌作「趣」，辨見《疏證》。 務無住。 ○各本脱去「務」字，其無住之音遂溷入「趣」字下，「住」字又譌作「在」，辨見《疏證》。 褊必善。 僁械。 隘烏賣。 窄側白。 陿匣。 揥帝。 敕勑。 䜰烏報。 眡示。 蔵慰。 薈烏外。 庡於幾。 嚚彦陳。 怐苦候。 ○各本「苦」譌作「若」，今訂正。 愗茂。 娍越。 戇竹降。 惷式鍾。 券去卷。 御巨腳。 犒苦告。 勦子小反，又楚交反，疑誤也。《禮記》曰：「毋勦說。」鄭注云：「勦，（田）〔由〕擥也，謂取人之說。」《春秋左傳》「無及於鄭而（剿）〔勦〕民，焉用之」，杜訓爲勞。是則剿從刀，而勦從力明矣。 ○自「疑誤也」以下蓋校書者所記，各本「於鄭」譌作「於其」，「於」字上脱去「春秋左傳無及」六字，又誤衍「訓爲勞是則」五字，「民」字上又脱去「而勦」二字，今俱訂正。 涅乃結。 湮因。 渨烏回。 諑卓。 謫徒革。 䚦大兮。 截子才。 䁩七祭、楚札。 窺苦圭。 晛沁淹。 覩時。 現毛。 闞苦暫。 盻乎計。 窺恥敬。 覞古莧。 脈麥。 睍乎典。 晩亡限。 睍居恚。 覗司。 覔麥。 ○各本此下有「一覓」二字，當是「一作覓」三字之脱文。案覓即覔之省文，非異文也。蓋校書者不明字體而并記之，今删。 瞜力惟。 覿狄。 ○當音七亦反，說見《疏證》。 睥普計。 睨五計。 眄亡見。 睞來代。 瞰苦蹔。 睇弟。 䁍堪。 眡支。 瞗彫。 矕馬板。 睃走公。 䁙烏見。 矆虎縛。 ○影宋本、皇甫本「虎」譌作「雨」，諸本又譌作「需」，今訂正。 矎呼懸。 䁈口計。 䀣祕。 覰且居、七絮。 䀽以戰。 診真敏，又陣。 䚈五買。 桂於往。 橈女孝。 盭戾。 蟠步干。 冤烏園。 ○各本「園」譌作「困」，自宋時本已然，故《集韻》「冤」字有烏困之音。考諸書，冤字無音烏困反者。卷四「冤，詘也」，曹憲音於袁反，於袁與烏園同音，今據以訂正。䩕古免。骫委。傴依矩反。僂力雨。䪁古萬。迟隙。剢敕傳。刴落。剃他帝。鬄他覓。緶婢延。緝七立。襀資。緁且立。踴勇。陞升。弼備筆。䣓逕。誂大鳥。誀如志。訹戌。謏素了、三六、三酉、所六。○此八字各本誤入「誘」字下，今訂正。嫺虛膺。忸敷。忔許乞。故虛。𡟎丈例。譁呼瓜。吁虛于，又于。○各本「又」譌作「反」，今訂正。欸哀。翳於兮。詅於麗。睎希。睢鶴。毚峯，今之峯火字宜作此毚。○各本「字」字誤在「今」字上，「字」上又衍「子」字，今訂正。糅女又。纕女亮。轢力旳。媮他矦。𩴌良音，世人作𩴌禣之𩴌，水傍著京，失之矣。○各本「禣」譌作「禣」，「京」譌作「涼」，今訂正。又案「𩴌」字，經傳皆作「涼」，《說文》亦訓涼爲薄，非後人之失也。磷吝。襌丹。𧞤口革。菲佛匪反，世人以此爲芳䨽之䨽，失之矣。○各本「䨽」譌作「菲」，今訂正。又案《說文》無䨽字，古但作菲，此亦非後人之失也。沾他縑反，世人水傍著忝，失之。又以此沾字爲霑，亦失之也。霑字宜然。○各本「沾」字之「沾」譌作「占」〔二〕，影宋本不譌。禣步各反，世人作襌禣之禣，艸下著溥，亦失之矣。○各本「禣」譌作「禣」，「艸」譌作「草」，「溥」譌作「溥」，今訂正。又案：《說文》無禣字，古但作薄，亦非後人之失也。絅古熒反。○各本「反」譌作「字」，今訂正。獧俱面反，又俱眄反。僄匹昭。陖先訊。陗且肖。怦普衡、普耕。窘逵殞。𨑳祖迴反，《字書》、《聲類》音爲局促，促長。○若膺云：當作「字書《聲類》音局促，促爲長」。𨑳、促古通用，故以音促爲長。迺徐畱。蹙子六。笘苦。揯公鄧。亟幾憶。緊居忍。挰呈。掄崙。撟矯。捎所交。擶雀。捒束。○各本「束」譌作「揀」，今訂正。摳苦矦。掀虛言反，出《春秋》，亦訓爲舉。擎渠迎。拲拱。䎖子恒。翥之預反，《方言》爲署音。

○各本「方」譌作「亦」。卷三「翥」字下云「《方言》音曙」，今據以訂正。扛江。偁齒升。搴騫。暴録〔三〕。拼蒸之上聲。四聲蒸、抍、證、職。揭竭。犨悆。舁餘。窪烏瓜。窆碑黶。窊烏瓜。埝乃頰。窽都念。墊除立。隮積。胼步田。貤弋豉。坿扶，又附。埤符彌。貱方寄。賢以瑞。賶思俊。隝罵。潼童。沮子悆。湆泣。洳如悆。淖女孝，《莊子》亦以此字爲「淖」〔四〕。鋇五感。湧勇。勭蕩。撼乎感。核謂〔五〕。擡臺。揌素來。扮伏粉。揮暉。揣初委。摷力刁。抗弋選、弋芮。○各本「選」譌作「巽」，今訂正。搈容。蝡如兗。摺力合。踒於皮。擖公八。○「擖」當爲「擸」，音獵；曹憲音公八反，非是，說見《疏證》。抈月。擠呂閣。儇許綿。憭了。譪他和。䵷莫佳、莫諧。譌革。詖彼寄。吹呵苔。咍同上。唏許几、許冀。谷巨略。听魚隱。嗞子慈。唹乙餘。嗔引。嗢乙滑。嗰火雅。咦火尸。吲與哂同。啞烏格。廝斯音。任平聲。嬸休六。嫪力高、力報。嫭乎故。妎械。媢亡篤。劮逸。婸大朗。騂素迎。輷苦耕。蕡乎開。○各本「乎」譌作「呼」，今訂正。侄質。礭口卓。磑牛衣、牛哀。鍇楷，又公諧。○各本「楷」譌作「揩」，今訂正。鐕啟。韯出允。茁側劣。殫丹。滲所蔭。○各本「所蔭」二字誤入正文，辨見《疏證》。涸鶴。汽許乞。焪去鳳。澌斯。涖力二反。釂子曜。糞方問。鬌都果、徒果。葥子延。鋌達鼎。○各本「達」譌作「逵」，今訂正。軥衢。輗兒。輓晚。摯至。○當音充世反，辨見《疏證》。扽頓。拕達可。掁乎根。攎盧。扔仍。扱楚洽。摍縮。捈途音。控苦貢。抓烏麻。彎關，又（烏）〔烏〕還。㞂而兗反，吕静音碾。闑乃弟。懦奴玩、奴卧。恁而審反，疑之。娞女寸、而兗。嬈女孝。脃七歲。栠又荏，如甚。銋如湥。○各本脱去「銋」字，其如湥之音遂溷入「栠」字下，辨見《疏證》。愞乃卧。偄乃翫。鞇納。欿口感。歛呼濫、呼甘。欲呼綠。

《博雅音》卷二

《釋詁》

槾亡旦、亡丸。撋宣。挴母磊。忨翫。懆操。饕他高。飻鐵。䖟阿帙、於既。欿苦感。○各本「苦」譌作「若」，今訂正。欿口感。婪來南。遴力晉。茹如與。憯七感。餩苑袁。踀巨勿。劤靳。偵勑驚。○當音貞，説見《疏證》。詇映，又於兩。詵史巾。㗖丑世。靚才性反。譊女交。嗃虎各。㘎奂。訆叫。獔狗上豪，下虎苟。謼虎都。嘹力弔。㱦辭廉。衮恩。䐑丈入。燿曜。煠弋涉、士洽、丑涉。○各本「士洽」譌作「士合」，今訂正。影宋本惟「洽」字不譌。爚藥。烘平〔六〕。敕恥力反。案：《説文》從攴，束聲，今勑字。勑勑字力代反。

幎亡狄反。羡组雅、才智反。熯而善反，又罕。焟昔。爨五高。㷉初絞。炕抗。暵漢，又呼但。𤑔貧力。熭衞。鐰曹，才刀反。燩口擊。○各本「擊」譌作「繫」，惟影宋本不譌。焇消。𤆬枯。熇苦老。濾巨。烼許勿。㷔穹之去聲。炇火交。㬬泣。膊普各。晛拂。煬恙。晅歌鄧。暩匹妙。曬所賣。𤋮與紙、與支二音。㼐去滯。罅虎嫁。璺問。䫌補買。㧣必麥。捇呼虢反。剅多矦。摵呼麥。扫呼没，又乎没。劈普歷。揭衞。劃口穫。○各本「口穫」作「呼獲」，蓋因下文「劐」字音「呼獲」而誤，今據《玉篇》、《廣韻》、《集韻》、《類篇》訂正。𤺺弋㷉。劐呼獲，又口獲。鬜揩瞎。鬝口八。○各本「八」譌作「入」，今訂正。鬠瞎。頒口本、口骨。喛呼館、虎元二反，《方言》音段。○各本「段」譌作「叚」，今訂正。齘械。苛何。嫳篇悦，又普列。覣於危。○「覣」當作「㜇」，音羌巠反；曹憲音於危反，非是，説見《疏證》。顟巨錦、渠領。俟戾。娺陟衛。怴呼述。訮虚妍。訶火哥。䖗苦暫。嗽虚葛。諸時。訛血。訠魚刮。哩涅。喤户盲。恫勑公。怉灼。癆老到，又力彫。憯七點。蛆郱達。慊策。瘌羅達。蘁丑略，又呼各。蓳案：此「蓳」字，張揖出重耳。○各本「重」譌作「里」，今訂正。蘁、蓳同字，故云重。痋彤。痠酸。喙凶穢。○各本「凶」譌作「又」。案：「喙」與「猭」同音，前卷一内「猭」音凶穢反，今據以訂正。咶虎夬。氙虚氣。欶虎夾。欥漢佳。○各本「佳」譌作「家」，辨見《疏證》。欨苦訶。歔姑。夭淫。烔同。焯之藥反。煦火遇。炘虚隱。煆呼嫁。烄哀。爆布角、普角、步角。焫而悦。蘸然。爟古亂。鄗多朗。尻也上古魚反。尻，案：《説文》從尸，几聲；今居字，乃箕居字也，古虡反。○上古魚反，各本「反」皆作「切」。案：反切之名，自南北朝以上，皆謂之反，孫愐《唐韻》則謂之切。唐玄度《九經字樣·序》云：「聲韻謹依《開元文字》，避以反言。」是則變反言切，始自開元。曹憲爲隋唐閒人，不宜有此。凡《廣雅音》中有言某切者，皆是後人所改，今訂正。「《説文》從尸，几聲」，各本脱「從」字，今補。慄遅。緼他丁。紿待。繟闡。○各本「闡」字誤入正文，辨見《疏證》。譠託山。縒昌善。斐莊。襐蕩。賁容上賁，音《周易》賁卦。今人多彼寄反，失之。捈塗。搯他刀。掏憲案：即上「搯」字。舀臾。虖虎。䜌拘萬。㪷呼括。抒持與。厺去。○各本「去」字誤入正文，辨見《疏證》。規規。腬柔。膿攘。僇苦交。泡白交。褱古迴。膊孚二、扶四。○各本「扶」皆作「狀」，「扶」譌爲「狀」，故又譌而爲「狀」〔七〕，今訂正。腯突。䀏火計。婁具癸、聚惟。摻所鑑。纖仦簷。麽莫可。㒳獘。莌悦。杪弥沼。

尐子列。倰來登。儠力葉。楕大果。僓潰。暘悵。挻恥延。鐽沁輦。隑牛哀反。蹻巨略。狢口堯。犺抗。慼户湛。䰫巢。○各本「巢」字誤入正文，辨見《疏證》。獜力仁、力忍。豉古委。蕐恭録。䌯弋冄。剿魚刦，又旦葉。撚乃典。㯥粟。癘力計、力翅。瘢節。痤坐戈反。肬胮上尤音，下扶江。○各本「扶」譌作「狀」，今訂正。肛虎江。膁匹聊。膮呼堯。胅痕上大結，下互根反。○各本「互」譌作「五」，今訂正。膧時勇。尯曤。紕布寐、扶規。督篤。○各本「篤」字誤入正文，辨見《疏證》。摞力維。艴勃。艵片鼎。嘔於句。㖃虚于。○各本「于」譌作「去」，今訂正。繻奺俞。譙慈曜。諯釧，又至緣。澇老刀。瀾簡。淅桑狄。潒蕩。溞素高。澡早。湔子堅。沬呼内。劊結。刌寸本。剢初律。闄於小。儌要，又音也。正音計堯。○案：「儌」音計堯反，又音要，故曹憲云然。各本「要又音也正音」六字誤入上「闄」字下，「又」字又誤作「口」字。考《廣雅音》内「又」字多誤作「口」，又考《玉篇》、《廣韻》、《集韻》、《類篇》「闄」字俱無要音，今訂正。迣制。荼塗。鍲旻。耤似亦反。耡士魚反。稍酒胄。賨在宗。𤼵〔八〕方乂。纫於輒。緤魚劫。組直莧。○各本「直」譌作「亘」，辨見《疏證》。繬色。○各本「色」字誤入正文，辨見《疏證》。縪畢。繶隱靳。幽布耕。絽吕。縏略。絣百猛、布耕。絎下孟。紕符夷。純之〔閏〕、諸尹。○各本「之」字與「諸」字相連，「諸」字又譌作「泊」。考《鄉射禮記》及《曲禮》釋文，純音之閏、諸允二反，諸允與諸尹同音，是今本「之」下脱一字，而「泊尹」爲「諸尹」之譌，今訂正。顮頻。濍亡本，滿。○各本「亡本」二字誤入上文「憫」字下，「本」字又誤作「木」，辨見《疏證》。狠苦昆。逻退。掊步矦。扟所斤。刮古滑。放筆貧。屖古巷。㾵衰。縼隨絹。縻目羈。紖直引。隋大果反。抮顯。盭戾。菲乖。舛傟遠。遣採各。

偭面。嵑逐由反。幏蒙。幎覓。幔莫汗。帲福郢。葺子立、且立二音。𦸇此寢，去〔九〕。𤎫悼。幠呼。𩹸魚記。偁充涉。忦公八、公械。咺火袁。謾蠻。台夷。蛩拱。供恭。佂征音。伀鍾。恎多結。佟冬。遽其去。萲亡咸。𢭏苦懷。拉吻。挸古典。抑子翼。撨嘯。㔋鑑，又音檻。籖七廉。𠛧易斂。鋭役桂。銛纖。抓壯孝。撅厥。𢷎落合。〇當音公八、口八二反，説見《疏證》。搳可瞎。擿恥革。𩓰非音，又匪。飵昨又、似故。鮎女霑，又如甘。唊噉。饐烏困，又於恨。餀五困。滄錯寒。餔逋。啜時月、褚芮。饔士眷。儽六罪、力維。〇各本「罪」、「維」二字竝譌作「羅」。案：《釋訓篇》：「儽餀，疲也。」曹憲音力罪、力追二反，《玉篇》、《廣韻》竝同。力罪與六罪同音，力追與力維同音。今據以訂正。𩟔女革。嬾洛滿。晻烏感。𥶮愛。薈烏鱠。瀧籠。涿陟角。淡落感。浸子禁。瀸作廉。溓廉。漚惡㑀反。〇各本「㑀」譌作「矦」，今訂正。澆計堯。灌口角。滜市倫。沃屋。淙士降。湓蒲悶。淋林。灌觀。灓鸞。渻徒內。瀀憂。浞士角反。踏他帀。蹠只易。踞遥，又曜。踌拂。蹳陟劣。蹶厥。踥勑例。傺恥制。眙恥利。𥓗盈。崪萃。憛他紺。〇各本「紺」譌作「甘」，今訂正。恁稔，又如深。侖淪。仳鼻之。倠許惟。娸欺。婄陪。儓臺。䫌蒲北。𩓋爽，又差丈反。頞丁可。嗚欽危。臛權。睽逵。頦該。顝苦没。䫜欺。諀匹爾。訾子移，又紫。誹福尾。詆嫡禮。詆毁音，即詆謗之詆。今毁乃訓壞。〇案：詆字古通作毁，故《説文》無詆字，必謂詆謗之「詆」不當作「毁」，則泥矣。𨧂思列。鐇甫袁。錇於檢。敤苦果，又口卧。椓卓。鍛短館。椎直追。台夷。抎云粉。戾矢。鋪判逋。嫽了。誂大鳥。透叔。揥帝。〇當讀爲擿，説見《疏證》。嬈祁鳥。戲愁一。歇許謁。謇居免。軋於八。吃棘乞。憖魚靳。逞勑領反。恔校。快可怪反。𪗇耕禮。湑思吕。滰巨仰。潷筆。筰側白。絿士宜、士疑、勑之反。灑子紹、子肖。灑所佳、所飢。澋禄。𤷍苦穢。𤸰喙。𤺊布兮。𤹛子兮。痤坐禾。𤻮在細。𤺺藉禮。猗於綺。痡附俱、付禹。𤻛旋。𤼵步楷。○各本「楷」譌作「揩」，今訂正。𪏮竹律、徵劣。炤彫。了〔一〇〕吉　○「吉」下脱一字。孑居闕。拱俱隴。鈵丙。𢟍普的。朴普卜、普角。𧼮七咨，又步末。屟即，同上音。造七到。蕖渠。猝錯忽反。陠布乎。𡗟胡結。頩普啟。彼化彼草木〔一一〕。敦韋。陂必何。陀大哥。戲羲。偏匹緣。迤亦音陀。哨七笑。哇於家。𣦁策霞。剌落末。隤徒回。𩓥俄。訽〔一二〕鈞儐。誰誰。詒與之。諼許袁。謬靡幼。嘿眉北。屎恥棃。懰力兮。他虎兮。謾莫干。譠託寒。謱達各。詿乖賣。詑湯。蒧恥輦。晐該。餞殘。隸弋至。○各本「弋」譌作「戈」，惟影宋本不譌。俜普經。侹他鼎。挑大了。○各本「大」譌作「夳」，今訂正。豉〔一三〕昌樹。惈果。仡魚乙。𧿒酒六。躓竹利。蹪才他。跐□〔吳〕買，又子爾。○各本「吳」譌作「鼎」。卷一内「跐」字音側賈反，側、吳同音，今據以訂正。堂敞。跙丁戾。踳詩容。蹋大臘反，今人作蹹字，如此失之矣。○各本皆脱「作」字。《釋器》篇「𦝫」字下云：「今世人作鮭字，如此失之。」今據補。黬烏減。惓於劒。𦇿聿醉。悆以去。慌呼晃反。詄徒結。悷逿。詀只屢。栞刊。塌徒盍。疊徒葉。鬌都果。零〔一四〕《廣〔音〕〔韵〕》音洛。

《博雅音》卷三

《釋詁》

偼字獵。佴如志。坒毗利、毗栗。笓毗利。𡍮初宜。惎巨記。恉旨。輸臾。劈先列。朔在安。刕例。菆側流。饋遺。糁去晚。樀摘，又竹厇。擿竹力。摶大丸。粲錯汗。㣾[一五]落汗。彪必鄒。辬班。璘鄰。㾫迫姦。彬福巾。彧於菊。眝户。僆勑達。擷頃。眄介。𥄮古䀶。○「䀶」與「朗」同。《玉篇》「𥄮」音古莽切，《廣韻》音各朗切，竝與古䀶同音。各本「䀶」譌作「恨」，自宋時本已然。故《集韻》、《類篇》「𥄮」字又音居浪切。考《玉篇》、《廣韻》皆無此音，後《釋宫》篇「𥄮，道也」、《釋地》篇「𥄮，池也」，曹憲竝音古䀶反，今據以訂正。炵終。焠卒。傅敷。讙子佳。梱苦本。㚆託歷。刲苦圭。㓷看姑。翬呼韋。翽即恒。翥諸悆，《方言》音曙。翾火仙。翧喧。翷鄰。翃宏。䎙呼麥。翴連。翾吁緣。翋力合。翜大合。鴥聿。翻三六。鑿昨。矞聿述，又市出。欻居月。抇乎没。斛他聊。抉於穴。竄毳，又穿絹。搒彭。撅居月。㛅本作郯，未詳，弋音。擿雉戟。翕虚及。焥哀。煜夷六。熺晞。㥱翡，又芳尾。忒孚。愉以珠。兑度外。僄匹妙。媥篇。娍曰。○各本「曰」譌作「日」，今訂正。傷以豉。仉凡。寘田。葦七佳，又七咨。㙐杜。敜乃結、乃頰。昏下刮。○各本「下刮」譌作「丁列」。《集韻》、《類篇》：「昏，陟列切。」引《廣雅》：「昏，塞也。」陟列與丁列同音，則宋時《廣雅》本已誤。《玉篇》、《廣韻》竝云「昏，下刮切」，今據以訂正。竅干外。晷一活、女刮。礲落東。甈叉佳。○各本「叉」譌作「又」，今訂正。瓻爽。剴五哀。扢古礙、古對。○各本「礙」譌作「擬」，惟影宋本不譌。𥔲研。揩看皆。硐同。

⿰扌雁口淮。鎣胡冥。磃斯。㧜七結。砥止。訋弔。訍丑加。賢羊瑞。惹汝奢、汝灼。⿰言奄女劒〔一六〕。⿰言面〔一七〕女家。拏女家。媱遥。愓陽。嬉虚之。⿰丸力逸。○各本「逸」譌作「浼」，今訂正。契孤八。⿰足長腸。⿺走登務。⿰扌奔布界反。倮巨恭。○各本「恭」譌作「工」，今訂正。倯春。詢呼遘、乎遘、居候三反。剔天歷。⿰忄嬴盈。⿰扌希鄧。擔帶甘。⿸广夔靡皮。䔍普衡。胹而。餁而枕。饎充志。秳酷。酋似流。㮆研。䡅孰。憲案：《説文解字》从丮𦎫，即孰字也，與孰誰之孰無異，唯顧野王《玉篇》孰字加火，未知所出。愋爰。㥞邃。鞮低。㦸革。㤖竹呂，又音佇。○各本脱去又字音，字又譌作「立」，影宋本音字不譌。諝思與、思余。垤徒結。坻直尸。塲傷。蹻虚虐。遴良鎮。㴑師急。○各本「急」譌作「悥」，今訂正。絓口乖。㓉古八。寠瓊。寡寠。惃衮、昆二音。㥸勃。眠迷殿。愮遥。攖嬰。撓乃飽、乃孝。圂乎困。攪古巧。緼於昆、於粉。惷嗔允。妄望。怓女交。憒古每。蹇蹇。妯抽。獿奴絞、乎絞。○各本「奴」譌作「叔」，今訂正。獪柯邁。躁作誥，竈。逴勑角，一音卓。○各本脱「音」字，今補。綦巨基。⿰虍卓勑角。⿰虍皮布可。踦居綺。⿰虍奄烏感、烏含、烏洽三反。衙乎麵。○各本「麵」皆作「典」。考《玉篇》、《廣韻》、《集韻》、《類篇》「衙」字俱無乎典之音，後《釋言》篇「衙」音乎麵反，衙與衙同，今據以訂正。詅力政。賑居。賣麥嫁反。彙謂。穜種。疙居乙、魚乙。騃魚駭。○各本「駭」譌作「該」，今訂正。惛昏。誖蒲没。胥旨升。𥃝莫鄧。瘍易。愓揚，一本作傷。矯居夭。揉而手。○各本「手」譌作「毛」，惟影宋本、皇甫本不譌。侹達鼎。煖暖。㸎女涉。炳奴本。曣於見。燃乃見。暍於曷。㬮乃旦、乃達。燠於菊。燂潛。㶷奴管。比侹上鼻，下大鼎。○各本「鼎」譌作「鼻」，惟影宋本不譌。佽次。跲劫。遞狄邐。迭狄頡。鋡含。龕堪。盛平聲。氾敷劍。醃滿。洼烏蛙、㡟家反。瀾刿。濩乎郭。匋桃。○各本「桃」譌作「挑」，今訂正。奮歡。譁五瓜。○各本「五」譌作「一」。《方言》：「蔿、譌、譁、涅，化也。」「譁」音五瓜反。《廣雅・釋言》：「蔿、譌，譁也。」「譁」亦音五瓜反。今據以訂正。蔿于彼。匕化。釐力移。孳茲。○各本「茲」譌作「慈」，今訂正。健輦。顥緜。孌也上山患反。撊下板。梗介猛。艘以證。庇不異。寓儀注。侂託。害乎割。○各本「乎割」二字誤入下文「曷」字下。案：「害」有二音：音乎蓋反者，訓爲傷；音乎割反者，訓爲何。《廣雅》訓害爲何，故以乎割反別之；若「曷」字則不煩音釋。今訂正。刊可寒。剟竹劣。刌力活。剽匹妙。剗楚簡。劉獵。炅桂。○各本「桂」譌作「柱」，惟影宋本、皇甫本不譌。覩古刀。孱士眷、士免。○各本「眷」譌作「春」，今訂正。覢式冉。寥聊。呐乃頰。乞乙八。繆力彫。崝士耕。嵤宏。洿烏。篠天了。掊步矦。雛力救。秝歷。擐乎慢、官〔患〕。○「官」下脱一字，《玉篇》「擐」音胡慢、公患二切。藨麗。壓㡟匣。搏團。著丈略。頪俱遺反。圜還。圓旋。梋沿。圌市宜。壤而養。堁苦卧。堅於奚。坌普寸，又步頓。塺磨。○各本「磨」下竝云「恐埋字」，此校書者所記，謂「磨」字恐是「埋」字之譌耳。蓋俗讀塵塺之塺，聲如埋，故以爲當音埋；不知塺音莫卧、莫杯二反，入過、灰二韻，埋音莫皆反，入皆韻，今删。抹末。坺步葛。詇於敬、於兩。謸烏到。䁠乃 尼 ○「乃」下、「尼」下各脱一字。《玉篇》「䁠」音乃經、乃定二切。諅忌。摭直利，《説文》直二。𦳝亡殄、亡安。儓臺。亢抗。聳竦，《方言》音雙講。睟宰。矙五八。眩宏。聵五怪。縳篆。緯韋貴、韋鬼。梱苦本。檀之善。繃布耕。縺袞。揳下結。圂苦本。摎九流。輹福。咯落。繶憶。絯該。棄古典。暟凱。譩於計。謕狄麗。諟帝。緡亡巾。戲許寄。担亶。撘竹略。扚竹歷。打鼎。拋片交。捬布音，又普乎。抰於兩。抶恥栗。撆芳舌、普結。𢭏者。𢸖步結、普奚。摬影。拍普柏。揔苦忽。挘步必。摽孚堯、怖交二反。擈普角、步角。𢫕忘革。𥳑臂。○各本「臂」譌作「殿」，今訂正。搒彭。挨烏駭。敋格。批普迷。𢭃布后。攄虛。捸他得。𢫬吁縣。揊普力。敤口果。○各本「果」譌作「呆」，辨見《疏證》。敂口。擜五葛。敢索董。𢷾許義。○各本「義」譌作「美」，今訂正。拊方主、芳主。摵所革。捭布蟹。攷考。擊口弔。攩幌。弢弼。𢻫口餓、火可。擽歷。摷勞。𢸶山育。掔郤閑、郤賢。搉苦學。淟他典。涊那典。溾烏回。涹烏禾。澣乎管。洿烏。淖孃教。淈古没。澳於六。濊穢，火末。淰詠感。溷乎困反。匍蒲。竣七旬。跧壯拳。厭於甲。○當音厭足之厭，說見《疏證》。㥦苦挾。喊呼感。○各本「呼」譌作「乎」，今訂正。哿古我。侻他括。錭桃。鈯大兀。但度滿。○「但」本作「但」，音癉疸之疸，說見《疏證》〔一八〕。拙織厥。欷許記。唴去亮。喨亮。胺烏葛。○各本「葛」譌作「臈」，今訂正。鯘諸每。黪七敢。黴眉。漫莫旦。穮每。姎央。婄敷九。腐父。㱙朽。㡀敝。媡〔一九〕來旦。贅只歲。訛匹夷。○各本「夷」譌作「荑」，今訂正。效教。罕丘殄。牭四。侄質，又多結反。愊符逼。佷乎懇。窊乎化。夾古匣。擠子詣。抵丁禮。㧒戎。橦直龍。頪遶。輝魂。䡖抗。轎奇廟、奇朝。䡈五浪。轂苦大。姘靜。㺑山減。涂塗。娉聘。掕落登，又陵。○此言「掕」音落登反，又音陵也。影宋本以下「又」字譌作「又」，郎本遂改爲「義」，謬甚，今訂正。竣此循。綝恥林。処昌汝反。憲案：《說文解字》從夂几。○各本「昌」譌作「曷」，「夂」譌作「文」，影宋本惟「昌」字不譌。咹遏，又音稱案。○各本「又」譌作「口」，今訂正。「案」上不當有「稱」字，未審何字之譌〔二〇〕。跱直李。○各本「直」譌作「宜」，今訂正。棖雉庚。渟亭。懫質。趩畢。躓蠶，又音所甘。○各本「又」譌作「口」，今訂正。抳女几、女禮。𩥇煩。駤致。䠧徒加。券羌萬。𩇯烏孔。䵜奴孔。錁乎果。矮委。㤥口才。䊦棄。絣郱。辡莘。𡚑浮。𢽟之豉。䟤丁含。䔿祖本。○各本「本」譌作「木」，今訂正。䔿大丸。㚇走公。𡨚浚。𣽋湊。贅織芮。洿緦上烏，下思。翕許及。輸始朱。聚慈愈。㦸慈頡。撥博葛。繕時扇。竘口。捲權。摇亦咲反。○各本此三字誤入正文，辨見《疏證》。蹴子六。緀居件。○各本「居」譌作「启」，今訂正。㵕子就。○各本「就」譌作「訧」，今訂正。㾪子笑。綰彎板。挆抽音。憲案：即抽字也。緛而兖。贅紙袂。憍嬌。怚子絮。慢麥澗。傷余賜。昀無巾。㺜矦。○各本「矦」譌作「俟」，辨見《疏證》。㾓素高、色鄒。譞呼縣。○各本「呼」譌作「乎」，惟影宋本、皇甫本不譌，下「呼詻」同。詷呼詻。匃各末。拊拂舞。絿求。募暮。陶桃。埽素考。擎步干。摒必政。筱婢緜。㧌呼高。撥博葛。蹲存。跠夷。㢊夷。歛呼濫、呼甘。○各本「甘」作「㰟」，因「歛」、「钦」二字而誤，今訂正。钦居乙。匃葛。詥於劒。裨浮夷。气去乙。闕口決。霝零。𠬗天鼎。䍐冷。窫呼穴。繆寮。豁火活。㚷乃挾。○各本「乃」譌作「仍」，今訂正。邸邸〔二一〕。窾款。甹由。賈莫救。○各本「救」譌作「故」，今訂正。施失異反。詨火教。敫亦豉。挼所鄒。卉吁尾。沚塈。沚止。魁苦迴。摡許既。㤅去牛。齰士白。齺士角。齮五綺。齕乎謁。齣士乙。齦苦限。齵欺。齝邸牙。齘丁皆、多來。䶩竹加。齚士滑。咥狄頡。齩五巧。啄陟學。隉乎簡。搴蹇。夭於表。挬蒲骨。揠於八。擢濁。踚藥。抍蒸之上聲。鋪浦乎。○各本「乎」譌作「手」，今訂正。𢿱散。㪤麗，《説文》李衣。㭊片乎。捘作爲，又子寸，又子迴。○各本上「又」字譌作「文」，今訂正。擪於涉、乙甲。攤乃旦。攄譏去。按安去〔二二〕。掫壯后。焱然。（絃）〔弦〕呼縣，今人以爲「乎烟」，失之矣。凡弓弩琴瑟弦皆從弓。○各本「弦」譌作「絃」，今訂正。歉苦簟。堇謹。○當讀爲僅，説見《疏證》。媘生景。屆楚立。层丈立，又音雉立。○各本「又」譌作「口」，今訂正。屯陟倫。驙知焉。蹇蹇。訒刃。赾謹。憎增。懹人尚。遴閶慎。諄之閏。○各本「閏」譌作「問」，今訂正。訧尤。蘖御別。蹙子六。揖而容。报初匣。拼蒸之上聲。擡古會。餅心井。○「餅」當爲「餅」。餅與飯同，説見《疏證》。餌耳意。○各本「意」譌作「音」，今訂正。軞恥敬。贓眉。閒覗上孤限，下司。粱卬。矇蒙。睃蘇苟。蔚慰。縟辱。劬其俱。驟仕究。○各本「仕究」譌作「在九」，又誤入「劬」字下，今訂正。婞姑。偷偷。撮錯括。搤烏革。操錯高。捦琴。搞戹。拈念甜。搄而鹽。掫鄒之上聲。蒦於縛、居博、於號。攕獵。齎子兮。啜時月。嚌在細。啐倉快。批子尒、子米。掋岳。嶢嶢。搣揹上滅，下且定。捽旬律。挅都果。臾臾甫。○各本「臾」譌作「央」，今訂正。斠旳。斛角。綷子代。棚步宏，又負萌。樺苟八。䃸子田。彼古彼。濘寧定。妠奴闇。印於信反。毖祕。比比方之比，一鄰比之比。○各本「方」譌作「木」，今訂正。忊古亥反，又改音。婞幸。軼逸。○各本「逸」字誤入正文，辨見《疏證》。悛七緣。懌亦。譁革。

哤失氈，又以戰。送企。皷之善。熳晚。涣唤。㒈乎圭。陏火甫。彌弥。遟遲。腆土典。○各本「土」譌作「中」，卷一內「腆，美也」，曹憲音土典反，今據以訂正。慗度會。匿土勒。虘虐。訧尤。憋俾刿、芳刿。○各本「俾」譌作「埤」，今訂正。讟讀。愀才周。鉗奇炎。憚大汗。疲拂飯。痓叱至。羸力追。貉麥。僌三盍、索合。俠爽。憒烏外。孱士虔，又士簡。𦊆乎孝。論曜。詄逸。捝奪。○各本「奪」字誤入正文，辨見《疏證》。誎賚。

詿布兮。詿卦。訂田鼎。準准。廷于放。○此音誤，辨見《疏證》〔二三〕。枰平命。捭布買。掹充野。坼勑格，疑即　字也。○「疑即」下脱一字〔二四〕，各本「勑格」二字誤在「疑即」下，今訂正。闢辟。闖爲靡。閶苦每。○各本「苦」譌作「古」，今訂正。㛗谷。娕速。嬖躄。○各本「躄」譌作「壁」，《集韻》、《類篇》「嬖」音躄，又音壁，引《廣雅》「嬖㪟，歺也」，則所見已是誤本。考《玉篇》、《廣韻》「嬖」字皆無壁音，卷一内「嬖㪟，極也」，曹憲音躄，今據以訂正。㪟析。殙昏。殯方問。歺五葛。儐賓音。○各本無「音」字，影宋本有。竘口。妖倚嬈。婾偷。躔馳輦。踈匹迹〔二五〕。迒乎郎。嶂之隴。轍子龍。鏗直危。㡪鼎。鏷腆。紉女珍。紉切。

《博雅音》卷四

《釋詁》

措錯故。弛失旨反。寘摯。㲋即古文置也。鉒霔。署辰豫。斡意括。𢺵短。逌育。敃尹豉。○各本「尹」譌作「丑」，惟影宋本不譌。掍毗。甾㚖儀。○各本「㚖」譌作「旲」，今訂正。扲鉗。紬直留。贅旨歲。嘆亡各。䩻烏革。餒奴罪。戔殘。瘌力達。㓷寄衛反，《字林》音邱許〔二六〕。凋多聊反。憲案：《説文解字》凋落，凋字從仌；雕刻，雕字從彡；雕鷲，雕字從隹。○各本脱「彡」、「雕」二字，今補。痍夷。㪟卓。搳大結。擿池戟反，今人以爲摘箠字如此，失之。○各本脱「失之」二字，今補。詼苦迴。啁竹交。譀乎濫。○各本「乎」譌作

「呼」，今訂正。諴咸。譺魚記。調達弔。闟流。靳謹。鉥口音無誅〔二七〕。敎汝。䈇竹革。䅲耻知。䵒日。黏女霑。眥訾。○影宋本以下「訾」譌作「眥」，與正文相複，郎本改作「資」，尤非。資音即夷反，入《六脂》，眥、訾竝音即移反，入《五支》，今訂正。敔魚與。殶多感。僷葉。甓必益。褔之涉。冤於袁。桂於冈。鲞俱萬。袷古狹。絼以豉。復復。○各本脱去「復」字，「復」字又誤入正文，辨見《疏證》。重直用。蚼斐，又曾骨。昕許斤。昞丙。較角。㸒淫。炤照。燿耀。囧古丙。烜咺。晃晃。僤達汗。彰落汗。豼郯夷。睪亦。怈曳。晣制。昱夷六。晤悞。的的。旭勖，又忽老。焞他魂。閭看每。粲錯汗。烓烏攜、烏缺、圭惠、口井四音。瀙錯定。洞乎茗。淬七碎。惲於汶。咢宣。逡七循。揢無巾。襮博。锜邱知。羸力果。裎呈。窌灑，又普孝。墊多念。庰必整。宷保。揞阿感。摌弃。寥歷。黀麗。紞拙上大河，下夷細。讖楚譖。譣魚殮反，又魚劒反，今人以馬旁驗字爲證譣，失之矣。締第。緆骨。嬸撟。赳糾。○各本脱去「赳」字，「糾」字又誤入正文，辨見《疏證》。娌里。遺遺與之遺。攄勑魚。摛勑離。雩芋。掜五禮。獪瓜邁。猾滑。獿奴牢。繆奴絞、乎絞。婠初洽。愶脅。恇匡。恗看孤。怯去刼。嬗十扇。娙五丁。娭熙。㬥己足。綴陟月。掍混。黮勑感、都甚。䶩龙。聰錯公。聆郎丁。瞟匹照。瞭七祭。瞑馬年。抐而袂。揾於粉。搙奴搆。擩而主。○各本脱去「擩」字，「而主」二字誤入正文，又譌作「插拄」，辨見《疏證》。諜乎啟、呼介。○各本「呼介」二字誤入下文「詬」字下，「呼」字又誤作「乎」，今訂正。諱乎孟。吪吾禾。誧普乎。証征。諭論。譔助轉。趌户格。趚山格。僵薑。悜吁請。痳耻律。瘨丁田。姰旬音，又音〔二八〕。瘹弔。僪巨出。猘古制〔二九〕。獟五校。倀長。訂田鼎。倗朋，又普等。粃彼、比俱得。⿰鬼疑牛志。㬥俱録。綄緩。繚了。紿待。縶酌。邌禮兮。⿱宀冓古候。昒勿。晻烏感。⿱毛忽忽。寣忽。⿱宀吾即寤字。梗梗。倚於綺。蒔時志。隑巨代。弃棄，即古文企字。愇瑋。⿰忄象乎佳。⿰忄采采。忦介，又公八。懟直耒。憾乎淡。很很。⿰阝巳限。⿺辶尃等上都奐，又端。⿰王困巨殞。砡牛六。⿰女岸魚淺。嫧楚革。珿楚角。洒思禮。⿰言章之閏。〇各本「閏」譌作「閨」，今訂正。㤥下代。勩曳。癉多賀。礦孤猛。鞼巨位。恮且全、子眷。悈居力。忦五介。〇各本脱去「忦」字，「五介」二字又誤入「悈」字下，辨見《疏證》。慬謹。勬眷。劼公八。⿰骨力苦没。仂力，又勒。⿱毛毳毳。⿰衤襄而羊。祰公老、公篤。⿰衤壽禱。賕求。砰普耕。磅普行。砿宏。磕苦大。磬形。硠力當、力蕩。砏普斤。磤隱。鎶苦萌。鎗測庚。〇各本「測」譌作「側」，今訂正。鍠横。錚楚耕。玲呂丁。嘈曹。咂昨末。〇各本「末」譌作「未」，今訂正。⿰風胃謂。飂流。⿰風遂必昭。⿰風忽忽。⿰風戌呼律。⿰風戉呼越。⿰風肅思六。飉遼。颸楚飢。飀逐畱。⿰風必步力。繕膳。緻致。衲納。鞔亡干。靪 珽。〇「珽」上脱一字，《玉篇》「靪」音丁泠切〔三〇〕。絅辭。茵丈例。鞷五革。⿰革兑兑。罬卓。⿰扌禱擣。溘苦合。仛託。⿰糸忽忽。紗 少〇「少」上脱一字，《集韻》、《類篇》「紗」弭沼切，微也。系覓。⿰糸丙蔑。⿱髟付付。鬢邱位。⿱髟采且代。髽側瓜。⿱髟介案《説文》即籀文髻字也。敦韋。軭匡。弧乎。咈佛。抮顯。佷很。纚麗。⿰犭翏奴絞。⿰犭要遶。狡絞。訬士交。毚讒。辟浦壁。〇各本「浦壁」二字誤入下文「片」字下，今訂正。胖判。斞俱。妁酌。些先計。威，滅也。威，翾悦反。恬大嫌。倓大濫，又達甘。憺徒敢、徒濫。怕普白。怗他頰、都簟。蓦莫。⿰土内乃頰。龔力恭。覞乎的。攙士銜。捈塗。剡琰音。今會稽有剡縣，音舌染反，未知此音出何文字〔三二〕。鐵子廉。拔博末。榜彭。臿初洽。瑳祚何。帥敷穢。暘蕩。鑿子洛。捶之棨。奮丁老。橐楚芮。碏沓。舂失鍾。巉士衫。巘五銜。崟吟。巑在丸。嶕辭焦。嶢堯。阢兀。嵬牛迴、牛尾。顤堯。顤五高。嶚遼。巢巢。陗且咲。挑七消。亢苦浪。喬橋。○影宋本「橋」作「撟」，乃隸書之譌；各本又譌作「撟」，今訂正。崒子恤反。叡下邁。侑又。撣檀。○各本「檀」譌作「擅」，今訂正。剄乙牙。剄古鼎。剾烏矦。

剷頭。削淵。剜烏桓。妊壬。娠振身。嫋壯救。身身。偁稱之平聲。獘獘。○獘，俗獘字。曹憲每用俗字爲音，取其易曉也。各本「獘」作「獘」，與正文相複。《釋器》篇：「箳，䈴也。」曹憲音獘，今據以訂正。繩繩。與輿。○各本「輿」下有「疑」字，乃校書者所記，今刪。兒陌豹。庡所留。屖古巷。差楚儀反。頼規。殁没。揄以珠。酺薄乎、薄故。醵巨略。吸許急。洱弭。趠卓。撥逋末。焠卒。護護。犍謹。穠聾。稀輔。稌浮問。秾頰。穧在細。礴遘。礿的。輝魂。般班。觪才兀。勡步器。誙莖。摹莫乎。剫烏角。瀀憂。低都犁。弛失以反。倈來。伸申。佻鳥。絓乎卦。韞蘊。裝莊。幰於問。撊田。箋戔。表表。敇勑。標必饒。諫七賜。檄乎歷。書書。餑勃。饐息。跳道。趹烏老。剿魚既。刵耳志。檢撿。夌陵。衄女六。紫醉棨。鉎壬。幰於問。鞶卷。粈女又。踦居綺。隒檢。冒墨。搪唐。敳長庚。揬突。歉口陷。穴救。爀子栗。夷燼。熛遭。炪因者。熝烏高。熅恩。煨烏回。㷓呼勿。熅於云。歕普頓。噒孚萬。咽巨娟。哯乎典。吻鈞峻。哊有六。欲其表。歐於苟。設許角。埳苦敢。隂仕陷。臧口減。懠在細。慅草。庬亡江、亡項。蔫於然。菸於去。矮於危。葱於元。鐘是聞。輖周。鞶竹利。齝敵。嵩橋。埤必耳。 䏭耻敬。 郰尤。 驛譯。

《博雅音》卷五

《釋言》〔三二〕

鼏覓。 幔莫汗。 罯淹。 ○當音奄，説見《疏證》。 靦耻敬反，亦爲「靦莊」之靦，似政反。 耻敬則「召靦」之靦也。今多云靦師僧，則其（子）〔字〕矣。 ○各本「莊」譌作「在」。「莊」字俗書作「荘」，故譌而爲「在」。「耻敬則召靦之靦也」，各本「敬」上脱「耻」字，「敬」下衍「疑」字，「召」字又譌作「屈」，今俱訂正。 差誘。 搵烏没、烏困。 抐奴没。 擩而專，《周禮》「六曰擩祭」。 娋索教。 訡於禮。 諴咸。 謷五牢、五交。 鞁軍。 散昔。 䀛錯古。 摵乎感。 揣測委、丁果。 掣拂。 剄卓。 蘅音衡。 鬺傷。 飪任。 瀉悉也。 糗去久。 麨叱少。 夗苑。 專轉。 ○各本「轉」字誤入正文，辨見《疏證》。 泚千禮。 濈才代，又音賊。 譀乎闇。 鄉許養反。 愇瑋。 闃乎絳，又乎貢。 陬側矦反。 柧孤。 棱力曾。 晐咸上古來反。 燀爨上闡音，下如字。 譸寧定。 挀溥麥。 㥲徒落。 忞乂。 愩工。 廩稟。 磆的。 沰託。 磓對回。 渮歌。 漮唐。 淖女孝。 臄渠。 蔿花。 譌五戈。 譁五瓜。 跧莊 ○「莊」下脱一字〔三三〕，各本「莊」字誤入正文，辨見《疏證》。 晷茗。 晴七挺。 謓齒真反，今人作嗔字如此，失之。 ○各本「嗔」譌作「息」，又脱去「字」字，今訂正。 霠含。 霫士林。 恑古彼。 攋賴。 隻逵。 癘才尹。 㾕辞翦。 ○各本「翦」譌作「箭」，今訂正。 蛘音養。 趲作滿，正音作但。 猲弋藥。 虘在何。 緋布兮。 餫運。 著張慮反。 趽方。 跰巨追。

𨅬他達。○各本「他」皆作「俱」，此因上文「竝，偕，俱也」而誤，今訂正。謦苦鼎。剸穫上才彫，下乎郭。詆底。懟直類。○各本「直」譌作「止」，今訂正。諫七賜反。錫苦莖。摐楚江。稙陟。譔士眷、此專反。頪雷對。誎促。督篤。穀奴口。禔大兮。駆馳上素合。抵觸上嫡禮。籭米。○各本「米」作「寐」，此因正文「籭」字而誤。《集韻》、《類篇》「籭」又音寐，引《廣雅》「籭，厭也」，則所見已是誤本。案：《說文》「籭」字從米得聲，《玉篇》、《廣韻》竝音米，不音寐，《西山經》及《莊子·天運》篇作眯，郭璞、李軌亦音米，今據以訂正。䆒丁念、丁頰。齎子兮。僞言上魚軌。遝待合。緯于鬼○各本「于」譌作「丁」，惟影宋本、皇甫本不譌。痎古來。痁失占。瘧虐。○各本「虐」譌作「瘧」，今訂正。痺步。癧路。痞否。痦普來。疕匹弭。痂加。竈作告。僞魚美。噴浦悶。愈夷主。攍盈。屖總上西，下思〔三四〕。覓導。睽恥林。貰世，又常夜。賜詭 ○「詭」下脫一字，《廣韻》「賜」音詭僞切。賭都古。挂卦。埶〔三五〕再。伶力政。擘古萬〔三六〕。嶠邱遥。誺力代。宜也上宜。滲色譖。媵淩。仌祕憑。蹪徒迴。疐陟利。駔在古反、在朗反。會古外。焠村對。竪古現。趨楚師。摎流。捋落末。摻索減。毖必寄。又　家。○「家」上脫一字〔三七〕。括居滑。擂抽。妊任。娠織刃，疑即身也。屎年弔。浚所流。漂匹照。蹷古越。踶徒計。跌徒結。蹶古越。墉織允。扒八。擘班格。抵丁禮。畣多合，今人以「荅」字爲「對畣」，失之矣。○各本「畣」譌作「荅」，又脫去「之」字，今訂正。又案：《說文》無畣字，古但作荅，非後人之失也。鬗才荷。沾天恬，今人以「沾」爲「霑」盬知反字，失之矣。○各本「沾」、「霑」二字互譌，又脫去「以」字、「知盬反」三字，又誤入音內正文，今訂正。抍蒸之上聲。陞升。溱湊。譽遷。培片回。慘錯感。愒苦大。憚大汗。潎匹照。叜更。亯響。嶢堯。趉渠屈。儭親刃。姣古卯。將七將。捐元。○脱上一字〔三八〕。覂付奉。唵乙感。啐倉末、倉快。歃所夾。傎顛。怕片麥。袧口豆。穽辭政。鈔策教。褿曹。犳逸。𢼄丁禮。脰豆。喑於含、於今。唶子夜。嗷古弔。嘹了〔弔〕。○案：《玉篇》、《廣韻》、《集韻》、《類篇》「嘹」字皆不音了，音內「了」字當是「了弔」二字之脱文，前卷二内「嗷嘹，鳴也」，「嘹」音力弔反，是其證。䡊敵。礙五代。腒巨居。偬七來。嫭也〔三九〕上子庶反。○各本脱去「上」字，其「子庶反」三字遂疑入「嫭」字下。今據影宋本訂正，下「素乎反」同。嫮互。嫪力高、力到。穌也上素乎反。逪錯音。○各本「音」譌作「二」，今訂正。这交。普潘户。操七高。𠈣迴過。㓷在堯。刟彫。樘丈盲、達郎。閡五代。鐫醉全、醉兖。𥇣吴權。瞸虚葉。剿子紹。剾烏鉤。𠝏頭。諟庶子。是疑上字即是「是」也，《書》曰「先王顧諟」。僾愛。轔力鎮。轢歷。謶之若。憤符粉反。鐮古點。嘰祈。○各本脱去「嘰」字，「祈」字又誤入正文，辨見《疏證》。傃素。𨁹浦迷，又音普計，正音。○謂「𨁹」字正音普計反，又音浦迷反也。各本「又」譌作「口」，今訂正。篇内「又」字多有譌作「口」者，皆隨條改正，不復覶縷。踦車美〔四〇〕。摑乎本。拑巨炎。隑恐代。陭於靡。悟誤。鐰七嬌。燥素皓。瀐魚別。囮〔四一〕由。○當音譌，辨見《疏證》。䌛由。拼布莖。購古候。絜缺上苦結。○各本「苦」譌作「若」，今訂正。臎翠。𠐿力計，即儷。○各本「儷」皆作「麗」，惟影宋本作「儷」。扶蒲滿。庳婢。綢他高。跑步卓。妨訪。娉聘。県古堯。磔丁格。辟符役。墾苦很。過禍。俚吏、里二音。𩪭奇。煨隈。涑素矦。絜苦計。劙乎圭反。剈烏涓。○各本「涓」譌作「俏」，今訂正。刲苦攜反。剅多矦。抅鉤，又圭音。謯嗟。䛔禄。踖藉。漱所救。潠遜。譜普。○各本「普」譌作「譜」，今訂正。懔栗。辟匹亦。誇譈上苦瓜反。牴多禮反。貳女史〔四二〕。狖然。掘渠勿。葸〔四三〕𡚸。姤遘，又音后。○各本「又」字譌作「古」，又錯在「遘」字上；「又」譌作「口」，故復譌而爲「古」，今訂正。憒責。筡塗，又恥於反。薮莫老。葆保。誔挺。扼乃罪〔四四〕。摘擿。蔿花。譌五瓜。䜌力捐。善膳字，夸嫸之善。纔才。暫去〔四五〕。晐古孩。䠖夷。蹲存。諳烏甘。押匣，又烏甲。軋烏八。孳兹。紐尼手。㠯以。荄古來。僐膳。佼交。𥨧想上莫洞反，今人以夢爲𥨧，失之矣。○各本脱「爲」字，今補。遣錯。𤸎愚。疣尤。詅力政，令。衙乎麵。○各本「乎」譌作「呼」，今訂正。匌苦合。懲衞。寱詣。慌荒晃。嬈苛上泥了反，下河。媟薛。嬻讀。痔於綺。鉯正音竹涉反。鉆正音巨炎反。嫜姑。榷角。胥口戾反。詤呼晃反。𠏉子漻。圿古穴。嗟知栗。咄都没。蠹蠧。胯枯。訛五戈。刓五丸。櫱宜〔别〕〔列〕，《書》曰「天作櫱也」。○各本「天作櫱也」四字誤入下「菑」字音内，又脱去「書曰」二字，今訂正。「櫱」，各本皆作「孽」，惟影宋本作「櫱」。菑阻師，疑爲灾音。尯去僞。將子良。捉魚禮。諀匹爾反。訾紫，又子弟反。剺力沓，又音犂。䔩力沓。瘱乎計。瘲足用。嗺慈欒。懾之葉反。嬾力但，又音魯滿反。䚄懈。欨呼虞。○各本「呼」譌作「乎」，今訂正。歔許戾。棓婆講。剺力達反。㻌研。䡾力達反。㸏靡宜，又音無悲。瘷力代。癘例。抾力劫。挹於立。雹步角。窖古皃反。璧璧。○各本「璧」譌作「壁」，今訂正。㾯隆。𤺺伏富。㾕諶。訳支。謂也有本作「只，詞也」〔四六〕。屎勑吏，又音絺。餕於北反，又音烏克。○各本「北」譌作「此」，惟影宋本不譌。餶於結。抵〔四七〕紙音。○各本「紙」上有「只」字，蓋因上文「只，詞也」而衍，今删。咀嗺上慈與，下慈藥。渫思熱反，《説文》相別反。餎格。剶止善反，又音鋤限。像蕩。衄女六。噞儼，又音魚淹反。喁五恭反。攘去焉。崽子上所佳反，又音犾。○各本「佳」譌作「隹」，今訂正。祅於嬌。妖於表。鍻旻。俾俾。○各本「俾」譌作「卑」，今訂正。肬尤。潒蕩。蟟了。蟜巨小。痹必異。瘀直慮。尰時勇。雓而絹，又音而緣。○各本「緣」下衍「音」字，今删。雡灑。娭哀。

炫可拜。鐮廉。柧孤。

《博雅音》卷六

《釋訓》

洞洞同董。誾誾魚斤反。○各本「反」皆作「切」，此後人所改，説見卷二「(尻)〔尻〕，古魚反」下，後皆放此。毚毚所革反。峣峣堯。鯢鯢魚刿反。旭旭兀。虩虩所革反。㲦㲦翦。勍勍巨京反。仡仡魚乙。矍矍許縛。昒昒亡内、亡八。眈眈多含。䜶䜶蠻之上〔聲〕。晚晚莫限。瞀瞀粁。脈脈亡革。䀌䀌呼恬。睊睊公縣。綫綫因淺、治善。○各本「善」作「羡」，因正文「綫」字而誤，今訂正。繟繟闡。扏扏求。嘔嘔烏侯。嗎嗎許連。怎怎欯欯上許氣，下許一。埶埶至。唏唏虚几、虚冀。吙吙呼可。○各本「呼可」譌作「乎下」，「下」字因下文「火下」而譌，今訂正。啁啁火下。呵呵虚多。訌訌口。啞啞於百。慅慅草。㤝㤝於栭、於流。慺慺彤。栔栔挈。崛崛古兀、呼兀二反。怛怛多達。巘巘五葛反。嶄嶄讒。阢阢兀。嵬嵬牛回、牛尾二反。岌岌魚及。圪圪五乙。雱雱普充。瀌瀌彼苗。○各本此下正文有「雪雪」二字，乃「雪也」之譌。曹憲音有「林」字，乃因下文「林」字而衍，辨見《疏證》。霅霅素合、徒甲二反。霫霫士林。渢渢小篤。湒湒子立。隰隰林。霠霠落。雭雭丑入。霫霫先入。霿霿蒙。霤霤狄。颼颼所畱。飂飂畱。飉飉遼。瀏瀏畱。囊囊而羊。𩆝𩆝奴容、奴冬二反。湛湛直減、牒琰反。泥泥那禮，今人以此爲「埿，那低」，失之。〇各本「那低」二字誤入音內正文，今訂正。又案：《說文》無埿字，古但作泥，非後人之失也。渾渾魂。顥顥暠。粢粢而審。嫋嫋那鳥。娟娟如琰，又乃點。〇各本「又」皆作「切」，此因「又」字譌作「反」，後人遂改「反」爲「切」耳，今訂正。詪詪古很。豈豈魚斤。詻詻額。譆譆呼氣、呼几二反。〇各本「呼氣」之「呼」譌作「乎」，今訂正。譊譊女交。慛慛才回。暭暭皋。曤曤鶴。𣋡𣋡字爵。窱窱眺。痑痑吐安、吐案、吐佐三反。騑騑妃。傫傫力罪、力追二反。伋伋急。倠倠其往。勮其去。亹亹尾。拳拳卷權。悾悾控。殼殼苦角。懇懇苦很反。〇各本「很」譌作「艮」，今訂正。斷斷都玩。翸翸匹人。翃翃宏。翩翩匹延。薨薨火宏。翽翽火外。䎕䎕火宏。翾翾呼鞭。〇各本「呼」譌作「乎」，惟影宋本、皇甫本不譌。翲翲匹饒。翓翓曳。䎘䎘肅。翂翂紛。翬翬暉。翓翓火元。煌煌皇。煟煟謂。倏倏叔。炯炯公迥。熒熒乎扃。〇各本「扃」譌作「扁」，今訂正。晻晻烏感。娗娗大丁、唐鼎。彧彧於鞠。嬛嬛淵。媉媉渥。夭夭於苗。偞偞丑葉。駓駓步悲。颿颿扶嚴、扶泛。飍飍香幽、必幽反（四八）。駫駫古永。趽趽方孟。傱傱先拱。蹡蹡七羊反。馥馥伏。馞馞步没。馦馦呼廉。馣馣烏含。馛馛步葛。馝馝匹結。馡馡拂非。䭲䭲設。眐眐征。跂跂企，又巨支。遙遙遥。施施余　〇「余」下脱一字（四九）。奕奕亦。趫趫去遥。𢓊𢓊夷。儦儦必嬌。趞趞錯。趿趿且及。踥踥七葉。幢幢處鐘。嫛嫛枅。○各本「枅」字誤入正文，又誤作「拌拌」二字，辨見《疏證》。偓偓丈尸。○各本「尸」譌作「尺」，惟影宋本、皇甫本不譌。腜腜梅。𦢊𦢊如掌。𥄉𥄉呼計。𦡔𦡔呼典。泡泡白交、普交。淘淘陶。○當讀爲滔，說見《疏證》。洋洋陽。○各本「陽」字誤入正文，又衍作「陽陽」二字，辨見《疏證》。洹洹丸。湯湯傷。泱泱於薑。湝湝諧。潒潒蕩。㬻㬻于密。浪浪郎。油油由。泧泧許活。滮滮蒲彪。汎汎扶弓。○各本「扶弓」二字誤入正文內，又誤作「𢁇𢁇」二字，辨見《疏證》。氾氾孚劍。○各本脫去「氾氾」二字，「孚」字又譌作「扶」，辨見《疏證》。軯軯苦莖。硠硠郎，又力蕩。堭堭皇。芘芘邪禮。菶菶布孔。芊芊千。芾芾不味。薿薿擬。淠淠匹制。茀茀弗。媄媄於苗。幪幪莫 ○「莫」下脫一字〔五〇〕，各本「莫」字誤入正文，又衍作「莫莫」二字，辨見《疏證》。薱薱徒內。蓩蓩亡豆、亡老。葆葆保。茻茻莽。歁歁大含、大感二反。藹藹鏤鏤上音曖，下音不祅。○各本「下音」之「音」譌作「二」，今訂正。藐藐亡角。煒煒韋鬼。鐬鐬呼會。騤騤逵。僔僔尊本。伓伓芬悲。逯逯鹿、録二音。嘽嘽他安反。滻滻產。噳噳虞羽。呦呦於虯。喓喓烏梟。○各本「烏」譌作「鳥」，今訂正。罌罌烏耕。唶唶側格。嘖嘖責。嚖嚖呼惠。輷輷呼紘。轞轞艦。丁丁竹耕。鼘鼘淵。𨏙𨏙隱。韸韸蓬。橐橐託。轔轔鄰。混混沌沌上乎悃，下大悃。烟烟因。煴煴於分。睢睢隹。盱盱吁。衯衯紛。憒憒憒。怴怴呼述。○各本「呼」譌作「乎」，惟影宋本、皇甫本不譌，下「呼昆」同。惛惛呼昆。忞忞武粉。僛僛欺。僊僊傞傞上音仙，下素何反。蜿蜿一音烏丸。○「一音」上有脫文。《玉篇》音於阮、於元、於丸三切。蝹蝹温。誇誇苦瓜。趯趯佗狄。嬥嬥湯的。呱呱孤。𨒬𨒬徒鼎。頻頻符賓。

囂囂呼嬌。○各本「呼」譌作「吽」，惟影宋本、皇甫本不譌。斤斤靳。蒸蒸旨升反。○各本此三字誤入下文「孝也」二字下，今訂正。髮髮楚吟。旄旄亡到反、亡角反。諓諓翦。僆僆都計反。繷女交、奴孔二反。輆軕上亥，下待。撟居夭。墆帝。崢士耕。嵤宏。䟴勑錦。踔勑角。佂征。伀鍾。悇愈，又他乎反。憛與占反、他紺反。儴襄。倠其往。躟而羊。曖愛。䞴逮。撣蟬。躅逐由。躇直魚。蹢馳戟。躅逐緑。跢池。跦厨。跦子六。踖迹。緍骨。裮被上昌。○「上昌」下當有「下披」二字。軳牛力〔五一〕。𢾭揮。憓呼獲。○各本「呼」譌作「乎」，惟影宋本、皇甫本不譌。俶儻上汀歷，下他朗。漼摧。溰五哀、五非。迖七咨。睢七魚。琦奇。抗尹。捎悉蕉。掉捘上大弔，下嘯。䠞邱六。䠞邱弓。委於悲。○各本「於悲」二字誤入下文「窊」字下，「窊」字又誤作「逶」，辨見《疏證》。潢乎光，又音晃。潒蕩。搌展。𢫬膳，吕静音巳善反。愲謂。怦普耕。徜常。𥈥戚。頄失之。僬《説文》無立人旁焦，唯有僥字，止云「焦僥，短人也」。僥堯。瘂烏下反。瘖音。聵五怪。㵿呼的。囒蘭。哰牢。謰連。謱力主。㦬力兮。㤤許兮。讃潰。謈乎報。鬳權。跧壯拳。鞅㘥上烏郎，下罔。○各本「罔」譌作「岡」，今訂正。眱夷。榷角。嫴辜。摧口角。堤時。

《釋親》

爸步可。爹大可。箸止奢。媓呈。毑子我，又子倚。婢畢。嬭乃弟，又奴解。媪烏道。姐案字書，即前「毑」字。娋所交。嫺謂。娣徒麗。妯逐。娌里。姒似。○各本脱去「姒」字，「似」字又誤入正文，辨見《疏證》。榘矩。孜滋。㝅乃口。婗吴鷄。姼多可，亦音多。嬬須、儒二音。倩取令。⿰女豈古來。腜媒。嬾之然。顱力乎。頏乎郎。頟翁。顑成。頷乎感。頤以時。頜閤。顴權。頄求。頞烏葛。䪼音拙。頿子粢。噣竹救。咡耳志。齜又瑾〔五二〕。噱劇。○各本「劇」字誤入正文，辨見《疏證》。圅含。嗌益。⿰骨曷火代。⿰骨斤于。⿰月弋弋。肊於力。臆憶。胳各。膀步光。胠袪音，又可慮。胉布各。○各本「各」譌作「冬」，惟影宋本、皇甫本不譌。肋勒。肺忿廢。裨卑。○各本脱去「裨」字，「卑」字又誤入正文，辨見《疏證》。腎時忍。膀傍。○各本「傍」字誤入「胱」字下，今訂正。胱光。脬片交。肑百卓。骶帝。胂申。脢梅。臎翠。髁口外、口卧二音。臀屯。脽誰。○各本「誰」譌作「佳」，今訂正。腓肥。脊啟。腨時兗。踦居綺。胻乎當。膕古獲。朏篤骨。臗苦丸、苦魂。豚卓，又多鹿反。臀豚。⿰骨元五丸。⿰骨光苦黃。⿰骨良力岡。⿰骨舌括。⿰骨甫甫。髖寬。⿰骨可苦亞。

《博雅音》卷七

《釋宮》

庌雅。櫳籠。庉徒困。庲來。⿸广束七粟。○「⿸广束」當作「⿸广朿」，音七賜反。此音七粟反，乃後人所改，辨見《疏證》。庵烏含。⿸广敝先見。○各本「先」譌作「光」，今訂正。堭皇。壂殿。坫多念。垿序。廜徒。⿸广穌蘇。⿸广魯魯。⿸广馬罵。粗才祖。⿸广剌來達。橧似陵，反又音曾。棚步萌，又負宏。棼墳。栽才 ○「才」下脱一字〔五三〕。⿱穴吾悟。⿱穴恩恩。堗突。甄只賓。匋桃。窯遥。檐櫺上簷，下零。榱楚悲。橑魯好。桷角。⿰木束恥緑，又且足。○各本

「緑」譌作「緣」，惟影宋本、皇甫本不譌。椽直緣。檼於靳。𤮐㶌。欂步各、步革。枅鷄，又古研，亦有本作「梋」，此一（本）〔字〕耳。〇各本脱「又」字，「研」字又譌作「斫」，今訂正。若膺云：「此一本耳」，「本」當爲「字」，「枅」一作「梋」，故云此一字耳。欒鸞。榕節。笮俎格。礎楚。磌真，又徒年。礩質。闢虚亮。丰蜂。坻除離。寍猛。窇步角。窩丈革。𥨍扶福。廘鹿。廥古外。麢賁。廯鮮踐。甂潘。瓳胡。𤬦亭。甄真。甐力佳。瓯夷耳。瓴甋零上，的下。甓　壁。〇「壁」與「甓」不同音，「壁」字當是反語之下一字〔五四〕。甗鹿。甎也上音專。甎同。瓸百。甃側㶌。欄蘭。檻乎減。龔籠。梐布犂。閉乎計、乎介。柣帙。戺仕已，手音士。橉力忍。橜手音巨月。朱苦本。罦浮。罳思。𨷲藥。鍵奇辨。戾及。闒大臘。㙩力彫。隊篆。院桓。廦壁，案即壁。埤普計。堄五計。㯫巨於。栫在見。篳必。欏羅。落洛。杝離。〇各本「離」字誤作「籬」，又誤入正文內，辨見《疏證》。栅策。槊朔。黝於糾、於久。堊惡，又烏故。垷峴，音乎典。墀遲。塈虚既。𢅥奴回。壟力奉。糂古湛。㨠莫典。培裴。椴都館。橛居月，又巨月。楬竭。𧱚豬。戕臧。呵歌。哃洞。栅策。杙弋。墿亦。堩古鄧。吭古朖。迒阡上乎郎，下音千。〇各本「郎」皆作「朗」，此因上文「吭」音古朗反而誤，自宋時本已然，故《集韻》、《類篇》「迒」字又音下朗切。考《玉篇》、《廣韻》、《方言注》、《爾雅釋文》「迒」，字皆音乎郎反〔五五〕，不音乎朗反；前卷三內「迒，迹也」，曹憲亦音乎郎反，今據以訂正。駃決。駕例。趡子肖。趬干繡。辵勑略。塍視陵。埒力闋。堡保。堨多老。塘唐。隉音照，之曜。隄低，一音度兮。〇各本脱「音」字，今補。柤士家。措倉故。隁於建。榷角。彴灼。徛居義，音寄。鼪土斗。〇各本「土」譌作「士」，今訂正。

《釋器》

盎烏浪。瓿部。甌偶。罏盧。題弟。甌一侯。甂邊。甋棟。甈去滯。甗初鑑。甞多腺。○各本「腺」譌作「眼」，惟影宋本、皇甫本不譌。坬杜。甓乎暫。甃士江。甓牛志。甀鄭。瓵容。瓶剛。瓬多感。○各本瓿部。甄來後。瓺由。瓹直類。甒廡。瓮一洞。瓽一正。甔多甘。㼆姝。瓴臾。瓺腸，又音悵。○各本「腸」譌作「暢」，「又」譌作「口」，今訂正。甑所猛。瓬方往。○各本「往」譌作「住」，今訂正。瓵他臘。甖於龍。甂斯。瓵步美。甇烏行。瓨下江。䰛需。䍇苦計。錪土典。○各本「土」譌作「士」，今訂正。鉼〔五六〕必整。鼓蟻。鏤盧后。○各本「后」譌作「舌」，惟影宋本、皇甫本不譌。鬲歷。鍑富。鑣烏高。鍪茂。鬹矩皮。甗昇。錡奇綺。鬴扶宇。鐈橋。鬷子工。鋗呼元。銚遥，今人多作大弔反。鎢烏。銷育。銼坐戈。鑹力戈。匾布典。榼苦臘。椑步兮。盞敦。櫨戔典。盦安。盞殘。銚遥。櫂直兒。栓七緣。枖決。盉橋。盎拳，又眷。㮷又章。櫨摩。椷古咸。○各本「古」譌作「苦」，今訂正。盌雅。問呼雅。盞側限。溫凡。斝古馬。醆側眼。鬶拙究。觛多旦。卮支。瓠回故。蒼居隱。甗魚偃。筌乎江。篆舉。籯盈。筲所交。桶樬上天孔，下思　○「思」下脱一字，《廣韻》「樬」音先孔、蘇公二切。篢作管。箸馳慮。柶四。匙是支。筴夾。枓主。柂頤。焅苦篤。㛢媚。螇溪。柍桂。筲所交。篆吕。籓甫袁。蚨扶。𧔧諸庶。○各本「諸」譌作「栢」，惟影宋本不譌。㮚徒弔。畊步丁。畚本。筟斫。篡攘。篓蘇苟。匰泉，正音旋。篼於鞠。笎素典。○各本脱去「笎」字，「素典」二字又誤入下文「箯」字下，辨見《疏證》。箯素管。匴弁。匰丹。匱巨位。椷咸、緘二音。定帶定。䅵乃后。槠張略。钁九縛。錍方支。銛他點。篝溝。筌七緣。笓婢之、布兮。罤栭。篘捉。篧苦郭。篂堂。箌珍教。涔字廉。栫才見。罼畢。𡆧女洽。㫊於劫，又於檢。罜互。○各本「互」譌作「牙」，辨見《疏證》。罛肥無。罥泫。欚禮。軥衢。輗兒。䩜兆。棓裴。牑鞭。牏之句、徒矦二反。著直藥。綮苦矦、苦茂二反。繐蕙，又摠。繰早。繂力出反。繢辭足。紨敷。綐徒外。纚式支、赤移二反。○各本「支」下衍「又」字，今刪。絓乖，又空淮反。䋮刮。纀苦木反。綃悉遥。絅阿。緻直異。紟藥。纁古典。絖曠。編必延。繶憶。紃循。絛滔。緀音栗。帗鬼音。幃韋。𥿆去菊。緱麗。緤渠。追多回。㲃况羽。䙊邱拳。○各本「邱」譌作「兵」，今訂正。帉芳云反。○「帉」當作「帉」，音介，説見《疏證》〔五七〕。鬠副。簂公誨。帨兑。晨辰。帑乃可。帉紛。忉刃。帥山律。幋盤。帣之利。幏蒙。幯辭廉。帍户。裱筆廟。幘責。屝失豉。○各本「失」譌作「夫」，惟影宋本、皇甫本不譌。下「失俞」同。幍失俞。帞陌。帑七見，又七年。髲去位。髾采。幧七消。䘹作潰。縱子冢。褋牒。襌單。襜常凶。褣容。衹低。裯刀。襜褕上昌占，下臾。○各本「占」譌作「古」，惟影宋本、皇甫本不譌。襋棘。衱劫。褗於幰。衿領。褐於例。襗亦。襡蜀。襜尺占。裿居綺。裨脾、卑二音。襡豎。襂衫。裲兩。襠襠上音當。袹陌。帔匹媚。褘韋，又暉。袡尒占。襜昌占。袯不勿。袦悉。韍弗。縪必。纗允恚、乎卦。○各本「允」譌作「九」，今訂正。緄衮。○各本脱去「緄」字，「衮」字又誤入正文，辨見《疏證》。鞮誕。紟騎禁。裪祧。襹決。袿圭。襡大口。裲含。袶妬禾。袔賀。袨亦。袘夷。袼各。𧟌胡。褑乎佳。裀因。袾姝、株二音。袑弓。裑身。褾必照。褙布蔑。袹布末。○各本

「末」譌作「未」，今訂正。褑乎佳。䘌七霄。祜多頰。褸樓。衩楚械。衸械。袥他各。褳膝上七益。韇許嚴。裷去乾。絝袴。綰管。袑時沼。衳七勇。襣步寐反。裧度没。禘天帝。褓保。褧烏雞。袼落。褔烏苟。褿七刀。袚不勿。䘛子肩。褯慈夜。袺古頡。衚胡。襭頡。幭無髮。襎樊。裷於飜反。帍幞上荒音，下扶欲反。幬池流。幝布迷。幨叱占。幒廉。鬊舜。舄昔。屦他梅。鞨乎末。䩕五郎。鞪士角。屣所爾。鞮低。綨其於。紟渠禁。鞈古匣。鞘沙。鞡素落。鞸大洛。靸素合。屐靴〔五八〕。家乎馬。屐渠戟。屩脚。緻直利。編部典。緉兩。縔爽。絞古爪。縝勅真。縷力主。纑來乎。萆婢亦。衰散禾。簦登。幢直江。翿大告。幨侈占。幰火偃。籞語。箖力枕。幖必昭。徽吁飛。帾帶古。蔪子堅。帟憶。幡飜。裛於劫。帣卷。帨大河。絭苦員。纕相。笸櫛上音姬。觫丑列。觝低。䉶作甘。㡗啼。帍在故。縢大能。䌎朔。緘古咸。紲思列。紘宏甍。絸覔。縙而勇。紩直乙。絃呼畎反，今人以此爲弓弦，失之也。〇各本「弦」譌作「絃」，今訂正。縻無悲。紖直忍。縋直僞。縿力冄。繏思絹。纆墨。綯陶。筊肴。纍力追。繘橘。絡洛。綆古猛。縲力追。繯泫，又乎串反。軲枯，又姑。䡹片各。轀輬上温，下涼。轒墳。輐於云。軿蒲眠。輀而。軺彫。輂己足。輰陽。軉烏。軥衢。〇當讀爲鉤，説見《疏證》。罌嬰。鈁方。繀素對。軒于。輯子入。〇「輯」當爲「䡝」，音户犬反，説見《疏證》〔五九〕。𨏒解。弸冰。輫俳。轓甫袁。軷扶福。軓反。幢直江。幏蒙。靯杜。韉步各。鞇因。幦覔。轗彌忍。輹扶欲。軔允。兔太故。軑達計、達蓋二反。𨎮摠。輈舟〔六〇〕。軧渠夷。轏士山。轠九縛。轐渠。輮如酉。輂俱勇。輑牛殞。

鍋古卧。錕古本。轆籠。轑五弔。轊衛。鍊諫。鏽大罪。〇各本「大」譌作「天」，惟影宋本、皇甫本不譌。鈦太。錧館。枸俱。簍縷。筷公悔。簦穹。籠龍。畚步本。筤良、郎二音。笑瞀。箹步角、叉角二反。〇各本「叉」譌作「又」，今訂正。篔覔。綯桃。緧秋。笲甄。篂星。簹當。鞕古核。繮薑。靶巴化。鞫巨駒。靾曳。馯汗。軩公洽。韉所埀。鞘所交。縜須宇。椈叉溝。桊眷。樎縮。幓烏含。篼多鉤。帪真。

《博雅音》卷八

《釋器》

骸乎皆。骼格。骹苦交。〇各本皆作「苦弔」，此因下文「覈」音苦弔反而誤。考《玉篇》、《廣韻》、《集韻》、《類篇》及《爾雅釋文》「骹」字竝音苦交反，不音苦弔反，今訂正。覈苦弔。〇案：蔡邕注《典引》云：「肉曰肴，骨曰覈。」《廣雅》：「覈，骨也；肴，肉也。」義本於此。覈即《詩》「殽核維旅」之核，不當音苦弔反。苦弔乃覈字之音也。㿽荒。巇蔑，又陌曷。峪苦暗。〇各本譌作「言暗」也，辨見《疏證》。膟乎結。膈弱。膜莫。脥達濫。膎乎佳反，今世人作鮭字如此，失之。腡兩。膶若。膂旅。腱居言。脤繙上時忍，下音煩。胚之丞。臉七灒反。鍛熟。葢之丞。蘊阻居。胾側事。膞拙兖。臠劣兖。脸泣。鮝岑，又才感反。〇各本「岑」譌作「鮝」，惟影宋本、皇甫本不譌。鮨耆。鱶吳下。〇各本「吳」譌作「昊」，今訂正。鱐繡翢。脘丸、管二音。膊普各。腊昔。膴呼，又凶宇。〇各本「宇」譌作「字」，今訂正。胏壯里。腒巨魚。腩南感。膞子兖。膹扶粉。䐈損。臛呼各。膍毗。

脛齒之。肱弦。胓平。⿰月斷折。⿰月胥思節。膋聊。⿰黑勺的。餾澑。飵才故。⿱彗食衛。饋沸云反。○各本「沸」譌作「費」，今訂正。⿱攸食脩酒。焷婢亦，又毗支。○各本「支」譌作「反」，今訂正。⿱夫矢不。⿰麥比毗。⿱黎麥梨。⿰麥齒齒沼。糗去久。糇侯。粰浮。⿰米㐬流。糈所居、師舉反。⿰麥貨素果。⿰麥蒙蒙。粿乎寡。⿰麥啇狄、謫二音。糜無悲。糈思節。⿰米蔑亡達。麪匹眄反，音面。饔於恭。餻高。⿰食齊才辭。⿰食令⿰食奄上零，下於劫反。⿰食元五丸。餦張。餭皇。飴弋之。⿰食亥該。餹堂。餳辭精〔六一〕。⿰食隋髓。⿰食宛於勿、於月二反。○各本「月」譌作「日」，今訂正。飦居言。⿰食閒居六。粘乎。⿰米尾媚，又未。粖亡達、亡結。粰浮。⿰米毀毀。糮艦。湩竹用，又棟。○各本「竹用」二字合譌爲「筩」字。考諸書，「湩」字皆無筩音。又考《史記索隱》引《字林》：「湩，竹用反。」又《廣韻》、《衆經音義》及《列子·力命》篇釋文、《漢書·匈奴傳》注、《後漢書·獨行傳》注、《文選·孫楚爲石仲容與孫晧書》注「湩」字竝音竹用反。今據以訂正。醪牢。醍體。○各本「體」譌作「醴」，今訂正。瀝歷。⿰氵乳乃口。醝才何。酎治九。酏移。酴塗。酪洛。酨昨再、祖戴二反。○各本「祖」譌作「且」，今訂正。⿰酉京良。醦所艦。⿰酉韱且冄。醶初艦。酮動、同二音。○各本「動」譌作「洞」，今訂正。醞蘊。⿰酉茸〔六二〕汝吏。釀尼尚。酘豆。⿱彐⿱口又且林。⿰酉音音。寑寢。⿰酉甚才心。⿸厂辟匹亦。麩疾災。⿰麥穴滑。⿰麥卑卑。麰牟。⿱殼麥苦木。⿰麥蒙蒙。⿰麥肖消。⿰麥奏且豆。⿰麥最楚快。⿰麥昷於昆。⿰麥扁步典。⿰酉監蜜。⿰酉齊在細。⿱敄酉莫候。⿰酉俞頭。醓他感。⿰酉矞巨出。⿰酉京涼。齏子兮。⿱隊韭達內。⿱襄韭攘。⿱艹酷庫。⿱丞皿旨升。醃於炎。⿱艹濫藍。○各本脱去「⿱艹濫」字，「藍」字又誤入正文，辨見《疏證》。菹緇疏。⿰日舌大嫌。甙代。瞫大紺，又大含。○各本「大含」之「大」譌作「紺」，今訂正。糠康。⿰禾曷居列、居曷。泔甘。潘孚袁。⿰氵稍稍。濯直兒。滫息朽。澱殿。滓俎使。

菸依譽。○各本「譽」譌作「與」，今訂正。䜴之舌，又之世反。餧乃每。羶書延。鶡許戒。飽於劫。鱵䥫。隻蕉。膱織。黤烏含。○各本「烏含」作「呼舍」，「呼」字因下文「乎含反」而誤，今訂正。影宋本、皇甫本惟「含」字不誤。飶匕節，邲。膮許堯。䭠虛縑。黯呼含。䑛香。䐢詡云。○各本皆闕「詡」字，惟影宋本、皇甫本有。䕯必昭。皶步曷反。鼐乃代。鼒資。鑴攜，又乎規。鐫衞。鬻辱。鬵潛。鬸咨應。鬹貍。氅毛。鞂汗。掤奴感。翀狎。猴矦。𤢺惠。䩠革。狋翅。㲛唐。毦二。○畢本「二」譌作「三」，吴本以下又譌作「毛」，惟影宋本、皇甫本不譌。㲥布莽。毼曷。𣯤方文。㲋豆。毿足凶反。氍衢。𣰆粟。𣯶而恭。𣮨鮮。𣭘支。𣭦力于。毶沃。須乎孔。礦正謂之口音雖無疑即礦也〔六三〕。鏈連。鏥脩。鋇貝音。鋁似。鉿工納、口帀。戉曰。鏦初江。㸰千羊。鑱讒。鈹披。鐫醉全、子兖。鏨慙。〔又才〕敢，又漸。○「敢」上蓋脱「又才」二字，《玉篇》：「鏨，才敢切。」《廣韻》：「鏨音慙，又才敢切，又音漸。」銍誅失。刉工。划工卧。鉊昭。鉤鉤。鍥結。鏺撥。鐮廉。鏶銃充仲。○各本「仲」譌作「中」，今訂正。銎去恭。鑠鋂上牒，下梅。鏝夢。鐶環。鉻格。鐵微。釣弔。鏶集。鍱葉。籛且廉。鏟叉展。○各本「叉」譌作「又」，今訂正。栓所權。櫭巨例。鍤測夾。○各本「測」譌作「側」，惟影宋本不譌。鉥音述。鋂忌。鏞大罪、徒果。鐧澗。錔他合。銓七緣。錘直危、直僞。鍴端。鑚子貫。○各本「子」譌作「了」，惟影宋本、皇甫本不譌。鑴況規。鍣昭。鋟子廉，又子甚。鋁力庶。錯采古。鍛都玩。礛力甘。礑諸。磫足恭。礶衢。砥砥細於礪〔六四〕。礛礪上音廉。鈴含。鑰彤。錤基。鎛博。錠定。鐙登。栻勑。簙博。箸馳慮。篗大故。簪載甘。箆居勿。刷所滑。㔉亦灼。樧素戈。縢升證。椽袁。籆于縛、榮碧。杘敕利。杓子允。篙乎的。桶大籠，亦勇。笨大本。篅上沿。㡒丈旬、豬旬。褽畏。町陟吕。簣苦怪。篣彭。筎女加、奴慕。簝力幺。籯盈。篝溝。笭零。籠力公。熏纁。篝溝。簞丹。籚來乎。籃來甘。籅餘。䈱滔。箄俾。簍縷。簴舉。㯰帶。㮳朕。校爻。○各本「爻」譌作「叉」，辨見《疏證》。榯竹革。桷角。植直吏。样羊。槌逐累。○各本「累」譌作「畏」，今訂正。笛曲。箅弊。籥藥。䈎敕葉，又餘涉。䉠辯。笘丁頰。籙力第。○各本「第」譌作「笫」，今訂正。箛孤。篤司夜。簡苦典。䉳先典。簧皇。牌步佳。杘敕利。矜巨斤。柌詞。橿薑。柲祕。弣撫。杬五丸。椹知今反，今人以爲桑葚，失之。柊終。楑葵。敤苦果。櫌憂。椎逐佳，世人以此爲錐字，失之。○各本「錐」譌作「佳」，「字」譌作「子」，今訂正。鼓他禮。棓步講、步項。桲步没。梲吐活，又杜活。柍於兩。欇攝。殳是珠。篳拙縈。篗走公。笨竹花。箹才六。笡七夜。柤士加。樘棠。○各本「棠」譌作「堂」，今訂正。梏古篤。柳乎格。○各本「乎」譌作「平」，惟影宋本、皇甫本不譌。箯方千、婢年。○各本「婢」譌作「俾」，影宋本、皇甫本不譌。暴俱緑。○各本「俱」譌作「具」，今訂正。鍏瑋。畚本。敵插。○「敵」本作「敵」，音「嫣汭」之嫣，説見《疏證》。梩駭。梟七遥。鏵乎瓜。鍯蒙。鼜普結。杷蒲加。柫拂。枷加。筝乎江。𥫱姝。佯羊。篖唐。笐衡。䈕之舌。蕟廢。簟大點。笛曲。丙天念，亦有本「茵」字代「丙」〔六五〕。篠子養。篌三果。○各本「三」譌作「二」，今訂正。篕乎臘。篏琰。篁呈，又汀。柴醉縈。𪔃〔六六〕頴，或從壺。柢瓦。挐奴。臒烏郭，又于縛反。𢐼致。彈大汗。帥生芮。蕡墳。綃戈宰。○各本「戈」譌作「弋」，今訂正。韝溝。鞢攝。彇蕭。弲絹。髀臂。鞬居言。韔暢。掤冰。医於計。贕讀。鞴備。靫又〔六七〕。○各本「靫又」二字誤在「鞴」字之上，今訂正。鼆莫耕。𤢄曾。笰拂，又音也。弗，正音。○各本「又」譌作「口」，今訂正。鈀普加。錍片兮。鉾牢。○「鉾」當作「鉀」，音甲，說見《疏證》。鏃七木、七候、子谷三反。衭〔六八〕扶。襓饒。𧙗陳律。○「𧙗」本作「木」，曹憲音陳律反，非是，辨見《疏證》。鐔淫。鞞布鼎。靳之舌、之逝二反。釾以邪。剞車奇〔六九〕。劂歸衛。錟談，又音他甘反。○各本「又」譌作「口」，今訂正。又各本「音」字誤在「他」字下，惟影宋本不誤。鏦初江。𧝀己偃。稍朔。䄬虵。穃呼覺。穳子段。鋋蟬。稂郎。稭苦大。鏔寅。孑雞節。鏝莫干。釨孑。戛古八。𢿭遨。𢑚辱。匽於𢡿。鐓敦。釬汗。鐏存頓。𢧵伐。𣝍音虜。戰干。鋡含。鞪牟。錏烏牙。鍜乎加。鏂烏侯。銗侯。鉦征。鑮步各。鈕尼手。綸古頑。紱不勿。瑹書。珽他冷。箓禄。簶鹿。𥳞滿。𥱢緩。篰部。梡苦緩。棵口卵。橛劂。杫賜。虡巨音。今人「虍」下作「兵」，失之。○各本「虍」譌作「虞」，今訂正。桯餘征、餘經二音，又呈。栘尸賜。柖紹。簀責。○各本「責」譌作「素」，今訂正。笫側里。杠江。榻他臘。枰平。跰逵。橨梂上墳，下巨鳩、巨菊反。柎付于。菆側求。箷移。枷嫁。䡓狂。𥬪護。爟灌。熜青工，又揔。○各本「又」字誤在「青」字上，今訂正。蚪庾。筥舉。稯子公。秏姤。觚孤。觶之豉。散〔七〇〕素但。綃消。縓請絹。縹匹紹。繰早。綠緑。緅側留。總采公。絶虛力。䞓恥京。烊小營。緹他禮。焃呼狄。赭者。黈他口。黊乎馬、乎卦。𪏶老。𪐀齒善。𪏽他丸。黇他廉。黅今。黗屯。𪏺統音，亦有本作「黆」，口浪。䵋下悔，又于鄙。皔汗。皛乎了，又乎灼反。○各本「乎灼」皆作「乎炯」，炯與灼草書相似，故「灼」字譌而爲「炯」。《集韻》「皛」字又音户茗切，引《廣雅》：「皛，白也。」「户茗」與「乎炯」同音，則宋時《廣雅》本已誤。案：《説文》「皛讀若皎」，「皎」與「乎炯」聲不相近。今本《廣雅》「皛」音乎了、乎炯二反，「乎了」與「乎炯」聲亦不相近。故《玉篇》、《廣韻》「皛」字皆無乎炯之音。又案：《玉篇》：「皛，乎了切，又乎灼切。」《廣雅音》即本於此，則「炯」字當爲「灼」字之譌，「乎灼」與「乎了」古聲相近，故字之從勺聲者，亦有乎了之音。《爾雅》「芍鳧茈」，「芍」音户了反；又「蓮其中的」，「的」音丁歷反，又户了反，皆其證也。自《廣雅音》「乎灼」譌爲「乎炯」，而《集韻》以下皆仍其誤，且不復知有乎灼之音矣。今據《玉篇》訂正。**晳**制○「晳」本作「晳」，音析，説見《疏證》。**曉**呼了。**皭**在爵。**皠**乎佶。**皚**牛哀。**皏**普幸。**皜**呼曷。**皤**布何、步何。**皎**古了。○各本「古」譌作「占」，惟影宋本、皇甫本不譌。**嚻**學。**黝**於糾、於栁。**黦**於物。**黯**烏減。**黶**烏點。**默**墨。**黰**工典。**黓**弋。**皁**徂早。**黫**於閒、於真。**涅**乃結。**緇**淄。**黸**力胡。**黮**勑感、都甚二反。**蕉**焦。**黔**琴，巨廉。**黽**己證。**黴**明飢。**穮**亡再。**黵**烏外。**黚**古闇。**縝**之忍。**黳**於兮。**黗**他孫。**黲**七敢。**黟**伊。**櫏**衞。**櫝**讀。**櫬**楚覲。**檇**導。**脉**禾。

《釋樂》

六韺莖，顓頊樂[七一]。**五韺**英，帝佶樂。**大章**堯樂。**簫韶**舜樂。**大夏**禹樂。○各本脱「大夏禹樂」四字，今據上下文補。**大護**湯樂。**大武**武王樂。○各本脱「武王樂」三字，今補。**勺**只藥，周公樂也，斟酌文武之道[七二]。**大予**漢明帝永平三年秋八月戊辰改「大樂」爲「大予樂」。**足鼓**夏后氏鼓，四足也。**植鼓**見《禮明堂》。《詩》：「植我鞉鼓。」縣鼓《禮記》曰：「周縣鼓。」鄭注云：「縣於栒虡也。」雷鼓《周禮》「雷鼓鼓神(記)〔祀〕」，鄭注曰：「雷鼓八面。」靈鼓《周禮》「靈鼓鼓社祭」，鄭注：「靈鼓六面也。」路鼓《周禮》「路鼓鼓鬼享」，鄭注：「路鼓四面。」鼖鼓《周禮》「鼖鼓鼓軍事」，鄭注：「大鼓也，長八尺。」鼛鼓《周禮》「鼛鼓鼓役事」，《考工記》：「長尋有四尺也。」晉鼓《周禮》「晉鼓鼓金奏」，鄭注：「長六尺六寸也。」鼜鼓《周禮》「凡軍旅夜鼓鼜」，鄭云：「夜戒守鼓，音造次之次。」〔七三〕○各本「夜鼓」下有「曰」字，乃淺學人以意加之，今刪。鼙鼓《周禮》：「旅帥執鼙。」○各本「旅帥」作「師旅」，亦淺學人所改，今訂正。鞀鼓《周禮》：「小師之職，掌鼓鼗。」《釋名》云：「鞀，導也。」應朄《詩》云：「應朄縣鼓。」搏拊《禮記》「拊搏」鄭注：「以韋爲之，充之以糠，形如小鼓以節樂。」○各本「拊搏」譌作「博搏」，「搏」下又衍「琴」字，今訂正。伏羲氏瑟長七尺二寸，上有二十七弦。見《世本》。桶動。陞升。敔魚呂。倕氏鍾十六枚。《世本》：「倕造鍾。」倕，舜臣。毋句氏磬十六枚。《世本》：「毋句作磬。」毋句，堯臣也。塤許園。象稱錘，以土爲之，有六孔。《古史考》曰：「有塤尚矣。周幽王時，暴辛公善塤。」○各本「王」字或譌作「日」，或譌作「田」，又脱去「暴」字，今訂正。影宋本、皇甫本「王」字不譌。䶵池。以竹爲之，長尺四寸，有八孔。前有一孔，上有三孔，後有四孔，頭有一孔。○此十六字各本誤入正文，辨見《疏證》。籟賴。䶵池。嗵洞。龡頭。

《博雅音》卷九

《釋天》

太初，氣之始也，生於酉仲，清濁未分也。太始，形之始也，生於戌仲，八月酉仲，號爲太初，屬雄。九月戌仲，號爲太始，屬雌。○各本「爲太初」上脱「號」字，「太始」上脱「爲」字，今據上下文補。清者爲精，濁者爲形也。太素，質之始也，生於亥仲，已有素朴而未散也，三氣相接，至於子仲，剖判分離；輕清者，上爲天，重濁者，下爲地，中和爲萬物。《詩緯》曰：「陽本爲雄，陰本爲雌，物本爲魂，雄雌俱行，三節而雄，合物魂號曰太素也。三氣未分別，號曰渾淪。」○各本「俱」譌作「但」，又脱去「氣」字，今訂正。天地辟，設人皇以來，至魯哀公十有四年，積二百七十六萬歲，分爲十紀，曰九頭、五龍、攝提、合雒、連通、序命、循蜚、因提、禪通、疏訖。《帝王世紀》：自天地闢，設人皇以來，迄魏咸熙二年，凡二百七十二代，積二百七十六萬七百四十五年，分爲十紀，一曰九頭，至十曰疏訖。○各本「帝」上衍「記」字，「世紀」之「紀」譌作「記」，「十曰疏訖」脱「曰」字，「疏訖」譌作「流記」，今俱訂正。影宋本惟「紀」字不譌。格乎格。擇宅。祲子枕。濛莫孔。澒乎孔。淪倫。○各本「倫」字誤作「隃」，又誤入正文，辨見《疏證》。沆乎朗。瀣乎戒。歉苦簞反。歔康。淍彫。离勑支。穦墳。霣于愍。䨨追。榘俱雨反。荓蒲形。歲星謂之重華，或謂之應星；木宿也。營惑謂之罰星，或謂之執法；火宿也。鎮星謂之地矦；土宿也。太白謂之長庚，或謂之大囂；金宿也。晨見東方爲啟明，昏見西方爲長庚。○各本脱去「金宿也」三字，下「水宿也」同。今竝據上文補。「長庚」下又有「案金星」三字，乃校書者所記，今刪。辰星謂之爨星，或謂之免星，或謂之鉤星。水宿也。禬土駕反〔七四〕。禮曹。禶七外。祱稅。褸力矦反。禊乎計。餟知稅。○各本「知」譌作「和」，惟影宋本不譌。祼古奐反。軷步末。𥜮毳。祊布庚。祾陵，又力登。禖梅。祧他聊。醮子咲反。禬古外。禨巨衣。禱倒。夏曰清祀○《禮運》正義引《廣雅》云：「以清潔而祭祀。」蓋曹憲注文。《通典》引《廣雅》同。殷曰嘉平○《禮運》正義引《廣雅》云：「嘉，善也。平，成也。以歲終萬物善成就而報其功。」《通典》同。歐欺于。垝車美。軹紙。

《釋地》

𤰝古朗。埏延。○各本「延」譌作「廷」，辨見《疏證》。皋古豪。原原。毗符夷。沛盃妹。珩衡。璇旋。琜來。瓄瀆。璐音路。瑭唐。𤥛渠憝。玟梅。瑰古回。隋矦隋矦見虵傷，治之，後虵銜珠以報。碝而兖。玟忙巾。硨車。磲渠。碼馬。碯奴道。琨昆。珸吾。瑊古咸，又咸。○各本「又咸」之「咸」譌作「威」，今訂正。玏勒。鮯古合。鷩必舌。鳺付于反。○各本「于」譌作「予」，今訂正。玃九縛。繇由。八家爲鄰，三鄰爲朋，三朋爲里，五里爲邑，十邑爲都，十都爲師。州十有二師焉。見《尚書》。𤳉柔。𤱪奴戈。○各本此下有「堅」字，音堅。堅字係曹憲避諱而缺其下畫，堅字則後人所加，辨見《疏證》。甄古賢。埴時識。塿樓。垟息營。壚來乎。陚付。𦬊沸。欿才心。耩講。𦓸弋。𥺧突。𥺸側基。藨布苗。耚披。粭乎荅。鑼碑。稖〔七五〕步矦。⿰禾局局。⿰禾莫漢。稍所交反。⿰禾曼亡旦。稯叉江。⿰禾商他戾。⿰禾奄一劫。積牀責。〇各本「牀」譌作「壯」，今訂正。㔟魚世。⿰禾者祇。〇各本「祇」譌作「祗」，今訂正。潭派。蒔時志。種之用。

《釋丘》

秘祕。隤大迴反。堬以珠。埰采。墦煩。埌浪。培〔七六〕步苟。塿來苟。垗兆。塋營。隇威。陝夷。隥多鄧。陘形。隒檢、斂二音。〇各本「斂」譌作「⿰僉殳」，今訂正。澳於六。潨蘩。浖劣。漘脣。垠吴根。廋所流。（坑）〔坑〕菊。

《釋山》

岣古候反。〇各本「候」譌作「矦」，今訂正。嶁力候。岍牽。⿰禾石石。确學。⿱山肙烏元。畎古犬。嶰乎買。

《釋水》

濆墳。渚直尸。⿰亻胃謂。磯機。磧七的。⿰阝共洪。湪遂。埂古杏反。窞徒感。臽陷。滈大高。〇各本「大」作「太」，因下文「太」字而誤，今訂正。汰太。⿰舟周彫。艬士巖。艜帶。艒目。⿰舟宿宿。⿰舟甫蒲故。舺甲，又狎。〇各本此下誤衍「舴艋」二字，辨見《疏證》。艆力唐。⿰舟芻壯尤。⿰舟句鉤。〇各本「鉤」譌作「鈎」，今訂正。⿰舟鹿鹿。艑步典。艖楚加、徂多二反。䑛丁計。艡當。艂扶江。舡呼江反。○各本「呼」譌作「乎」，惟影宋本、皇甫本不譌。艞滔。舸古可。○各本「古」譌作「苦」，惟影宋本、皇甫本不譌。艠撥。艛力矦。舣叉。𦪇苦計。艩其。艃貍。䑼零。舶白。艀扶鳩。○各本「扶」譌作「狀」，今訂正。艦銜之上聲。䑧洪。艇挺。艅餘。艎黃。艨蒙。艟衝。艗五旳。艏首。舴側格。艋猛。欚禮。箄薄佳。䈏敷。潢横。筏伐。舤凡。舷賢。䑳倫。枕冘。陬子矦，又鄒。嶨乎角、呼篤。汾墳。

《博雅音》卷十

《釋草》

䕏高。䓘高。蕺集。菩負，又部　○案《玉篇》、《廣韻》、《集韻》、《類篇》「菩」字皆不音部，「部」下當脱一字。《玉篇》「菩」音步亥切。萯負。蒩子乎。葝力兮。蘋邯甘。藸疇。蒢除。藘力甚反。藾力對。芣才。蔽苦拜反。葰雖。䓢之舌。堇丑六。○各本「丑」譌作「刃」，今訂正。䐁徒昆反，世人作「䐁」字，或「豘」，或「豚」，或「肫」，竝失之。○各本脱「字」字，今補。䓾析。蓂覓。蕷舒。蔀部，又步古。薺齊底反。憲案：《説文》以此爲「薺，蒺藜」之薺字。自資。○各本「此」字皆作「底」，因上文「齊底反」而誤；「自資」二字又誤入音内正文，今俱訂正。藶歷。藡狄。萑丸。蘄芹。芪衹。○各本「衹」譌作「祇」，今訂正。蔏商。蓤六。筋居動反〔七七〕。菝拔。䕯古買反，又古埋反。○各本「埋」譌作「理」，今訂正。菪苟。○各本「菪」譌作「苟」，音内「苟」字又譌作「狗」，辨見《疏證》。獳奴矦。藡直戟〔七八〕。藋逐録。○各本「録」譌作「銀」，惟影宋本不譌。菫謹音，世人作堇字如此，失之。藋徒弔。茱住律反，世人作朮字如此，失之。朮，古文秫字。○各本前「朮」字譌作「木」，又脱去後「朮」字，影宋本、皇甫本前「朮」字不譌。須思臾反。案：《説文》須從彡，世人作鬚字如此，失之矣。蕿所今。蓑素禾。葃音昨。菇音姑。瓢婢昭。箟民忍。笨步本。簌素但。鉤鉤。端端。媚媚。執至。蕖渠。孿劣船反，又力眷。菎古本。莜巨遥。茆卬。苜目。蓸習。醜醜。蔆緩。蕎橋。藚貢。蔓憶。薟廉。○各本脱去「薟」字，「廉」字又誤入正文，辨見《疏證》。薁奥。莅悦桀。芡儉。蕼苦圭。瓠古矦。○各本「矦」譌作「候」，下「鹿矦反」同。《集韻》「瓠瓠」二字皆有平、去兩聲。其去聲下引《廣雅》：「瓠瓠，王瓜也。」則所見已是誤本。考《玉篇》、《廣韻》、《爾雅》釋文「瓠瓠」二字皆有平聲，無去聲，今據以訂正。瓠鹿矦。藷蕻上市悆反，下羊恕反。藟力水。采〔七九〕似醉。秆古旱。稑空，又苦江。稭古八。秵例。穆莊于。葯約。蕢浮沸、符分。蘸穰。○各本脱去「蘸」字，「穰」字又誤入正文，辨見《疏證》。莱柔。藾乃頂。蓍轄。秈仙。秫述。稬奴卧。穲口見、口殄。○各本「殄」譌作「於」，今訂正。穮亡皮。稴旁。稈皇。穄祭。稸扶云。麻誅。蕼布兮。豌烏丸。蹓留。跭乎江。䨓雙。麰牟。麳來。斜斜。耘私。穗似醉。蕁大丸。簬路。簀真。簸苦拜。笴公但。簩衛。蘘捉。蘬爲詭。棓〔八〇〕步項。蕺乎巧。茇撥。荄古來反。藒弋箽、素箽。莱力内。蘆千古。采辭醉。鱻胡戒。蕎橋。蘬歸。蕌丈牛。藸直魚。薹臺。藺吝。菰孤。蔣子良。葒紅。蕦乎結。○各本「結」譌作「吉」，今訂正。蕢麥蟹，張揖云：「蕢，蕽也。」案：白蕽與苦蕢大異，恐非。○各本「蘮也」之「蘮」譌作「蘆」，今訂正。蘮巨。葧步没。菈力合。蓫沓。蘴豐，又嵩。○各本「豐」譌作「蘴」，「嵩」譌作「蒿」，影宋本「嵩」字不譌。蕘女交反，世人以此爲「芻蕘」之蕘，未知孰是。○各本脱「人」字，今補。菁精。○各本脱去「菁」字，「精」字又誤入正文，辨見《疏證》。菰及。瓤力古〔八一〕。瓳温。瓲徒昆。瓝步田。長丁丈反。蔥去用，又去拱。苹平。蔄浪。蕩宕。茛古恨。蒪普各。苴子魚。鳶悦專。萐所夾。麩可與。葍腹。莞丸。

《釋木》

栝古末。檡宅。林武蓋。○各本「蓋」譌作「盍」，今訂正。爵雀。○各本脱去「爵」字，「雀」字誤作「崔」，又誤入正文内，辨見《疏證》。杬考。桗丁戈。梡緩。梢稍交。○各本「稍」譌作「梢」，惟影宋本、皇甫本不譌。棷叉苟。○各本（又）「〔叉〕」譌作「又」，影宋本、皇甫本不譌。樿之善。樸浦莫。○各本「浦」譌作「蒲」，今訂正。橡象。柔常與。棒〔八二〕七倏。檉恥京。樍子狄。杆古旦。梔支。㮁爻。槝鳥。椑扶支。榹西。

《釋蟲》

蚑伎。蛣去吉。蠯麆。蟧遼。蝒緜。蛥折。蚗穴。螮帝。蛁彫。蛾五何。蛘羊掌。蟞匹結。蜉浮。螘五綺。蛢鶏。地○各本此下曹憲音有「虵」字，乃因下文「虵」字而衍，今删。虵蛇。蟊茅。蠵攜。蝨七漬。蠆丑介。蠍歇。䗲力刃。蛭質。蛒胡格。蜷眷。蠶雜合反，世人作「蠶」字或蝅或蚕，如此竝失之矣。○各本音内「蠶」字譌作「蚕」，「或蚕」上脱去「或蝅」二字，又誤衍「如蠹」二字，「如」字因下文「如」字而誤，「蠹」字因與後「䗺蛘也」之「䗺」字相似而誤，今訂正。蠹妬。蟦浮沸，又肥。螭疾資。螬曹。蜧腸。蠡力支。蚟女六。○各本「六」作「支」，因上「力支反」而誤。《玉篇》、《廣韻》「蚟」字竝女六切，今據以訂正。蚭尼。蚗鳧。虷紆。蚰由。蜒延。蝥牟。蠋燭。蝡臾。蝳毒。蜍餘。蛺夾。蜨山頰。蛈替。蛩恭勇。趗促。蜻精。螻樓。蜮古麥。蛆子魚。蝶渠。蝃逐。蚿弦。蠓蒙。螉翁。蠮一結。螠憶。螏即。蝛酒六。蚴幽。蛻悦。蠮烏結。螉翁。齕痕之。蚹博。蟭焦。洟他帝。蟔婢消。蛸消。蟅柘。蜢猛。蟘他則。螸粟容。蝑胥，又思吕反。蠢春。蝨黍。蝍即。蛆子餘。蜴士板。○各本「士」譌作「土」，惟影宋本、皇甫本不譌。蠽節。蛷求。蛟所留。蟱霧。蛷求。蠹女陟。蠀乃德。蝱盲。蜥錫，又七亦〔八三〕。蟁覓。蚾肥。螃秀。蝺兹。○各本「兹」譌作「慈」，今訂正。蜎烏泫。螽之戎反。蝗皇，又華孟。蚯邱。蚓引。蜿宛。蟺時涵。蟠煩。蝜之夜。蠊廉。蝟謂。蝡便。蜁旋。蛃步幸。蛹勇。蠁許兩。○各本「兩」譌作「雨」，今訂正。螌班。蟊茅。蝮扶福。蜟育。蜕始悦、始芮。蟱無。螭牛俱。蚨附于。○各本「附」譌作「付」，今訂正。蚲平音。䗺羊悖。螠古臘反。蜡大臘。蛘羊掌。

《釋魚》

鯸矦。鮔頣。魺河。○各本脱去「魺」字，「河」字又誤入正文，辨見《疏證》。䱥齒之。魧航。䲃唐。魠託。鮷啼。鯷締。○各本「啼」譌作「締」，「締」譌作「啼」。《集韻》、《類篇》「鮷」田黎切，又大計切，即因此而誤。考《玉篇》、《衆經音義》「鮷」音啼，不音締；「鯷」音締，不音啼。《廣韻》「鯷」字有啼音，而「鮷」字無締音。《太平御覽》引《廣雅》：「鮷、鯷，鮎也。」鮷音提，鯷音遞，今據以訂正。鮎那縑。鱺離，又力兮。鰑陽。鮦重。鱝積。鮒附。鰱力延。鱮嶼。䱋居冢。鮊音白。鱎奇兆。鮜乎豆。鰈乎寡。鯱虔。鱄普姑。䱐副周。鮈菊。鯼子公。魶那臘。鯢五兮。䱢測耕。鰝來的。鰅魚恭。鯙亭。䰲於八。䱝步佳。鱃秋。䱂要。䲋奥。○各本此下衍一「奥」字，今删。「奥」下又有「蝤也」二字，係正文誤入音内，辨見《疏證》。鯪陵。鱸力乎。鱣廛。蚵何。蠪龍。蜤析。○各本「析」譌作「折」，今訂正。蛙口圭。鼁巨彪。蚳恥支。鼃獲又。○各本「又」譌作「又」〔八四〕，惟影宋本、皇甫本不譌。蟈古獲。蚥甫。蜢孟。蝦霞。蟆麻。蜅甫。蟹乎買。蛫古彼。○各本「彼」譌作「皮」，今訂正。蜋郎。螘下哀。蜌陛。䖬閤。蠡力兮。蠃洛戈。蝸瓜。螔移。蝓瑜。蟀子律。螩條。蜮域。

《釋鳥》

鵜弟，又啼。鴂古惠、古二。鷶買。鴭古彼。鳺規。鴶古八、居一反。鵴菊。鷒團。鶚五各。鸄塹。鷲就。鵰彫。鵂休。鴟齒之。鸕盧休。○各本脱去「鸕」字，「盧休」二字又誤入正文，辨見《疏證》。鶜茅。鷜莫講。鷴閑。鵵兔。○各本「兔」譌作「免」，今訂正。鴸末。○各本「末」譌作「未」，今訂正。鴄匹。○各本「匹」皆作「迮」，「匹」俗作「疋」，因譌而爲「迮」，辨見《疏證》。鸗龍。鸙於甲，亦有鴨字如此。鴚加。鳫五諫。案鴈字亦如此，又鴈字。鶵隹。○各本脱去「鶵」字，「隹」字又誤入正文，辨見《疏證》。鴽如。鵮烏含。鵖郎。鶮高。鶻滑骨。鵃鵰，又竹交。鴔瓫。○瓫與盆同，各本譌作「瓮」，今訂正。鵔役。鵟葵。鵉浮。鵴菊。鵜弟、啼二音。鷸述。鷂篴照。○各本「照」譌作「昭」，今訂正。鶝福。鴀不尤。鷦焦。鵰弭沼。鸋乃定。鴂決。鸁力果。鷗匠。鶡曷。鴠旦。鴨苦汗。鴠旦。鼫石。鵖邕。鶏渠。雃邱莖。○各本「邱」譌作「五」，今訂正。鵀子幽。鶩務。鷇苦候。鵠古篤。蟔式墨。蟔音墨。鸜留。鴾仲。鸓力追。鸊布獲反，又步覓。鷉梯。鴆沈之去聲。鴰古活。○各本「活」譌作「沽」，今訂正。鵧動。鶈妻。鴩餘古反[八五]。搹隔。鶩敏音，人多作煩音，非也。○案：曹説非是，辨見《疏證》。各本「煩」譌作「頃」，今訂正。

《釋獸》

於烏。䖘塗。貔毗。豾丕。貒湍。貛蘿[八六]。狙七餘。貏山吏。狊決。貁烏郎。豠才胡。貕奚。貘暝。豨屯。犹柚。蜼誄。彀乎古。○各本「乎」譌作「平」，惟影宋本、皇甫本不譌。豰艾。貗山甲。貜仕禹。橧繒。圈奇勉。麛迷。麢奴侯。㕙五丸。娩匹萬。䨲乃侯。㹪所姦。獱頻。獺敕轄，又闥。虒啼。蹢的。躅鄒。蹯煩。犕狄。豭加。㹃[八七]部。㹈舍。騋酬陵、似陵二反。羓鉢。豶墳。猗於宜。

剭又進〔八八〕。㹅居言。鼳隹。䶂爵。鼢墳。鼬由溜。䶈如勇。䶄瓶。䶑於革。鼸讒。鼿乎。鼶博。䶍唐。鼨古熒。䶉零。𪖈煩。𪖆古。𪖐卜。鼤音攴。〇攴音普木反，各本譌作「支」，今訂正。䶃音俊。鼮耳。鼲古門。𪕐胡貪。䶅栁。〇各本「栁」譌作「抑」，今訂正。

《釋嘼》

驙大安、知連。駃決。騠蹄。䮭力兮。驒顛。犗古轄。𤛬博。羖古。羍撻。𣀦務。䍰辛兖。狑零。𤢨之涉。獹盧。獂原。楚黄楚有犬名如黄。〇各本「犬」譌作「大」，惟影宋本、皇甫本不譌。𤞎七勺反。狂霍。獖扶粉。辟避。睢渠夷。

王樹枏、王灝《校正〈博雅音〉後識》

《廣雅疏證》十卷，魏張揖撰，《疏證》則國朝高郵王念孫及其子引之所著也。揖字稚讓，清河人。太和中，官博士。據其所上《廣雅》表，書本三卷，後析爲四卷，又析爲十卷。是書又以卷帙浩繁，每一卷分爲上下卷，仍不易十卷之數。而以曹憲音坿於後，各自爲書，從其朔也。稚讓精於詁訓，所著《埤蒼》、《三蒼》、《難字》、《雜字》、《錯誤字》、《古今字訓》等書，今皆亡失，惟《廣雅》全書完具。然表言《廣雅》文凡萬八千一百五十，今本則止萬六千九百一十三字。蓋自隋、唐以來，脱譌舛亂，失其舊者多矣。懷祖先生參稽攷訂，爲正其譌字五百八十，删衍字九十六，補脱字五百九。其功力之勤，援據之博，考證之精，非惟張氏之功臣，抑亦曹君之諍友。余嘗以《廣雅》能補《爾雅》之所未備，而《疏證》則更能引伸《廣雅》之所未備，蓋訓詁淵藪，悉萃於此。自古及今，言小學者，未有能及之者也。其書亦間有訂正未審之處，如《釋詁》：「乎，極也。」乎與呼通。《禮記・檀弓》：「曾子聞之，瞿然曰：呼！」鄭注云：「呼，虛憊之聲。」然則「呼」爲困極，不必改爲「卒」。「杲，信也。」《説文》「杲」訓爲「明」，明即有信誼。《吕覽・禁塞》篇「以信其事。」《淮南・氾論》篇「乃始信於異衆也。」高誘注俱云：「信，明也。」則「杲」不必改爲「果」。「突，好也。」突者，窔之俗字。《集韻》「窔」或作「窈」。窔、窈蓋一字，猶婘之與孉也。《説文》：「窔窅，幽深也。」[八九]「窈，深遠也。」凡幽深者，皆有静好之意，故釋《詩・關雎》「窈窕淑女」者兩誼兼取之，則「突」不必改爲「妖」[九〇]。「矣，止也。」《説文》：「矣，語已詞也。」矣爲决絶之辭，語之住句，故曰「止通作已」，則「矣」不必改爲「竢」。「叢，遽也。」叢、族雙聲字。《書大傳》「卿雲藂藂」注云：「藂，或爲族。」族、湊同音，曹憲作音時讀「叢」爲族，故音七候反。本書：「族，湊也。」《白虎通》：「族者，湊也。」皆同音字爲訓。《漢書・律曆志》「太族」之「族」讀千候切，音湊，尤其證，則「叢」下不宜增「湊」字。「𣨛殐、𣩘㱤，殰歺也。」「歺」即「𣦵」字之脱譌，諸書無訓「歺」爲「夗」者，宜改「歺」爲「夗」，不宜於「歺」下增「夗」字。凡此之類，皆千慮中之一失，然不害其爲全書精粹也。光緒十三年花朝前一日王樹枬識。

《爾雅》尚已，《廣雅》亦博已。曹憲避諱，改「廣」爲「博」，名與實稱。今作「廣」，從始也。高郵王氏橋梓加以疏證，更明且備，張氏之功臣，曹君之諍友，實爲後學之良師。讀書先識字，蓋可忽乎哉？僕於小學，無所窺測，晉卿校勘此書，約舉數條，埒記於此，以俟有識者詳定焉。竹醉日王灝謹識。

【說明】

右先賢爲古書註音，實爲訓詁之先務，而所注之音又可爲音韻學研究提供豐富的實證。前人注音之作歷來受到學人重視，原因正在於此。

曹憲《博雅音》是隋、唐以來唯一爲《廣雅》注音之作，又是王念孫疏證《廣雅》時唯一的直接憑借，故其價值和地位更不容低估。

曹氏依《廣雅》傳本逐篇逐條摘出疑難詞語，一一注音，間有釋義，或指明《廣雅》所本。

曹氏注音方法有四：一是直音法，即在被注字下標同音字，或曰「某」，或曰「某音」，或曰「音某」。如卷一：萃律。祏音託。卷二：肬尤音。

二是反切法，即在被注字下標注反切上字和反切下字，一般不用「反」字和「切」字，間或用之，則只用「反」，絶無「切」字。如卷一：粗在户反。朴普木。抗口葬。關於「反」、「切」之别，《校正〈博雅音〉》卷二「尻也」條、卷六「闇闇」條王念孫辨之甚詳。

三是紐四聲法，即在被注字下標明讀某字之某聲，某字與被注字同聲同部不同調。如卷二：焪穹之去聲。卷三：拼蒸之上聲。

四是直音加直音，或直音加反切，或反切加反切，以標示又音。如卷四：仂力，又勒。倗朋，又普等。拴且全，子眷。

又偶有標「如字」者，即在被注字下標此二字，表示此多音字在此條中讀本音。如卷五：燀爨上闡音，下如字。此謂上「燀」字讀爲闡音，下「爨」字讀其本音。《周禮釋文》有平、去兩讀，《集韻》同，去聲爲本音，即七亂切。

《博雅音》傳至有清，其文字多有訛誤，既有曹氏標注之誤，又有後人刊刻之誤。王念孫校正時，既正曹氏之誤，又正傳本之誤。今本各字下〇之後均爲王氏校正語。王氏持論依據，除影宋本和皇甫本外，則「以意逆之」，其結論多允當可信。故王氏校正《博雅音》，不僅是張揖功臣，而且是曹氏諍友。

王氏校正本，今易見者，有《畿輔叢書》本、《四部備要》本、《叢書集成初編》本。校正本之文字亦未盡善：曹氏原本訛誤改正未盡，王氏校正本又增譌誤，其校語亦不免千慮之一失。故今復據最早最精之《畿輔叢書》本，參之以《廣雅疏證》及其他字書、韻書，重爲校注，綴於全書之後，一一以序號標明。

【校注】

〔一〕脱反切上字。《説文解字注》「妮」字注云：「五果切，十七部。按當依《廣韵》奴果切。」

〔二〕「之沾」二字疑衍。

〔三〕脱反切上字「俱」，本書卷八《釋器》「㮾」曹憲音俱緑反録、緑並力玉切，燭韻。可證。

〔四〕淖，女孝反，泥淖字。《莊子·逍遥游》「淖約如處子」，則爲尺約反。曹氏云「《莊子》亦以此字爲淖」，謂此。

〔五〕當從《廣韻》胡改切。《廣雅·釋詁一》：「㧡，動也。」《玉篇》同。而音「謂」則訓爲擔，見《集韻》。

〔六〕平，謂讀作平聲，音恭。

〔七〕此「狀」字疑本作「壯」。由「扶」而「狀」而「壯」，一譌再譌。

〔八〕「發」，當作「䝔」。《廣韻》方肺切。《廣雅·釋詁二》：「䝔，税也。」字本從貝，癹聲，不從月肉。

〔九〕謂讀作去聲。

〔一〇〕《集韻》「孑」音吉列切。「吉」下殆脱「列」字。

〔一一〕此注既非作音，又非釋義，王氏亦無説，甚可疑。《廣韻》補委切。《廣雅·釋詁二》：「佊，邪也。」

〔一二〕當作「韵」，見《廣雅疏證》二下。

〔一三〕當作「敀」，見《廣雅疏證》二下。

〔一四〕「䨲」，當作「䨲」，見《廣雅疏證》二下。

〔一五〕「彰」，當作「彰」，見《廣雅疏證》三上。

〔一六〕本篇：「諳，於劍。」反切上字「女」當作「於」，「女」涉下「拏」字而誤。

〔一七〕「諵」，《玉篇》「同詯」，荒内切。此音女家，則字當作「諵」，《廣雅疏證》三上正作「諵」。

〔一八〕「但」，當作「但」，故《廣雅·釋詁三》訓爲鈍，「但」則無此義。度滿反，乃「但」音，非「但」音。此字隋唐時已誤。

〔一九〕「㦆」，當作「㦆」，形近而誤。《釋詁》三：「㦆，敗也。」

〔二〇〕《集韻》音於盱切。疑反切上字「稱」乃「於」字之譌。於盱、於案音同。《釋詁》三：「咹，止也。」

〔二一〕注音之「邱」字殆為「丘」之避諱。其他音注中之「邱」字可能亦然。

〔二二〕安去，謂讀安之去聲。

〔二三〕《廣雅疏證》三下「廷，平也」條：案廷之言亭也。《淮南子·原道訓》：「甘立而五味亭。」高誘注云：「亭，平也。」曹憲音于放反，則是讀爲「子無我迂」之迂，其失甚矣。

〔二四〕據《説文·土部》，「疑即」下當脱「垐」字。

〔二五〕《廣雅疏證》三下：踈，從足，束聲。當音桑谷反。《説文解字注》「迹」字注云：「曹憲『踈』音匹迹反。《集韻》云：『迹或作踈。』則「踈」當爲「踈」字之誤。

〔二六〕《廣雅疏證》四上「㓨，傷也」條：「㓨者，鋭傷也，《説文》以爲籒文鋭字。《廣韻》又此芮切，云小割也。皆傷之意也。」王説是，曹音疑誤。

〔二七〕《釋詁》四：「黍，黏也。」《玉篇》同。《廣韻》陟輸切，《集韻》追輸切，音並同。曹憲音不詞，當作「音誅」。王氏失校，《疏證》四上亦無説。

〔二八〕「又」字下疑脱「絇」字。

〔二九〕反切上字當作「占」。「㪿」從折聲，折、占並在章母，「古」字誤。

〔三〇〕反切上字殆爲「丁」。丁斑、丁冷同音。

〔三一〕《廣韻》、《集韻》並時染切，云「縣名，在會稽」。時染、舌染音近。

〔三二〕卷五合《釋詁》、《釋言》爲一篇。參見〔三九〕。

〔三三〕《廣韻》「跧」音莊緣切。反切下字殆即「緣」字。

〔三四〕《廣雅疏證》五上：「犀當作屬。」又，曹氏讀「總」爲思，誤。

〔三五〕「埶」，《說文》作「𩚬」，讀若載。

〔三六〕《廣雅疏證》五下：曹憲音釋「擘」下有「古萬」二字。案古萬反非「擘」字之音。卷一云「拳，曲也」，曹憲音古萬反。疑此條下尚有「擘拳也」三字，而古萬則「拳」字之音也。

〔三七〕叉，《集韻》初加切，《廣韻》初牙切。「家」上殆脱「初」字。

〔三八〕《唐韻》「捐」音與專切。反切上字殆爲「與」。

〔三九〕自「嫭也」以下各條在《釋言》篇。例之卷六至卷十，此條前脱篇名《釋言》。

〔四〇〕反切上字「車」，從《廣韻》讀九魚切，下同。

〔四一〕《廣雅疏證》五下「囮，圝也」條：囮圝二字，曹憲並音由。《玉篇》囮圝並余周、五戈二切，鳥媒也。《廣韻》囮圝並以周切，圝又五禾切。案：囮與圝義同而音異。囮從化聲，讀若譌；圝從繇聲，讀若由。整理者按：依《説文》，囮，讀若譌，《唐韻》五禾切。或作圝。《唐韻》又音由。圝，或借由爲之，見《唐文粹七·吕温〈由鹿賦〉》；亦可借游爲之，見《文選·潘岳〈射雉賦〉》。《北户録》一引《字林》、《龍龕手鑑》亦並音由。足見囮圝混而爲一，自唐已然。王説與訓詁通例合，與諧聲合。

〔四二〕《廣雅·釋言》：「貳，汙也。」疏證：「貳當作膩。」《玉篇》：「膩，垢膩也。」曹憲音有「女史」

二字，即「女史」之譌。

〔四三〕蒠即葸，《廣韻》胥里切。

〔四四〕扼，當從《玉篇》乃果切。

〔四五〕去，去聲。

〔四六〕《廣雅·釋言》：「訳，謂也。」疏證：《集韻》、《類篇》引此皆作「訳，調也」。皆未知其審。

〔四七〕「抵」，當作「抵」，方與紙音相應。

〔四八〕驫，必幽反，音飆。香幽反，未詳所出，「香」殆爲「芳」字之誤。

〔四九〕《集韻》「施」音以豉切。疑反切下字作「豉」。以、余雙聲。

〔五〇〕《廣韻》「幪」音莫紅切。疑反切下字作「紅」。

〔五一〕《釋訓》：「軫軳，轉戾也。」疏證：考「軳」字本讀如「與子同袍」之袍。《玉篇》：「軳，步毛切，戾也。」《廣韻》同。轉入聲，則讀如「克岐克嶷」之嶷。整理者按：「牛力反」本此，職幽旁對轉。

〔五二〕齔，反切上字當作「叉」，作「又」者非。《博雅音》「叉」每誤作「又」。

〔五三〕栽，《唐韻》祖才切。「才」爲反切下字，王氏校語當云「才」上脱一字。栽、才不同紐。

〔五四〕甓，《唐韻》扶歷切，《集韻》蒲歷切。反切上字當是蒲、扶同聲母字。

〔五五〕「普」，當作「竝」。

〔五六〕「鉼」，當作「鉼」。

〔五七〕《廣雅疏證》七下「纙、⿰巾介，幘也」條：「⿰巾介」，各本譌作「帉」。凡隸書从介从分之字往往譌溷。曹憲音芳云反，則所見本已譌作「帉」。案：諸書無訓帉爲幘者，「帉」即下文「⿱分巾」字，乃巾名，非幘名也。《玉篇》、《廣韻》「⿰巾介」音介，幘也。

〔五八〕《玉篇》：「旰戈切，同靴。」按，旰，當做旴。

〔五九〕《廣雅疏證》七下「⿰革咠謂之⿰革解」條：「⿰革咠」，各本作「輯」。曹憲《音釋》：「輯，子入反。⿰革解音解。」《集韻》、《類篇》「輯」字注云：「《廣雅》：輯謂之⿰革解，一曰車⿰革咠。」「⿰革解」字注云：「《廣雅》：⿰革咠謂之⿰革解。」據此，則宋時《廣雅》本「輯」字有作「⿰革咠」者。案：《衆經音義》卷十五云：「⿰革咠，户犬反，大車縛槅者也。」引《廣雅》「⿰革咠謂之輢，居宜反」。輢、⿰革解聲相近，⿰革咠、輯形相似。然則⿰革解爲輢之異文，而輯爲⿰革咠之譌字也。

〔六〇〕「輇」下注「舟」，非音非義。未詳，存疑。

〔六一〕餳，從易聲，在陽部。而讀辭精切，則在耕部。陽耕可旁轉。大徐《説文》出「餳」字，從易聲，徐盈切，當爲「餳」字之誤，詳段玉裁《説文解字注》五下。

〔六二〕醋從茸聲，茸從耳聲，《説文注》。故《玉篇》「醋」作「酣」。

〔六三〕注文有誤，未詳。

〔六四〕此爲釋義，見《尚書·禹貢》注。非作音。

〔六五〕《廣雅疏證》八上「丙，席也」條：丙，曹憲音天念反。《説文》：「丙，舌皃。」義與席不相近。……則作茵者是。整理者按：王氏以爲「丙」乃「茵」之譌，非。例之「宿」甲骨文作「[illegible]」，寧滬一、四七八。隸作「㝛」，則丙與茵字異而義同。天念切，音近簟。丙訓席，形音義密合。《説文》「丙」下多音多義，古文字中同形異字者於此可見。

〔六六〕《廣雅疏證》八上「鼓⿰桼壴謂之⿰木瓦」條：「⿰桼壴」，曹憲音纇，字或作「⿰壴桼」。

〔六七〕䩺，當音叉，「又」字非。王氏校語中「又」字亦當作「叉」。

〔六八〕《廣雅疏證》八上「夫襓，木劍衣也」條：據《少儀》正義所引熊安生説，則《廣雅》本作「夫襓，木劍衣也」甚明。自曹憲所見本「夫」字始作「袪」，「木」字始譌作「袾」，袪、袾二字從衣，皆因與「襓」字相涉而誤。其「袾」字右畔從朮，則木字之訛。考《玉篇》、《廣韻》「袪」字皆音膚，不音扶。《説文》：「袪，襲袪也。」《廣韻》：「袪，衣前襟也。」皆非劍衣之名。又《説文》、《玉篇》、《廣韻》皆無袾字。曹憲音陳律反，非是。

〔六九〕反切上字「車」，九魚反。

〔七〇〕「㪔」，當作「㪔」，見《説文》。

〔七一〕誙，音莖，帝顓頊時樂名。下皆仿此，以釋義爲主。

〔七二〕「斟酌文武之道」，釋此樂名之來歷，謂勺之言酌也。

〔七三〕鼜從蚤聲，當依《説文》讀若戚，幽部與覺部對轉。次在支部，支幽不相近。

〔七四〕「土駕反」，當爲「士駕反」。《廣韻》助駕反。士、助同紐。

〔七五〕「穃」當作「穃」，即稭字，從耒，音聲。

〔七六〕「䟽」，當作「䟽」，即培字，從土，音聲。

〔七七〕筋，當音舉欣反。曹音居動反，未知所出，反切下字疑誤。

〔七八〕反切下字「軙」，未見於字書，疑爲「𨌲」字之誤。

〔七九〕「采」，當作「采」，古穗字。

〔八〇〕「棓」，當作「棓」，即棓字。

〔八一〕 䭰從兼聲，當音力占切，反切下字「古」當爲「占」之誤。

〔八二〕 音七傒反，則字當作「棲」。《博雅音》、《廣雅疏證》並誤作「棒」。

〔八三〕 音錫，錫讀如賜。

〔八四〕 上「又」當作「叉」。

〔八五〕 反切下字當爲「占」，「古」字誤。《博雅音》類此者數見。 曹氏反切下字亦誤。

〔八六〕 「雚」，當作「歡」。

〔八七〕 「犒」，當作「犒」，即犒字。

〔八八〕 反切上字「又」當作「叉」。

〔八九〕 《説文》：「窔，窅窔，突也。」王樹枏引《説文》誤。

〔九〇〕 《説文》訓「窈」爲「深遠」，與「窈窕」之「窈」不同。 王樹枏以連綿詞之記音符號等同於單音詞，誤甚。 段玉裁《説文解字注》「黽」字注云：「凡單字爲名者，不得與雙字爲名者相牽混。」又：「凡兩字爲名，一字與他物同者，不可與他物牽混。」王念孫《廣雅疏證》亦多有此意，王樹枏竟視而不見。

《廣雅疏證》補正

《自序》 凡字之譌者五百八十，改「五百七十八」。 脱者四百九十，改「四百九十一」。

《上〈廣雅〉表》注 乙「《神仙傳》」下二十六字〔一〕，改：《爾雅·釋詁》釋文引張揖《雜字》云：「訓者，謂字有意義也。」《襄二十九年穀梁傳》云：「此致君之意義也。」　乙「《後漢書・曹褒傳》」下十九字，改：臧氏在東曰：「張稚讓言叔孫通撰置《禮記》，不違《爾雅》，然則《大戴禮記》中當有《爾雅》數篇爲叔孫氏所取入。故《白虎通義》引《禮・親屬記》：『男子先生稱兄，後生稱弟；女子先生爲姊，後生爲妹。』文出《釋親》。《風俗通義》引《禮・樂記》：『大者謂之産，其中謂之仲，小者謂之箹。』文出《釋樂》。《公羊・宣十二年》注引《禮》：『天子造舟，諸侯維舟，卿大夫方舟，士特舟。』文出《釋水》。《孟子》『帝館甥于貳室』趙注引《禮記》：『妻父曰外舅，謂我舅者，吾謂之甥。』文出《釋親》。則《禮記》中之有《爾雅》，信矣。」

卷第一上

《釋詁》

業，始也。　「業猶創也」下，補：《莊子・秋水》篇云：「將忘子之故，失子之業。」

令、龍，君也。　「令，君也」下，補：《韓子・初見秦》篇云：「立社稷主，置宗廟令。」　乙「《賈子》」下十四字〔二〕，改：《吕氏春秋・介立》篇注云：方、旁、哀，大也。　乙「《堯典》云」下二十字〔三〕，改：《墨子・非攻》篇云：「其土之方，未至有數百里也；人民之衆，之裒。」

月大時也。」　乙「《後漢書》」下十二字，改：《呂氏春秋・大樂》篇注云：「渾讀如袞冕

「大」，是方與大同義。　墨籤云〔四〕：《逸周書・世俘解》「旁生魄」孔晁注云：「旁，廣大。

未至有數十萬也。」　「方，大也」下，補：《楚策》「方船積粟」，《史記・張儀傳》「方」作

仁、虞，有也。　墨籤云：《廣韻》：「侳，則卧切，有也。」「仁」字疑「侳」字之譌。《一切經音義》三引《白虎通》〔五〕：「虞樂言天下之民皆有樂也。」

抵、薦，至也。　「抵雲陽」下，補〔六〕：《河渠書》：「自中山西邸瓠口爲渠。」　「氐邸竝與　抵與氐通」，乙「與氐」二字。　「義竝與抵通」改「義亦與抵同」。　「臻，至也」下，補：《藝文類聚》引《書大傳》云：「薦，至也。」

乃、昔、迂〔七〕，往也。　「是乃爲往也」下，補：阮籍《爲鄭沖勸晉王牋》：「聖上覽乃昔以來禮典舊章。」乃昔，謂往昔也。　「聲竝相近」下，補：《楚語》：「左史倚相廷見申公子亹。」韋昭注云：「廷見，見於廷也。」長子引之云：「下文云子亹不出，則在家，非在朝也。不得言廷見，廷當爲迂。迂，往也，謂往至子亹之家而請見。故下文云『子亹不出也』，下文又云『鬭且廷見令尹子常』，廷亦迂之譌。」

黨、敨，善也。　「作美言」下，補改：《管子・霸形》篇云：「仲父盍不當言?」黨、讜、

當、昌竝聲近而義同。　「慤，謹也」下，補：《祭義》云：「慤善不違身。」

聆，從也。　「古通作令」下，補：《商子・算地》篇云：「故國有不服之民，主有不令之臣。」《爲欲》篇下補「云」。

悌、倫，順也。　乙「《孝經》」下三十三字，補：《孟子・滕文公》篇注云：「悌，順也。」《荀子・修身》篇云：「端慤順弟。」弟與悌同。　「倫之言順也」下，補：《莊子・天運》篇云：「夫至樂者，一盛一衰，文武倫經。」謂順其經也。

容、類、猨，灋也。　「與鍾會同」下，補：《太玄・中・次三》：「首尾信，可以爲庸。」范望注云：「庸，法也。」庸與容通。　「拱捄者」下，乙「長子」二字。　墨籤云：《太玄・毅・次七》：「觥羊之毅，鳴不類。」測曰：觥羊之毅，言不法也。」「謂之猨頭是也」下，補：猨猶憲也。《管子・宙合》篇云：「迹求履之憲。」憲、猨，語之轉耳。

期頤，老也。　「養道而已」下，補：古辭《滿歌行》：「百年保此期頤。」亦以「期頤」二字連讀。

款，誠也。　乙「《楚辭》」下十五字，改：《荀子・脩身》篇云：「愚款端慤，厲方也。」「其義一也」下，補：故《魏風・伐檀》篇「寘之河之側兮」傳云：「側猶厓也。」毛〔八〕

榦，正也。　「貞，正也」下，補：《文選・西京賦》注引薛君《韓詩章句》云：「榦，正也。」　乙「云榦正也」四字，改：與薛君同。

愾、臆，滿也。　乙「謂氣滿也」四字。　乙「《説文》『鎎，始戰也』」下五十八字，改：《哀公問》：「君行此三者，則愾乎天下矣。」鄭注云：「愾猶至也。」《家語·大婚解》與此同，王肅注云：「愾，滿也。」案：「愾」訓爲「滿」，於義爲長。「行此三者則愾乎天下」，猶《孔子閒居》言「致五至而行三，無以横於天下也」。　乙「《説文》『十萬曰意』」下百五十五字，改：《小雅·楚茨》篇：「我倉既盈，我庾維億。」億、盈亦語之轉也。《易林·乾之師》云：「倉盈庾億。」《漢巴郡太守樊敏碑》云：「持滿億盈。」是億即盈也。「我黍與與，我稷翼翼」，翼翼猶與與也。「我倉既盈，我庾維億。」維億猶既盈也。此億字但取盈滿之義，而非紀其數，與「萬億及秭」之億不同。《傳》以萬萬爲億，《箋》以十萬爲億，皆失之。《襄二十五年左傳》：「今陳介恃楚衆以凴陵我敝邑，不可億逞。」億逞即億盈，言其欲不可滿盈也。《文十八年傳》云：「侵欲崇侈，不可盈厭。」意與此同。盈與逞，古同聲而通用。《左氏春秋·昭二十三年》「沈子逞」，《穀梁》作「沈子盈」。《左氏傳》「欒盈」，《史記》作「欒逞」。又《左氏傳·昭四年》：「逞其心以厚其毒。」《新序·善謀》篇「逞」作「盈」。皆其證也。杜注訓「億」爲「度」，「逞」爲「盡」，皆失之。《漢書·賈誼傳》：「衆人惑惑，好惡積意。」意者滿也，言好惡積滿於中也。李奇云：「所好所惡，積之萬億。」薛瓚云：「衆懷好惡，積之心意。」

皆失之。

極，遠也。　「極，遠也」下，補：《史記・三王世家》云：「極臨北海。」

隱，安也。　「據定也」下，補：《漢析里橋郙閣頌》云：「改解危殆，即便求隱。」

畏、亟，敬也。　「畏者」下，補：鄭注《曲禮》云：「心服曰畏。」《孟子・公孫丑》篇云：「吾先子之所畏也。」　「謹重皃」下，補：《漢成陽靈臺碑》云：「齊革精誠。」　「亟悈」下，補「革」。

耎，棄也。　乙「子往矣」下七字。　「乏廢也」下，補：《僖十年左傳》云：「失刑乏祀」。

從、隨、駕，行也。　「今俱訂正」下，補：從者，《夏小正》：「嗇人不從。」傳云：「不從者，弗行。」　「逯然而往」下，補：隨者，《皋陶謨》：「隨山刊木。」《史記・夏本紀》「隨」作「行」。　「駕者」下，補：張注《漢書・司馬相如傳》云：「駕，行也。」　乙「是駕爲行也」五字。

疥、瘕、邛、疛、痗，病也。　「與疛通，疥」下，補「義見下條」。　乙「讀爲痎」下八十七字。〔九〕　乙「《巧言篇》」下七字。　乙「鄭箋竝」三字。　「邛，病也」下，補：《韓詩外傳》云：「《詩》曰：『匪其止共，惟王之邛。』言不共其職事，而病其主也。」　「小腹痛也」改「心腹病也」。　乙「《玉篇》云」下七字。　「今據以訂正」下，補：凡隸書從寸之字或書作木，故「疛」字或作「⿸疒木」，因譌而爲「⿸疒木」。《漢衛尉衡方碑》「遵尹鐸之⿱道木」，「導」字作「⿱道木」；《廣雅・釋言》篇「⿰木刂，切也」，「刌」字作「⿰木刂」，是其例也。　「女病也」改「瑕也」。〔一〇〕

棄，弌也。　墨籤云：《方言》六之五：「物無耦曰特，獸無耦曰介，飛鳥曰隻，鴈曰乘。」《管子・地員》篇：「一有三分而去其乘〔一一〕。」尹知章注：「乘，三分之一也。」揚雄《解嘲》：「乘鴈集，不爲之多；隻鳧飛，不爲之少。」　乙「《管子・形勢》篇」下三十字。

將、陶、旅，養也。　乙「《淮南子・原道訓》」下十三字，改：《墨子・尚賢》篇云：「食饑息勞，將養其萬民。」　「秦曰陶」下，補：《太玄・玄攡》：「資陶虛無而生乎規。」范望注云：「陶，養也。」旅者，《漢書・武帝紀》云：「旅耆老，復孝敬。」旅耆老，即《王制》所謂養耆老也。顏師古注云：「加惠於耆老之人，若賓旅。」失之。

哀也。　乙「《檀弓》」下十四字，改：《樂記》：「肆直而慈愛者。」鄭注云：「愛或爲哀。」

撟、穌、摣、抍，取也。　「撟，取也」下，補：《漢竹邑矦相張壽碑》云：「略涉傳記，矯取其用。」矯與撟通。　「斂之也」下，補：《管子・法禁》篇云：「漁利蘇功。」　乙「《史記・淮陰矦傳》」下二十二字。　「取物曰摣」下，補：《墨子・天志》篇云：「踰人之牆垣，抯格人之子女。」　「是其證矣」下，補〔一二〕：《大戴禮・禮察》篇：「人主胡不承殷周秦事以觀之乎？」承，取也。《漢書・賈誼傳》「承」作「引」，引亦取也。故《晉語》「引黨以封己」韋昭注云：「引，取也。」

殢，極也。　墨籤云：《呂刑》：「人極于病。」

怮、慆，憂也。　「與怮同」下，補：《賈子・容經》篇云：「喪紀之容怮然慆然若不還。」　「愁貌也」下，補：《太玄・內・次三》：「坎我西階。〔一三〕」范望注云：「坎，憂也。」「欿與慆通」改「欿、坎竝與慆通」。

坼，分也。「坼」改「折」，下補注「坼」字。　乙「坼，各本譌」下四十四字，改：折者，《鄉飲酒禮》：「乃設折俎。」鄭注云：「牲體枝解，節折在俎。」《少儀》：「以牛左肩臂臑折九个。」注云：「折，斷分之也。」《楚辭・九章》：「令五帝以折中兮。」王注云：「折猶分也。」「與斑通」下，補：坼者，《説文》：「坼，裂也。」《解》釋文引《廣雅》：「坼，分也。」《衆經音義》卷一、卷六、卷十七引《廣雅》，竝與《釋文》同，今本脱「坼」字。

庱，壞也。　「損也」下，補：《淮南子・説山訓》云：「比干以忠靡其體。」

侚、搖，疾也。　「幼而侚齊侚疾」均改作「侚」。　「《九章》」下，補「云」。　「而橫奔兮」下，補：《淮南子・原道訓》云：「疾而不搖。」

沃，美也。「注云沃美也」下，補：《襄二十五年左傳》注云：「衍沃，平美之地。」

敵，輩也。「謂之臺敵」下，乙「耦也」二字。

怍，慙也。「無所疑怍」下，補：《莊子·讓王》篇：「行脩於内者，無位而不作。」

卷第一下

《釋詁》

慫慂，勸也。「聳，獎也」下，補：獎與將，古字通，故《方言》作「將」。《史記·衡山王傳》：「日夜從容勸之。」《漢書》作「將養」，將養即慫慂之轉。

儓，臣也。「儓名也」改「儓召也」。

嫷、嫛，好也。「即好君何尤」下，補：《吕氏春秋·適威》篇：「民善之則畜也，不善則讎也。」高誘注云：「畜，好也。」乙「秦晉謂細要曰嫛」七字。

蜕、毻，解也。乙「毻毤」下六字，補「矣」。「撱脱也」下，補改：《論衡·道虛篇》云：「龜之解甲，蛇之脱皮，鹿之墮角。」隋、撱、墮義竝與毻相近。

䟞，强也。「䟞同也」下，補：《説文》：「忮，很也。」《莊子·齊物論》篇：「大勇不忮。」忮與䟞亦聲近義同。

孺，生也。　「孚乳而生也」下，補：《大荒東經》云：「東海之外大壑，少昊、孺帝、顓頊于此。」

福〔一四〕，盈也。　「亦傳寫誤也」下，補：《韓詩外傳》：「福乎天地之間者，德也。」謂盈乎天地之間也。今本「福」字亦誤從示。

源、頀、隱，度也。　「得原」下，補：《韓子・主道》篇云：「掩其跡，匿其端，下不能原。」　乙「隱心」下七字，改「注」。〔一五〕　乙「郭璞」下七字，改：《管子・禁藏》篇：「下觀不及者，以自隱也。」郭璞、尹知章注竝與劉熙同。〔一六〕

指，語也。　眉上有墨籤云：指王翳，曰：「此項王也。」

祕，勞也。　「無勞于憂」下，補改：又「天閟毖我成功所」，《漢書・翟方進傳》「毖」作「勞」，毖與祕通。

過，責也。　「督過之也」下，補：引之云：「《商頌・殷武》篇：『勿予禍適。』予猶施也。禍讀爲過。適與謫通。勿予過謫，謂不施譴責也。《史記・吳王濞傳》云：『賊臣鼂錯，擅適過諸侯。』是過、適皆責也。禍與過，古字通。《荀子・成相》篇説刑云：『罪禍有律，莫得輕重。』罪禍，即罪過也。」

目、診，視也。　乙「《史記・項羽紀》」下十二字，改：《宣十二年左傳》云：「目于眢井而拯之。」乙「《史記·扁鵲傳》」下十一字，改：《楚辭·九懷》：「乃自診兮在茲。」王逸注云：「徐自省視至此處也。」

迟，曲也。墨籖云：《漢書·韓長孺傳》：「廷尉當恢迟橈當斬。」服虔曰：「迟音企。」應劭曰：「迟，曲行避敵也。橈，顧望也。軍法語也。」又籖云：同查明板《漢書》、《史記》，皆作「逗橈」，注皆引「音豆」之説。

貢，上也。「義亦相近」下，補：貢亦謂自下而上也。《漢郎中鄭固碑》：「貢計王庭。」謂上計也。《泰山都尉孔宙碑》：「貢登王室。」謂上登也。《涼州刺史魏元丕碑》：「貢躡帝宇。」謂上躡也。

休，喜也。「休，喜也」下，補：《楚語》云：「教之世而爲之，昭明德而廢幽昏焉，以休懼其動。」「爲美失之」下，補：引之云：「《吕刑》云：『雖畏勿畏，雖休勿休。』謂雖喜勿喜也。休與畏正相反。《傳》訓休爲美，亦失之。」

睎、虞、傒，望也。乙「《莊子·讓王》篇」下十七字，改：《管子·君臣》篇云：「上下相希，若望參表。」乙「虞傒皆訓」下四十七字。

陗、清，急也。「陗，峻也」下，補：《韓詩外傳》云：「故吴起峭刑而車裂，商鞅峻法而支解。」乙「王褒」下十六字。「激清也」下，補：《莊子·齊物論》篇：「廉清而不信。」郭象注云：「激然廉清，貪名者耳，非真廉也。」

糾、檐，舉也。　「糾者」下，補：《周官・鄰長》：「掌相糾相受。」注云：「相糾，相舉察。」　乙「《管子・七法》篇」下二十二字。

貤，益也。　「與賆通」下，補：貤，曹憲音弋豉反。　乙「義與貤同」四字，改補：施與貤通，貤又爲饒益之益。《郊特牲》云：「順成之方，其蜡乃通，以移民也。」鄭注云：「移之言羨也。」釋文：「移，以豉反。」移亦與貤通。羨者，饒益之意，正與上文「謹民財」相對。《正義》以爲使民歆羨，失其指矣。

捎、衝，動也。　「掉搖也」下，補：《文選・長笛賦》：「纖末奮箾。」李善注引《方言》云：「捎，動也。」箾與捎同。　乙「《釋訓》云衝衝行也」七字，改：《易・是類謀》：「萌之衝。」鄭注云：「萌之始動。」「皆動貌也」，「皆」改「亦」。

制，折也。　「即折獄也」下，補：《吕刑》：「制以刑。」《墨子・尚同》篇「制」作「折」。「《爲政》篇」改「《顔淵》篇」。

娼，妬也。　墨籤云：《逸周書・祭公》篇：「女無以嬖御固莊后。」《緇衣》「固」作「疾」。

拫，引也。　「前卻爲拫挌」下，補：《太玄・玄圖》云：「寅贊柔微，拔拫于元。」

卷第二上

《釋詁》

咨,問也。「咨」改「資」。　乙「咨,各本訛作」下九字,改:資即咨字也。《表記》:「事君,先資其言。」鄭注云:「資,謀也。」《周語》:「事莫若咨。」《賈子·禮容語》篇作「資」。是咨、資古通用。〔一七〕

抇、劐,裂也。　「通作減矣」下,補:抇者,《荀子·議兵》篇云:「君臣上下之間滑然有離德。」滑與抇通。　「即破裂也」下,補:《荀子·議兵》篇云:「霍然離耳。」

愁,恚也。　「上下相恚也」下,補:《淮南子·詮言訓》云:「己之所生,乃反愁人。」

馮,怒也。　「通作馮也」下,補:故《史記·田完世家》之「韓馮」,《韓策》作「韓朋」。

𧆛,息也。　墨籤云:《思玄賦》:「姑純懿之所廬。」

煬,爇也。　墨籤云:「燎之方揚」,《谷永傳》作「陽」。《漢書·敘傳》:「炎炎燎火,亦允不揚〔一八〕。」

延,偏也。　乙「《呂刑》云」下十二字,改:《漢書·禮樂志·郊祀歌》:「焫膋蕭,延四方。」謂馨香偏達於四方也。

於、落,尻也。　乙「於與居聲相近」六字,改:《賈子·大政》篇云:「居官之道,不過於居家。故不肖者之於家也，不可以居官。」是於與居同義，故《序卦傳》：「物不可以久居其所。」晁説之云：「鄭作『物不可以終久於其所』。」　乙「落亦聚也」下二十字，改：《列女傳・賢明傳》云：「一年成落，三年成聚。」〔一九〕

役，助也。　「役者」下，補：《周官・薙氏》：「遂役之。」鄭注云：「役之，使助之。」「《少儀》云」，乙「云」字。　「鄭注云」，乙「鄭」字。

揞，插也。　眉批云：《漢書・蒯通傳》云：「將爭接刃於公之腹。」「插衽」改「捷衽」。「插臿扱捷」下，補「接」。〔二〇〕

尐，小也。　乙「《説文》秦晉」下九字。　「髮少小也」，「少」改「尐」。

尋，長也。　「凡物長謂之尋」下，補：漢李尋，字子長。

怒〔二一〕，健也。　「以當車轍」下，補：《史記・虞卿傳》云：「天下將因秦之彊怒，乘趙之弊。」〔二二〕

讀，説也。　「謂説之也」，「説」改「道」，下補：《莊子・則陽》篇云：「今計物之數，不止於萬，而期曰萬物者，以數之多者，號而讀之也。」

卷第二下

《釋詁》

瀰，洒也。「瀰，淅也」下，補：《秦策》：「簡練以爲揣摩。」高注云：「簡，汰也。」簡與瀰同。

且，借也。乙「《檀弓》」下二十四字，改：《隱元年公羊傳》：「且如桓立。」何休注云：「且如，假設之辭。」「何氏隱義」改「音義隱」。

賨，稅也。「《南蠻賦》也」下，補：《晉書·李特載記》云：「巴人呼賦爲賨。」

罷，歸也。「《左傳》云」，乙「云」字。「布路而罷」下，補：謂分散而歸也。《吳語》：「遠者罷而未至。」韋昭注云：「罷，歸也。」

幔，覆也。「幔，幕也」，「幕」改「幎」。

遽，懼也。乙「遽謂惶遽也」五字，改：遽者，《襄三十一年左傳》注云：「遽，畏懼也。」

疲，嬾也。「疲嬾也」下，補：即今俗語所謂疲玩也。「有似於罷」下，補：《齊語》云：「罷士無伍，罷女無家。」

淋，瀆也。「下也，義竝相近」下，補：《漢李翕析里橋郙閣頌》云：「涉秋霖瀌。」霖與淋同。淋漉猶瀧漉，語之轉耳。

𥗽、裔，習也。〔二三〕　乙「《後漢書》」下二十九字，補：《漢書·武帝紀》：「怵於邪說。」「怵」，一本作「怢」。服虔云：「怢音裔。」應劭云：「狃怢也。」　乙「《釋言》」二字。　乙「《釋詁》」下十二字。

待也。　「跱，止也」下，（下）補：《素問·脈要精微論》：「數動一代。」王冰注云：「代，止也。」代與待亦聲近而義同。

既，失也。　「義相近」下，補：《史記·太史公自序》云：「不既信，不倍言。」是既爲失也。

孑孓，短也。　「檝謂之栻」，「栻」改「杙」。

陠、俄、墍、險，衺也。　「陠，衺也」下，補：《漢李翕析里橋郙閣頌》説郙閣之狀云：「緣崖鑿石，處隱定柱，臨深長淵三百餘丈。」蓋閣傾衺不平，因謂之郙閣矣。郙與陠同。「亦是傾衺之意」下，補：《大戴禮·千乘》篇説司寇治民煩亂之事云：「作於財賄、六畜、五穀曰盜；誘居室家有君子曰義；子女專曰媄；飭五兵及木石曰賊；以中情出，小曰閒，大曰諜；利辭以亂屬曰讒；以財投長曰貸。」以上八者，皆寇賊姦宄之事。義即「䲹義姦宄」之義也　乙「《昭三十一年〈左傳〉》」下三十五字。　《説文》：「差，貳也。」「貳」改

「貳」。　「皆傾衺之義也」下，補：《荀子·性惡》篇云：「人無師法，則偏險而不正。」

遁，欺也。　「遁者」下，補：《管子·法禁》篇云：「遁上而遁民者，聖王之禁也。」

遊，俠也。　「《游俠論》」改「《武帝紀》」。

精，論也。〔二四〕　「誦論也」下，補：精者，微之論也。凡約言大要謂之粗略，討論祕旨謂之精微。《漢小黄門譙敏碑》云：「演明箕陾讖録圖緯，能精微天意。」精微即講論之意，故漢人講學處謂之精舍。《後漢書·黨錮傳》「劉淑隱居，立精舍，講授諸生」是也。

卷第三上

《釋詁》

幓，餘也。　「殘帛也」下，補：又云：「帗、幓，裂也。」

𤡟㹸，飛也。　「趁趕𤡟㹸」下，補：《漢鐃歌·思悲翁》篇云：「拉沓高飛暮安宿。」

欲，穿也。　乙「《逸周書》」下十五字，改：《大戴禮·曾子疾病》篇：「魚鼈黿鼉，以淵爲淺，而蹷穴其中。」《潛夫論·貴忠》篇「蹷」作「穿」。闕、蹷

撅，投也。　「今訂正」下，補：撅者，《方言》：「楚凡揮棄物謂之敲。」郭璞注云：「敲，今汝潁閒語亦然，或云撅也。」《大荒東經》：「橛以雷獸之骨。」郭注云：「橛猶擊也。」

橛與撅通。

娍，輕也。　乙「《爾雅》越揚也」下二十四字，改：《呂氏春秋・本味》篇注云：「越越，輕易之貌。」是越與娍同義。《緇衣》引《大甲》曰：「毋越厥命以自覆也，若虞機張往，省括于厥度。」則釋「越」輕易也，言毋輕發汝之政令以自敗也，必度於道而行之，若射之省矢括於其度而後釋，正見發令之不可輕易也。　上文云：「小人溺於水，君子溺於口，大人溺於民，皆在其所褻也，故君子不可以不慎也。」曰「在其所褻」，曰「不可不慎」，皆戒其輕易也。鄭注以「越」爲顛蹷，失之。《荀子・非相》篇：「筋力越勁。」亦謂輕勁也。　「以越爲過人」下，補「亦」。

錯、鑋，磨也。　「李鼎祚」改「虞翻」。　乙「《玉篇》音余傾」下三十二字，改：《爾雅・釋鳥》注：「鷿鷉，膏中鑋刀。」釋文云：「鑋，磨鑋也。」〔二五〕

孤、寡，獨也。　墨籤云：《管子・入國》篇：「丈夫無妻曰鰥，婦人無夫曰寡。　取鰥寡而合和之，此之謂合獨。」

賬，賫也。　乙「《史記》」下十二字，改：《晉語》云：「假貸居賄。」　「與賬通」下，補：字又作「舉」。《史記・越世家》云：「父子耕畜廢居，候時轉物。」《仲尼弟子傳》云：「子貢好廢舉，與時轉貨貲。」廢舉，即廢居也。〔二六〕

矯、侹、當，直也。〔二七〕　乙「王逸注」三字，改：《淮南子・説山訓》：「始調弓矯矢。」王逸、高誘注竝　乙「襄五年」下十八字，改：《考工記・弓人》：「於挺臂中有附焉。」鄭注云：「挺，直也。」　乙「《説文》『當，田相直也』」七字，改：《管子・霸形》篇：「仲父盍不當言？」當言，直言也。

曣，煗也。　乙「晏而温」三字，改：《韓子・外儲説》云：「雨霽日出，視之晏陰之閒。」〔二八〕

氾，污也。　「皭然」改「皭焉。」

匋、流，七也。　墨籤云：《淮南子・主術訓》：「禽獸昆蟲，與之陶化。」《文子・精誠》篇「陶化」作「變化」。　乙「《莊子・逍遥遊》」下三十一字，改：《漢書・董仲舒傳》：「《書》曰：有火復于王屋，流爲烏。」是流爲化也。

盇，何也。　「盇，曷也」，改「曷，盇也」。

農，勉也。　乙「《洪範》云農」下十三字。

藏，㴱也。　「藏者」下，補：《素問・長（刺）〔刺〕節論》：「頭疾痛爲藏鍼之。」王冰注云：「藏猶㴱也。」　「藏猶㴱也」改「奥藏猶奥㴱也」。

雡，少也。　「《説文》作雡」下，補：《吕氏春秋・仲夏紀》注云：「雛，春鷚也。」　乙

「《玉篇》」下七字。

秝，疏也。　「適歷是也」下，補：《管子・地員》篇：「赤壚歷彊肥。」　「李善注云」改補「李善、尹知章注竝云」。　「歷猶疏也」，乙「猶」字。　乙「古詩」下八字。

著也。　墨籤云：《華嚴經音義》上引《廣雅》：「置，著也。」

堅、坌、坺，塵也。　「塵埃也」下，補：《玉篇》於奚、於計二切。《淮南子・説山訓》注云：「埵堁猶塵翳也。」翳與堅同。《説文》：「𡔛，天陰塵起也。」義與堅亦相近。　乙「高誘注」三字。　「《齊俗訓》」下，補「注」。　「塵起也」下，補：《易稽覽圖》云：「黄之色，悖如麴塵。」　「《蜀都賦》」下，補「云」。　「教與埻通」改「悖、教竝與埻通」。

稽、亢，當也。　「古之道也」下，補：《王莽量銘》云：「同律度量衡，稽當前人。」　朱籤云：《宣十三年左傳》：「晉以衛之救陳也討焉。」孔達曰：「我則爲政，而亢大國之討，將以誰任？我則死之。」案：亢者，當也。大國之討，謂晉討衛之救陳也。言我寔掌衛國之政，而當晉之討，不得委罪於他人也。　前年宋伐陳，衛孔達救陳，曰：「若大國討，我則死之。」是其證也。　杜訓「亢」爲「禦」，以「亢大國之討」爲「禦宋討陳」，皆失之。

瞶，聲也。　墨籤云：《易林・家人之咸》：「心狂志悖，視聽聳顡。」

帶、徽，束也。　「是束之義也」下，補：《襄十年左傳》：「帶其斷以徇於軍。」謂束其斷布以徇也。「兩股爲纆」下，補：《太玄・養・次七》云：「小子牽象，婦人徽猛。」

爲，施也。「盡加重罪」下，補：爲者，《呂氏春秋・長利》篇注云：「爲，施也。」今俗語猶云「施爲」矣。

担、剥，擊也。「《廣雅》作笪」下，補：古辭《婦病行》云：「有過，慎莫笪笞。」「剥與扑聲義同」下，補：《説文》作「攴」。

攻，伏也。「伏於下也」下，補：諸書無訓「攻」爲「伏」者，「攻」當爲「𢻱」字之誤也。隸書「氐」或作「互」，「工」或作「工」，二形相似，故「𢻱」誤爲「攻」。《漢李翕析里橋郙閣頌》：「挍致攻堅。」「攻」字作（𢻱）〔𢻱〕，是其證也。《淮南子・説林訓》：「使工厭竅。」今本「工」誤作「氐」。《大戴禮・帝繫》篇：「青陽降居江水。」今本「江」誤作「泜」。是從工從氐之字多因形近而譌也。𢻱，《玉篇》音丁禮切。𢻱者，伏藏之名。《襄二十九年左傳》：「若泯棄之物，乃坻伏。」釋文：「坻音旨。又丁禮反。」《後漢書・馬融傳》：「駭恫底伏。」李賢注云：「底伏，猶滯伏也。」坻、底竝與𢻱通。是𢻱與伏同義。王褒《四子講德論》：「雷霆必發，而潛底震動。」潛底，猶潛伏也。伏與隱義相近，故《釋言》又云：「𢻱，隱也。」《論衡・感虚》篇云：「夏末政衰，龍乃隱伏。」即《傳》所云「物乃坻伏也。」[二九]𢻱又通作低。《論衡・龍虚》篇引《左傳》作「物乃低伏」。

寶，道也。　「寶者」下，補：《檀弓》：「喪人無寶，仁親以爲寶。」鄭注云：「寶謂善道可守者。」〔三〇〕

銖，鈍也。　「其兵戈」，乙「戈」字。

伐、淹，敗也。　墨籤云：《一切經音義》引《白虎通》曰：「伐者何？伐，敗也，欲敗去之。」「謂浸漬之」下，補：《後漢書·安帝紀》云：「秋稼埀，可收穫，而連雨未霽，懼必淹傷。」〔三一〕

卷第三下

《釋詁》

庸，和也。〔三二〕　「各本譌作膚」改「各本皆作膚」，下補：《干禄字書》：「庸，俗作庸。」故譌而爲「膚」。韋昭注《周語》云：「庸，和，用也。」

戮，辱也。　「古亦同聲」下，補：戮者，《周官·掌戮》注云：「戮猶辱也。」〔三三〕沈、騤、駐，止也。〔三四〕墨籤云：《家語·七十二弟子》篇：「公晳哀字季次。」今本「次」譌作「沉」。　「騺，不行也」下，補：魏阮瑀《駕出北門行》云：「馬樊不肯馳。」「馬騺不行」下，補：《太玄·玄錯》云：「進欲行，止欲騺。」　「騺與駐同」，「騺」下補「竝」。

截、對、澡，治也。　「整齊而治」下，補：《漢啟母廟石闕銘》：「九域少其脩治。」少與截通。　乙「《玉篇》《廣韻》竝同」六字，改：《宣十二年左傳》：「其君無日不討國人而訓之。」杜預注與《説文》同。　「治去莩垢」下，補：《士虞禮》：「澡葛絰帶。」鄭注云：「澡，治也。」

緛，縮也。　「亦與緛同」下，補：字又作「儒」。《管子・宙合》篇：「此言聖人之動靜、開闔、詘信、浧儒、取與之必因於時也。」浧與盈同，儒與緛同。盈緛，猶盈縮也。

猴、素，本也。　「今據以訂正」下，補：《後漢書・南蠻傳》：「雞羽三十鍭。」鍭與猴通。李賢注以爲鍭矢，失之。　「所本始也」下，補：《説苑・反質》篇云：「是謂伐其根素，流於華葉。」

窾，空也。　「窾，空也」下，補：《管子・國蓄》篇云：「大國内款，小國用盡。」

奪，敡也。　「平易之易」下，補：假爲「相假易」之易。　「後患之辭」下，補：《易乾鑿度》云：「兗明四通，佼易立節。」　「與夷同義」下，補：「假」訓爲「易」者，易謂相寬假也。《桓十三年左傳》：「見莫敖而告諸天之不假易。」謂天道之不相寬假也。《僖三十三年左傳》云：「敵不可縱。」《史記・春申君傳》：「敵不可假。」《秦策》作「敵不可易」。是假、易皆寬縱之意也。杜注謂「天不借貸慢易之人」，失之。

宗，衆也。　「同人于宗」下，補：《逸周書・程典解》：「商王用宗讒。」「荀爽、王逸」下，補「孔晁」。

尚，質，主也。　乙「之言掌也」四字，改「者」。「尚，主也」下，補：尚與掌聲近而義同，故《呂氏春秋・驕恣》篇「遽召掌書」，《新序・刺奢》篇「掌」作「尚」。「杜預注云」改「杜預、郭象注竝云」。眉批云：《莊子・庚桑楚》篇：「因以己爲質。」〔三五〕

㸐、爲、名，成也。　「《踐阼》篇云」，乙「云」字。乙「毋曰胡害」下八字，改：謂其禍將成也。《楚辭・遠遊》：「無滑而魂兮，彼將自㸐。」謂「彼將自成」也。「《泰族訓》云」，乙「云」字。「是然爲」改「謂物自爲成也」，下補：《月令》：「閉塞而成冬。」《呂氏春秋・音律》篇作「閉而爲冬」。「名，成也」下，補：《法言・五百》篇：「或性或彊，及其名一也。」名者，成也，猶《中庸》言「及其成功一也」。李軌注以「名」爲名譽之名，失之。

堇，少也。　「蓋廞有存者」下，補：《墨子・辭過》篇云：「謹此則止。」「不獨饉」，「饉」改「勤」。

屯，難也。　「載重難行」，乙「行」字。

戮，辠也。　「辠孽矣」下，補：戮者，《襄二十六年左傳》云：「專祿以周旋〔三六〕，戮也。」是戮爲辠也。

枚，收也。「鳩、救古通用」下，補：救、枚形相近，故「救」譌作「枚」。《史記・淮南衡山傳》：「江都人救赫。」《漢書》作「枚赫」，是其例也。

覹，覗也。乙「《史記》」下十九字，改：《楚策》云：「君不如使人微要靳尚而刺之。」

頻，比也。「頻者」下，補：《大雅・桑柔》箋云：「頻猶比也。」

更，過也。「與徑同」下，補：更者，《史記・秦本紀》：「秦兵遂東，更晉地。」更，過也。

彌，久也。「久，長也」下，補：《逸周書・謚法解》云：「彌，久也。」

踈、㠉，迹也。墨籤云：段氏《説文注》云：「踈」當作「踈」，「曹憲『〔踈〕』音匹迹反。《集韻》云：『迹或作踈。』」「《釋獸》：『鹿，其跡速。』」「速」亦當爲「速」。《説文》：「𢓜，相迹也。」另行有「齊師敗績，公將馳之」，蓋「驅逐也」條下文。

驅，逐也。墨籤云：「北池郡歸德洛水〔三七〕，出北蠻夷中，入河。」「河」本作「渭」。

紉，索也。「紉索也」下，補：《惜誓》注云：「單爲紉，合爲索。」〔三八〕

卷第四上

《釋詁》

廢、鉒，置也。　墨籤云：《莊子・徐無鬼》篇：「於是乎爲之調瑟，廢一於堂，廢一於室。」　乙「注與鉒通」四字，改：《荀子・榮辱》篇：「則君子注錯之當，而小人注錯之過也。」楊倞注云：「注錯與措置義同」。　注亦鉒也，錯亦措也，故《廣雅》「措」、「鉒」同訓爲「置」矣。　「其證也」改「鉒與注通」。

職，業也。　墨籤云：《管子・明法解》篇：「孤寡老弱，不失其所職。」

據，定也。　乙「《釋名》」下十字，改：《襄九年穀梁傳》：「恥不能據鄭也。」言諸侯不能定鄭也。《史記・白起傳》：「趙軍長平，以按據上黨民。」按據，猶安定也。《鹽鐵論・繇役》篇云：「四支强而躬體固，華葉茂而本根據。」

石，擿也。　乙「《新書》」二字，補：《史記・王翦傳》云：「方投石超距。」《漢書・甘延壽傳》云：「投石拔距，絶於等倫。」石者，擿也。投石猶言投擿。　距如「距躍三百」之距，應劭以「拔距」爲「超踰」，司馬貞以「超距」爲「跳躍」，皆是也。「投石超距」、「投石拔距」，皆四字平列。　石亦投也，距亦超也，越亦拔也。　應劭云：「投石，以石投人也。」劉逵注《吴都賦》云：「拔距，謂兩人以手相案，能拔引之也。」皆非是。《賈子》

襞、結，詘也。　乙「皆詰屈之意也」六字，改：高誘注《西周策》云：「山形屈辟，狀如羊腸。」　墨籤云：《易林・姤之豫》云：「躄屈復伸。」　「言詰屈也」下，補：《月令》云：「蚯蚓結。」

緣，循也。　乙「《急就篇》」下二十一字，改：《列禦寇》篇：「緣循、偃佒、困畏不若人。」郭象注云：「緣循，仗物而行者也。」《韓詩外傳》：「緣理而行。」《説苑・雜言》篇「緣」作「循」。

襮，表也。　「臣請爲襮」下，補：高誘注云：「襮，表也。」《新序・義勇》篇「襮」作「表」。　「曹大家及高誘注」改「曹大家注與高誘同」。　乙「竝云襮表也」五字。

奥，藏也。　乙「之言幽也」下二十二字，補「者」。　「厥民奥」下，補：《老子》：「道者，萬物之奥。」河上公注云：「奥，藏也。」〔三九〕

擿，舒也。〔四〇〕　「其辭句失之」下，補：張衡《思玄賦》：「離朱脣而微笑兮。」亦以離爲擿也。

竊，私也。　乙「王逸」下十字，改：《吕氏春秋・知士》篇注云：「竊，私也。」〔四一〕

膚，傳也。　乙「《晉語》」下十五字。　乙「鄭衆注」下十五字，改：鄭司農云：「旅讀爲旅于泰山之旅，謂九人傳辭。」後鄭讀爲鴻臚之臚，臚，陳之也。《士冠禮》「旅占」，古文

「旅」作「臚」。臚、旅古通用。《襄十四年左傳》：「史爲書，瞽爲詩，工誦箴諫，大夫規誨，士傳言，庶人謗，商旅于市。」杜預注云：「旅，陳也。陳其貨物，以示時所貴尚。」引之云：「旅讀鴻臚之臚，陳言也，傳言也。《晉語》：『風聽臚言於市。』韋昭注云：『臚，傳也，采聽商旅所傳善惡之言。』是也。《周語》云：『庶人傳語。』此《傳》云『士傳言』，竝與『臚言』同義。韋注『庶人傳語』云：『庶人卑賤，見時得失，不得達傳，以語士也。』杜注『士傳言』云：『士卑，不得徑達，聞君過失，傳告大夫。』然則商人亦卑賤，不能徑達，故傳言於市，以待上之風聽而已。《漢書·賈山傳》云：『史在前書過失，工誦箴諫，瞽誦詩諫，公卿比諫，士傳言諫過，庶人謗於道，商旅議於市。』彼文皆取此《傳》爲之，而末云『商旅議於市』，則是以旅爲商，殆由誤讀《傳》文而然，然於『於市』之上增一『議』字，亦足證商人之以言諫，而非以貨諫矣。」

愛，人，仁也。　墨籤云：《方言》十：「凡言相憐哀，九疑、湘潭之閒謂之人兮。」

「人即仁也」下，補：《穀梁春秋·莊元年》：「夫人孫于齊。」傳云：「孫之爲言猶孫也。諱奔也。接練時，録母之變，始人之也。」録亦謂閔録之也。人之者，仁之也。謂於練時閔録夫人之不與祭，於是始仁之也。《公羊傳》云：「夫人固在齊矣。其言孫于齊何？念母也。」彼言「念母」，此言「人之」，其義一也。范甯謂「始以人道録之」，非是。

遜、逋，遲也。　乙「《史記・衛將軍傳》」下二十四字。　「字亦作犂」下，補：《史記・南越傳》：「犂旦，城中皆降伏波。」「犂」一作「比」。《漢書》作「遲」。是遲、犂二字竝與比同義。　乙「僖二十三年」下三十字，改：《史記・晉世家》：「重耳謂其妻曰：『待我二十五年，不來乃嫁。』其妻笑曰：『犂二十五年，吾冢上柏大矣。』」義亦同也。　「去稽留」下，補：《太玄・（耎）〔㶣〕》：「測云：『縮失時，坐逋後也。』」

愇、吝，悁也。　「很亦恨也」下，補：《楚辭・九章》：「懲連改忿兮，抑心而自强。」「連」，當從《史記・屈原傳》作「違」。違，恨也。言止其恨，改其忿也。王逸注以「連」爲留連，失之。　「吝恨惜也」下，補：《屯・六三》「往吝」馬融注云：「吝，恨也。」

嫧、齗、琝，齊也。　「所以爲嘖也」下，補：《太玄・玄攡》云：「嘖以牙者，童其角。」「嘖與嫧通」，「嘖」下補「竝」。　乙「今人狀物」下十三字，改：《荀子・君道》篇云：「其知慮足以決疑，其齊齗足以距難。」是齗爲齊也。　「竝與琝同」下，補：褚少孫續《滑稽傳》：「騶牙者，其齒前後若一。」齊等無牙，故謂之騶牙。索隱云：「以有九牙齊等，故謂之騶牙，猶騶騎然也。」騶與琝亦聲近而義同。

病，苦也。　「人極于病」下，補：病猶苦也，故《呂氏春秋・貴卒》篇「皆甚苦之」高誘注云：「苦，病也。」

卷第四下

《釋詁》

嘈，聲也。　乙「《周天大象賦》」下十三字。

颼，風也。　「劉逵《蜀都賦》」，「蜀」改「吴」。

總〔四二〕、紗，微也。　「《顧命》云」上〔四三〕，補：《大戴禮·文王官人》篇：「微忽之言。」忽亦微也。盧辯注云「謂微細及忽然之語」，失之。　「之微德也」下，補：宋玉《小言賦》云：「纖於毳末之微蔑。」

宋，静也。　乙「《淮南子·俶真訓》云虚無寂寞」十一字，改：《吕氏春秋·審分覽》云：「意氣得遊乎寂寞之宇。」〔四四〕

䊢，舂也〔四五〕。　墨籤云：孫穀《古微書》引《春秋説題辭》云：「孔子言曰：『七變入臼米出甲。』」謂磑之爲糲米也。舂之則粺米也，師之則鑿米也，舀之則毇米也，又籅擇之，暘暛之，則爲晶米。

巉、巗、岑，高也。　乙「《淮南子·覽冥訓》」下十五字。　墨籤云：《管子·宙合》篇：「陵岑巖。」〔四六〕

刑，剄也。　「刑，剄也」下，補：刑與剄，古同聲而通用。《史記·淮南厲王傳》：「令從者魏敬剄之。」《漢書》「剄」作「刑」。

奕，容也。 「容也」下，（下） 補：《賈子・道術》篇云：「包衆容易謂之裕。」《荀子・非十二子》篇：「遇賤而少者，則脩告導寬容之義。」《韓詩外傳》「容」作「裕」。

跌，差也。 「跌作失」下，補：《荀子・王霸》篇云：「楊朱哭衢塗，曰此夫過舉蹞步而跌千里者夫。」

揄，脱也。 「轉爲悦矣」下，補：《太玄・格・次三》：「裳格鞶鉤渝。」范望注云：「渝，解也。」渝與揄，義亦相近。〔四七〕

緼，饒也。 「字書温有兩義」，「温」改「煴」。

低，舍也。 乙「低讀爲氐」下六十七字，改：低者，《楚辭・招魂》：「軒輬既低。」王逸注云：「低，屯也。」屯亦舍也。《九章》：「邸余車兮芳林。」王注云：「邸，舍也。」「邸」，一作「低」。

抗，絓，縣也。 「聲相近也」下，補：《僖元年公羊傳》云：「於是抗輈經而弒。」是抗爲縣也。 乙「者《楚辭・九章》」下十九字，改：與挂通。

⿰镸兆、⿰镸夭，長也。 墨籤云：《文子・上仁》篇：「不掩羣而取⿰镸夭⿰镸兆。」

倚，因也。 「與因同義」下，補：《老子》：「禍兮，福之所倚。」河上公注云：「倚，因也。」

必，敕也。　「與敕同義」下，補：「必」當爲「密」。《繫辭傳》云：「君子慎密而不出。」是謹敕之意也。字通作宓。蜀秦宓，字子勑。勑與敕通。《論衡・問孔篇》云：「周公告小材勑大材略。」勑謂密也，略謂疏也。（或曰）

㝌，貧也。　「㝌爲貧也」下，補：《莊子・讓王》篇：「内省而不窮於道。」《吕氏春秋・慎人》篇「窮」作「疚」，窮與貧義相近。

[illegible]，灺也。　「謂燭盡堲」，乙「堲」字，下補：《檀弓》釋文引《管子》作「即」，堲、即竝〔通〕。

蔫，葾也。　「草木」改「百草」。　「宛，夗貌」下，補：《淮南子・俶真訓》：「形傷於寒暑燥溼之虐者，形苑而神壯。」高誘注云：「苑，枯病也。」

[illegible]，低也。　「墊、摯竝通」下，補：《樂記》云：「武坐致右憲左。」致亦與[illegible]通，憲與軒通。

卷第五上

《釋言》

曼，無也。「同訓爲無也」下，補：無之轉爲曼，猶蕪菁之轉爲蔓菁也。〔四八〕

廩，治也。乙「廩曹憲」下全注，改：《桓十四年公羊傳》注云：「廩者，釋治穀名。」

礄、沰，磓也。墨籤云：《四民月令》引農家諺云：「上火不落，下火滴沰。」

與，如也。乙「王曰今之」下二十一字。「皆訓爲當也」下，補：《史記·匈奴傳》：「單于自度戰不能如漢兵。」《漢書》「如」作「與」。

恑，反也。「詭反也」下，補：《韓子·詭使》篇云：「下之所欲，常與上之所以爲治相詭。」乙「《漢書·武五子傳》」下十一字。

穌，寤也。「通作寤」下，補：《楚辭·九章》：「蘇世獨立。」王逸注云：「蘇，寤也。」

跖、蹻，蹠也。乙「《漢書》」下一百三十字。

譏、諫，怨也。「與譏刺同意」下，補：《襄二十七年左傳》：「伯有賦《鶉之賁賁》」，趙文子告叔向曰：伯有「志誣其上，而公怨之，以爲賓榮」。「怨」亦謂譏刺也。

竈，造也。「與造通」下，補：《吴越春秋·夫差内傳》：「勒馬銜枚，出火於造。」即《吴語》所謂「係馬舌，出火竈」也。

已，紀也。　墨籤云：《桓二年穀梁傳》：「已即是事而朝之。」范甯注云：「已，紀也。」

馮，登也。　「之次序」下，補：《荀子・宥坐》篇：「百仞之山，而豎子馮而游焉。」《韓詩外傳》「馮」作「登」。

摎，捋也。　「義竝相通」下，補：《爾雅》：「流，求也。」張衡《思玄賦》舊注：「摎，求也。」是摎、流古通用。

蹶，蹠也。　「趣蹠也」下，補：《史記・夏矦嬰傳》云：「漢王常蹶兩兒，欲棄之。」〔四九〕　乙「《說林訓》」下十三字。

遂，育也。　「遂作育」下，補：《齊語》：「犧牲不略，則牛羊遂。」《管子・中匡》篇「遂」作「育」。

任，保也。　「《說文》」上，補：《周語》：「亹亹怵惕，保任戒懼。」任亦保也。「保任戒懼」，四字平列。

「其父之勞」下，補：是其證。韋昭訓「任」爲「職」，失之。

應，受也。　乙「《爾雅》」下全注，改：引之云：「《康誥》：『應保殷民。』應，受也。《周頌・賚》篇云：『我應受之。』《襄十三年左傳》云：『應受多福。』《周語》：『叔父實應且憎。』韋昭注云：『應猶受也。』《楚辭・天問》：『鹿何膺之？』王逸注云：『膺，受也。』膺與應通，應保即膺保也，《周語》云『膺保明德』是也。膺保猶受保也，《士冠禮》『字辭云永受保之』是也。或言承保，《洛誥》云：『承保乃文祖受命民。』承亦受也。《傳》云『上以應天，下以安我所受殷之民衆』，戾於經文矣。」

禮，祜也。　乙「祜，《集韻》」下全注，改：「禮」當爲「禮」，「祜」當爲「祏」。《說文》：「禮，幭也。」「幭，幂也。」「祏，衣袥也。」「袥，祏也。」徐鍇引字書云：「袥，補袑褰也。」是禮與祏皆幂之異名，「祏」譌爲「祐」，又譌爲「祜」耳。《集韻》、《類篇》竝云：「禮，祏也。」是其證。

淫，游也。　乙「《曲禮》」下全注，改：王逸注《招魂》云：「淫，游也。」《管子·明法》篇：「不淫意於法之外。」尹知章注與王逸同。《說苑·反質》篇：「丹朱慠虐好慢淫。」即《皋陶謨》所謂「慢遊是好，敖虐是作」也。遊與游同。

攺，隱也。　乙「《襄二十九年》」下全注，改：說見卷三「攻，伏也」下。　蓋，黨也。

補注云：寶應朱氏武曹云：「《昭二十年左傳》：『君子不蓋不義。』」

腒，央也。　「又作巨」下，補「詎」。　「古辭」下，補：長安有《狹邪行》云：「調弦未詎央。」

非，違也。　墨籤云：《昭元年左傳》云：「小國爲蘩，大國省穡而用之，其何實非命？」言不敢違命也。故杜注云：「何敢不從命？」

卷第五下

《釋言》

免，隤也。　乙「未詳」，改：諸書無訓「免」爲「隤」者，「免」當爲「臽」。臽，古陷字也。《説文》本作「臽」，隸或作「㑄」，與免字上半相似，因譌而爲「免」。臽，今通作陷。《説文》：「陷，高下也，一曰陊也。」又云：「隤，隊下也。」韋昭注《魯語》云：「陷，墜也。」《玉篇》：「陷，隤也。」《廣韻》：「陷，入地隤也。」《淮南子·原道訓》云：「先者隤陷，則後者以謀。」是陷與隤同義。

謂，指也。　乙「指而言之」下全注，改：《華嚴經音義》引《漢書音義》云：「謂者，指趣也。」

昳，跌也。〔五〇〕　「《天文志》作跌」下，補：《太玄·將·次六》：「日失烈烈。」竝字異而義同。

資，操也。　「資與齎通」上，補：《考工記》：「或通四方之珍異以資之。」《喪服四制》：「資於事父以事君，而敬同。」鄭注竝云：「資，操也。」

徇，營也。　乙「《衆經音義》」下十四字，改：《漢書・賈誼傳》：「貪夫徇財。」應劭注云：「徇，營。」

乍，暫也。〔五一〕　「詐卒也」下，補：《襄二十九年公羊傳》：「今若是迮而與季子，季子猶不受也。」迮亦與乍同。

酑，漱也。「酑」改「酑」。　乙「未詳」，改：各本「酑」譌作「酑」。錢氏晦之云：「酑，當爲酑。《説文》：『酑，少少飲也。』《玉篇》：『酑，余振切。酳，同上。』《廣韻》：『酳，酒漱口也。』案：《士虞禮》、《少牢饋食禮》注竝云：『古文酳爲酑。』《特牲饋食禮》注云：『今文酳爲酑。』酑皆當爲酑。　顔師古注《漢書・賈山傳》云：『酳者，少少飲酒，謂食已而蕩口也。』」念孫案：《士昏禮》「酑酳主人」鄭注云：「酳，漱也。酳之言演也，安也。漱所以絜口，且演、安其所食。」酳與酑同，此「酑」訓爲「漱」之明證也，今訂正。

貳，汙也。　乙「貳當」下全注。

貳，㷋也。　乙「未詳」，改：《公羊春秋・莊二十三年》：「公會齊矦，盟于扈。」《傳》云：「桓之盟不日，此何以日？危之也。何危爾？我貳也。」何休注云：「莊公有汙貳之行。」是「貳」訓爲「汙」也。下文云：「魯子曰：『我貳者，非彼然，我然也。』」注云：「非齊惡我也，我行汙貳，動作有危，故日之也。」據此，則《傳》云「非彼然，我然也」者，猶言非彼寔使然，乃我寔使然耳，非訓「貳」爲「然」也。此云「貳，然也」，蓋誤會《傳》意。

律，率也。　乙「《中庸》」下七字，改「《爾雅》」。〔五二〕

莪，葆也。　「叢生曰葆」下，補：《太平御覽》引《通俗文》云：「生茂曰葆。」

箋，云也。　乙「未詳」，改：諸書無訓「箋」爲「云」者，「云」疑「志」字之誤。《説文》：「箋，表識書也。」識與志，古字通。草書「云」字作「云」，「志」字作「志」，二形相近而誤。

譏，譴也。　乙「譏通作幾」下全注，改：《隱二年公羊傳》：「此何以書譏？」何休注云：「譏猶譴也。」

柰，那也。　「則曰柰」下，補：《淮南子·兵略訓》云：「唯無形者，無可柰也。」　乙「是也」二字。

楊，揚也。　乙「楊當作陽」下全注，改：臧氏在東云：「《尚書·禹貢》、《周禮·職方氏》、《爾雅·釋地》，凡揚州字，舊本皆從木。《佩觿》云：『楊，桺也，亦州名。』」又云：「按：《禹貢》：『淮海惟楊州。』正義云：『江南其氣燥勁，厥性輕揚。』則非當從木。據此，則郭氏所見《尚書》尚從木旁也。《漢曹全碑》「兖豫荆楊」，字亦從木。《隸釋》載《石經·魯詩殘碑·唐風·揚之水》，字作楊。《王風·揚之水》釋文曰：『揚，如字，激揚也。或作楊木之字，非。』然《藝文類聚》引《王風》、《太平御覽》引《唐風》，則皆作『楊之水』，與陸氏所見本正合，不得議其非矣。李巡注《爾雅》云：『江南其氣躁勁，厥性輕揚，故曰楊州。』《毛詩》以激揚訓楊，李巡以輕揚訓楊，皆可爲《廣雅》『楊，揚也』之證。」墨籤云：《文八年左傳》：「晉解揚。」《史記・十二諸侯年表》作「解楊」。《衛世家》「莊公揚」，《十二諸侯表》作「楊」。《襄三年》「晉侯之弟揚千」，《古今人表》作「楊千」。案：此籤旁有朱書，存以備考，不必補入八字。

匪，彼也。　乙「《四月》篇」下一百三十八字。

拊，抵也。　「抵掌之抵」下，補：《晉書音義》引《字林》云：「抵，側擊也。之爾反。」「抵掌而言」下，補：《太玄・翕・上九》：「擢其角，維用抵族。」范望注云：「抵，擊也。」釋文云：「抵音紙。」　「《後漢書》」下，補「《太玄》」。

毓，長也。　乙「《邶風》」下四十三字，改：《大雅・生民》篇：「載生載育。」毛傳云：「育，長也。」

毓，稚也。　乙「《豳風》」下三十八字。　「漠怕也」下，(下) 補：引之云：「《堯典》『教胄子』，《説文》及《周官・大師樂》注竝引作『教育子』，《史記・五帝紀》作『教穉子』。案：育子，穉子也。育字或作毓，通作鬻，又通作鞠。《邶風・谷風》篇：『昔育恐育鞠。』鄭箋解『昔育』云：『育，稚也。』正義以爲《爾雅・釋言》文，今《爾雅》『育』作『鞠』，郭璞音義云：『鞠，一作毓。』《豳風・鴟鴞》篇：『鬻子之閔斯。』毛傳云：『鬻，稚也。』釋文：『鬻，由六反。徐，居六反。』是育、鞠同聲同義。古謂穉子爲育子，或曰鞠子。《堯典》之育子，即《豳風》之鬻子，亦即《康誥》所謂『兄亦不念鞠子哀』，（顧命）《〔康王之誥〕》所謂『無遺鞠子羞』者也。《王制》注引《尚書傳》云：『年十五，始入小學，十八入大學。』《内則》云：『十有三年，學樂誦詩舞勺，成童舞象。』是入學習樂在未冠之時。凡未冠者，通謂之穉子，或曰育子，故曰『命女典樂教育子』。西漢經師，如夏侯、歐陽，必有訓『育子』爲『穉子』者，故史公以『穉』代『育』，蓋有所受之也。《大司樂》釋文云：『育音胄。』是育、胄古同聲。作胄者，假借字耳。《逸周書・大子晉》篇：『人生而重，丈夫謂之胄子。胄子成人，能治上官，謂之士。』亦謂未冠者爲胄子也。自馬注訓『胄』爲『長』，鄭、王訓『胄子』爲『國子』，後人咸用其説，而《史記》之『教穉子』，遂莫有能通其義者矣。」

意，疑也。乙「音者」下一百三十七字，改：及《魯靈光殿賦》注引《廣雅》竝同〔五三〕。《漢書・文三王傳》：「於是天子意梁。」顔師古注云：「意，疑也。」《韓子・説疑》篇：「上無意，下無怪。」《呂氏春秋・去尤》篇：「人有亡鈇者，意其鄰之子。」《史記・張儀傳》：「楚相亡璧，門下意張儀。」意皆謂疑也。《陳丞相世家》：「項王爲人，意忌信讒。」謂疑忌也。《荀子・賦》篇：「暴至殺傷而不億忌。」億與意同。

喝，嘶也。「與喝同」下，補：《莊子·庚桑楚》篇：「兒子終日嗥，而嗌不嗄。」「嗄」，崔譔本作「喝」。

卷第六上

《釋訓》

衎衎，和也。「和樂之貌」下，補：《漢成陽令唐扶頌》：「衎衎誾誾。」衎衎，即侃侃也。

曠曠，大也。乙「《荀子》」下十四字，改：《莊子·天道》篇云：「廣廣乎其無不容也。」

晰晰，明也。「明星晢晢」下，補：通作「逝」。《太玄·狩·次六》：「獨狩逝逝。」范望注云：「逝逝，明也。」

彶彶、僟僟，勮也。乙「汲與彶通」四字，改：《莊子·盜跖》篇：「狂狂汲汲。」釋文云：「汲，本亦作彶。」《賈子·匈奴》篇云：「人人忣忣，唯恐其後來至也。」忣字異而義同。「與偟通」下，補：《莊子》：「狂狂汲汲。」「恇與偟亦恇」改「竝」，乙「亦」。〔五四〕

蕘蕘，孝也。「光燿於天地」下，補：《後漢紀·靈帝紀》：「崇有虞之孝，昭蒸蒸之仁。」「與論祠」下，補：《巴郡太守張納碑》：「膺大雅之淑姿，脩烝烝之孝友。」移「《家語・六本》篇」下二十一字於「不違仁」下，改《魏志・甄皇后傳》注引三公奏云：「至孝烝烝，通於神明。」〔五五〕

偃蹇，夭撟也。「又作矯」下，補：《淮南子・脩務訓》云：「龍夭矯，燕枝拘。」

峥嵤，深冥也。乙「《楚辭》」下十八字，改：《論衡・道虚篇》云：「其書深冥奇怪。」

躅躇，猶豫也。「曰猶曰豫」下，補：《管子・君臣》篇云：「民有疑惑貳豫之心。」

從容，舉動也。「從容之證」下，補：舉動謂之從容，跳躍謂之竦踊，聲義竝相近，故竦踊或作從容。《新序・雜事》篇云玄蝯「居桂林之中，峻葉之上，從容游戲，超騰往來」，從容即竦踊也。「聲意竝相近」，「竝」改「亦」。

軫軳，轉戾也。乙「緝合諸」三字。乙「《續漢書》」下五十八字，改：《說苑・敬慎》篇：「曾子有疾，曾元抱首。」《大戴禮・曾子疾病》篇「抱首」作「抑首」。是抱、抑聲相近，故「抱首」之「抱」，或作「抑」。

揚搉，無慮，都凡也。「訓爲都几也」，「几」改「凡」，下補：張晏注《漢書・古今人表》云：「略舉揚較以起失謬。」較與搉通。「萬俗是也」下，補：《中山策》云：「商敵爲資。」敵亦與搉通。《續漢書・律歷志》，「歷」改「厤」。「猶都凡耳」下，補：鄭注《儒行》云：「妄之言無也。」「無慮之轉」下，補：爲勿慮。《大戴禮・曾子立事》篇云：「君子爲小由爲大也，居由仕也，備則未爲備也，而勿慮存焉。」勿慮，即無慮。言居家理則治可移於官，道雖未備，而大較已存乎此也。盧辯不曉其義，乃以「勿慮存」爲「不忘危」，其失也鑿矣。又轉之爲摹略。《墨子・小取》篇：「摹略萬物之然，論求羣言之比。」摹略者，總括之辭，猶言無慮也。又轉之　乙「莫絡、孟浪、無慮」六字，改：無慮、勿慮、摹略、莫絡、孟浪。

卷第六下

《釋親》

姓，子也。　「振振公姓」下，補：《特牲饋食禮》：「子姓兄弟如主人之服。」鄭注云：「言子姓者，子之所生。」

妻謂之嬬。　「下妻也」下，補：《歸妹・六三》：「歸妹以須。」釋文云：「須，荀、陸作嬬，陸云妾也。」

踦，脛也。　「長腳者」下，補：《管子・侈靡》篇云：「其獄，一踦腓、一踦屨而當死。」

卷第七上

《釋宫》

廊，舍也。　墨籤云：《韓非子·有度》篇：「遠在千里外，不敢易其辭勢。在郎中，不敢蔽善飾非。」《外儲説左上》：「於是日郎中莫衣紫，其明日國中莫衣紫，三日境内莫衣紫。」《秦策》：「今臣處郎中。」

寱，窟也。「言複也」下，補：錢氏晦之云：「究，疑當作窕。《玉篇》：『窕，五丸切，窕窟也。』」

治、甄，甎也。　墨籤云：《晏子春秋·諫》篇：「景公令兵摶治，當臘冰月之閒，而寒民多凍餒，而功不成。」《隋書·百官志》：「太府寺有掌治甄官。」

檻，牢也。　墨籤云：《吕氏春秋·順説》篇云：「管子得於魯，魯束縛而檻之。」

橜、機，杙也。「化導宣暢」下，補：橜謂之機，亦謂之閣。《爾雅》：「所以止扉謂之閣。」郭注云：「門辟旁長橜也。」《漢博陵太守孔彪碑》有五官掾劉機，字□閣，義取諸此也。

欃，杝也。「義亦相近也」下，補：引之云：「《周官·掌固》：『掌脩城郭、溝池、樹渠之固。』渠與欃同，謂籬落也。因樹木以爲籬落，故曰樹渠。《司險職》云：『設國之五溝五涂而樹之林，以爲阻固。』鄭注云：『樹之林作藩落也。』是其證矣。城郭爲一類，溝池爲一類，樹渠爲一類。賈疏以爲渠上有樹，失之。」

術、隊、陌，遺也。「外爲阡陌」下，補：《墨子·明鬼》篇：「道路率徑。」率與術通。乙「《文十六年傳》」下六十六字，改：《商子·算地》篇：「都邑遂路。」遂亦與隧通。「東西曰陌」下，補：《管子·四時》篇作「千伯」。

趡，犇也。「或爲醮《史記》」下，補：《高祖紀》：「襄城無遺類。」「遺」，一作「噍」。

廟，天子五。墨箋云：《呂氏春秋·諭大》篇：「《商書》曰：『五世之廟，可以觀怪。』」《尚書後案》第八《咸有一德》「七世之廟，可以觀德」下引證甚詳，此條須改。

案：《尚書後案·辨》曰：「《呂覽》卷十三《諭大覽》引《商書》云：『五世之廟，可以觀怪；萬夫之長，可以生謀。』莫知爲何篇語也。作僞者，取其文而加以改竄，不知七廟始于周，夏商以前未有也。《王制》云：『天子七廟，三昭三穆，與太祖之廟而七。』鄭云：『此周制。七者，太祖及文王、武王之祧與親廟四。太祖，后稷。殷則六廟，契及湯與二昭二穆。夏則五廟，無太祖，禹與二昭二穆而已。』鄭據《禮緯稽命徵》及《鉤命决》云〔五六〕：『唐虞五廟，親廟四，與始祖五。禹四廟，至子孫五。殷五廟，至子孫六。周六廟，至子孫七。』故七廟，獨周制爲然。蓋禹之時，祇有高祖以下四親廟，至子孫并禹，則五矣。湯之時，祇有契及四親，至子孫并湯，則六矣。周文王之廟不毀，以爲二祧；始祖之廟亦不毀，則爲七矣。此不易之論也。《書》云『五世之廟』，此湯之時也。王肅議《禮》，必反鄭玄。此僞《書》及《傳》正王肅之徒所爲，故宗其説。」

獄，犴也。　乙「亡犴不可」下七字。「犴獄也」下，補：《荀子・宥坐》篇：「獄犴不平。」　乙「云獄豻不平」五字，改「作豻」。　乙「或但謂」下二十七字。

卷第七下

《釋器》

瓬、甀、罌、甂，瓶也。　「大瓮爲瓬」下，補：《晉書・五行志》：「建興中，江南謡歌曰：『訇如白坑破，合集持作甂。揚州破換敗，吴興覆瓿甀。』」坑與瓬同。　墨籤云：《大宗師》：「皆在鑪捶之間耳。」崔譔注：「捶當作甀」。　又籤云：《穆天子傳》二：「天子乃賜之黄金之罌三六。」　「又作擔」下，補「又作檐」。《吕氏春秋・異寶》篇：「禄萬檐。」高（琇）〔誘〕注云：「萬檐，萬石也。」

案謂之㰏。　乙「《漢書・外戚傳》」下十七字，改：《史記・田叔傳》云：「高祖過趙，趙王張敖自持案進食。」

椀，盂也。　「與椀同」下，補：《賈子・時變》篇云：「母取瓢椀箕帚。」櫑，杯也。「栝，匵也」下，補：《太平御覽》引《風俗通義》云：「吴郡名酒杯爲櫑。」《説文》

楮謂之钁。　「兵略」改「精神」。　「奮儋钁」改「揭钁臿」。

犧、象，罇也。　乙「其不可信一也」下一百八十二字，改：且《莊子》云：「百年之木，破爲犧尊。」《淮南子》云：「百圍之木，斬而爲犧尊。」則古人以木爲犧尊明矣。今魯郡所得犧尊，在地中七百餘年而完好可辨，以木爲之乎？抑以金爲之乎？以木爲之，則不能經七百年而不壞；以金爲之，則又與《莊子》破木爲尊之説不合，無一可者也。

紈、繛，素也。　墨籤云：《聘禮》：「賄用束紡。」鄭注云：「紡，紡絲爲之，今之縳也。」

麴塵，綵也。　「亦染黄也」下，補：《易稽覽圖》云：「黄之色悖如麴塵。」

襋衱謂之褗。　「⿰衤區領也」，「⿰衤區」改「褗」。

繞領、帔，帬也。　墨籤云：段注《説文》七下説「繞領帔」之義甚是，當據改。

案：《説文解字段氏注》云：「《方言》：『繞衿謂之帬。』《廣雅》本之，曰：『繞領、句。帔，句。帬也。』衿、領今古字。領者，劉熙云：『總領衣體爲端首也。』然則繞領者，圍繞於領。今男子、婦人披肩，其遺意。劉熙曰：『帔，披也。披之肩背，不及下也。』蓋古名帬，弘農方言曰帔，若常，則曰下帬，言帬之在下者，亦集衆幅爲之，如帬之集衆幅被身也。如李善引《梁典》，任昉諸子，冬月著葛（巾）帔練裙，自是上下（三）〔二〕物。《水經注》：「淮南王廟，安及八士像，皆羽扇裙帔，巾壺枕物，一如常居。」亦帬、帔竝言。自《釋名》裙系下，帔系上，後人乃不知帔、帬之別，擅改《説文》矣。」

衽，袖也。　「亦袂也」下，補：《管子·弟子職》篇云：「攝衽盥漱。」又云：「振衽埽席。」《趙策》云：「攝衽抱几。」

䘨謂之袩。　「䘨，衣衽也」下，補：《太玄·玄挩》云：「垂䘨爲衣，襞幅爲裳。」

褯謂之褓。　乙「《漢書·宣帝紀》」下十三字，改：《呂氏春秋·明理》篇：「道多褓襁。」高誘　「《賈誼傳》」上，補：《宣帝紀》作「襁褓」。

鞳、𩊚，履也。　墨籤云：《説文》：「鞅鞮，鞅沙也。」鞅沙與鞳𩊚同。

幨謂之幰。　「獨穿也」下，補：《墨子·備城門》篇云：「城上之備，渠襜藉車。」

徽、帾、幟，幡也。　「昌絳徽」，乙「徽」。「給事者衣」，乙「衣」。「以絳徽帛謂之帾」，乙「徽」、「帛」，下補「著背」。「織文」、「織徽」、「織也」，三「織」字竝改「識」。「幟織識」，乙「織」。

幃謂之𢄼。　墨籤云：《商子·賞刑》篇云：「贊茅、岐周之粟，以賞天下之人，不人得一（𢄼）〔升〕。」《韓子·外儲説左》篇云：「猶贏勝而履蹻。」《秦策》：「贏縢履蹻，負書擔橐。」《趙策》：「嬴勝負書擔橐。」

緪，索也。　「大索也」下，補：《魏志·王昶傳》：「兩岸引竹絙爲橋。」絙與緪同。絡也。　墨籤云：《易林·訟之蠱》：「衣敝如絡。」

轀，栜車也。　「喪車明矣」下，補：《史記·齊世家》：「桓公載温車中馳行。」温與轀通。　乙「下篇」二字，改「記」。

錧也。　「轂耑鍺也」下，補：《士喪禮記》云：「主人乘惡車木錧。」

傘也。　乙「《四民月令》」下十六字，改：《管子·度地》篇：「土車什一，兩傘什二。」尹知章注云：「車傘，所以禦雨，故曰雨傘。」

卷第十下〔五七〕

《釋蟲》

蛥蚗，蛁也。　「蛁蟟也」下，補：《楚辭·九思》云：「蛥蚗兮噍噍。」

蛉蛄，蛁蟟也。　「一名蝭蟧」，「蟧」改「蠎」。

杜伯，蠍也。　「謂之蠍」下，補：崔瑗《草書勢》云：「絶筆收勢，餘綖糾結，若杜伯揵毒緣巇。」

景天、螢火，𧑒也。　墨籤云：段氏《説文》「粦」字注云：《詩傳》：「燐，熒火也。」熒火，謂其火熒熒閃睗，猶言鬼火也。陳思王曰：「熠燿宵行。」《章句》以爲鬼火，或謂之燐。《章句》者，謂薛君章句。是則毛、韓古無異説。《毛詩》字本作「熒」，或乃以《釋蟲》之「熒火即炤」當之，且或改「熒」爲「螢」，改「燐」爲「𧑒」，大非《詩》義。

馬蠲，馬蚿也。　「馬蠸也」下，補：《説苑・雜言》篇：「馬蚈折而復行者何？以輔足衆也。」

螗蜋也。　「誤耳螳蜋」下，乙「今」字，補：有斧蟲，故一名斫父，江東呼爲石蜋。石、斫聲相近，今高郵人或謂之斫蜋。又　乙「聲之轉也」四字。

蟅、蟒，蚮也。　墨籤云：《管子・七臣七主》篇：「苴多螣蟇，山多蟲螟。」蟇與蟒同，百螣即蟇螣。

蝍蛆，吴公也。　墨籤云：王逸《九思・哀感》「蝍蛆兮穰穰」注：「將變貌。」

引，無也。　墨籤云：《漢益州太守高頤碑》「游心典籍」，字作「無」。

虎王，蝟也。　墨籤云：蝟令虎申，蛇令豹止。手抄本有之。

沙蝨，蝘蜓也。　乙「是其情狀也」，改：故晉車永《與陸雲書》云：「鄮縣既有短弧之疾，又有沙蝨害人。」

《釋魚》

鱄鮬，鮒也。　墨籤云：《史記·伍子胥傳》：「縣吴東門之上。」正義曰：「東門，鯆門，謂鯆鮬門也。」「鯆音普姑反，鮬音覆浮反。越軍開示浦，子胥濤盪羅城，開北門，有鯆鮬隨濤入，故以名門。顧野王云『鯆魚一名江豚，欲風則涌』也。」

鱮，鰌也。　「似鱓短小也」下，補：《華陽國志·漢中志》云：「度水有二源：清水出鱮，濁水出鮒。」

無角曰𡖃龍。　墨籤云：《白帖》九十五引此，「無角曰螭龍」下，有「未升天曰蟠龍」。「欲大口則藏於天下」，眉批云：手抄本「大」字下亦係「則」字，此乃重寫「則」字。

《釋鳥》

鳱，鵰也。　「鳶作䳒」下，補：《中庸》：「鳶飛戾天。」《爾雅》：「鳶，（鳥）〔烏〕醜。」釋文竝云：「鳶，字又作䳒。」　「本又作鳶」下，補：《史記·穰侯傳》：「魏將暴鳶。」《韓世家》「鳶」作「䳒」。　墨籤云：段以「鳶」爲《夏小正》「鳴弋」之「弋」，又以「鳶」爲「鵰」之俗字，大謬。　又籤云：隸書從「戈」之字，或省從「弋」，《曹全碑》「威牟諸貢攻城墅戰」是也。此可爲「鳶」字作「鳶」之例。又《李翊夫人碑》：「世有皇兮氣所裁。」《吴仲山碑》：

「減癋。」《張遷碑》：「開定畿寓。」亦省「戈」作「弋」。

鴄、鷲，臺也。　「《集韻》：鷲，小鴡也」，改「《玉篇》：鷲，鳧也」。「鷲，野鳥也」，「鳥」改「鳧」。　乙「索隱引劉」下二十六字。

鴆鳥，其雄謂之運日。　「《離騷》注」下，補：「韋昭《晉語》注竝。」　乙「羽有毒，可殺人」六字。

翼文曰順。　墨籤云：《白帖》九十四引《山海經》，作「翼文曰禮，背文曰義」。　又籤云：《論衡·講瑞篇》引《禮記·瑞命》篇云：「雄曰鳳，雌曰皇。雄鳴曰即即，雌鳴曰足足。」

鳳，皇屬也。　墨籤云：《論衡·講瑞篇》「王鳥之記」：「四方中央皆有大鳥，其出，衆鳥皆從，小大毛色類鳳皇。」

鵐，怪鳥屬也。　墨籤云：《玉篇》：「鵐，亡俱切，雀也。」《廣韻》：「鵐，鳥名，雀屬。」即《廣雅》之「鵐雀」。

《釋獸》

䝖，貥也。　墨籤云：「貥」或作「犺」。《魏志·東夷傳》：「夫餘大人加狐狸犺白黑貂之裘。」又云：「出貂犺。」蓋犺亦狐狸之屬，可以爲裘，故《傳》以狐狸、犺竝言之。「犺」或譌作「豽」。《魏志·鮮卑傳》注引《魏書》：「鮮卑有貂豽貚子，皮毛柔蠕，故天下以爲名裘。」

《後漢書・鮮卑傳》同。又《東遼傳》：「夫餘出貂豽。」字皆作「豽」。蓋「貁」從宂聲，《廣韻》：「宂，而隴切。或作内。」其形與「内」相似，故「貁」字譌而爲「豽」。李賢注《後漢書》，不知釐正，乃音「奴八反」，云「似豹，無前足」，又云「豽，猴屬也」。案：《爾雅》：「貀無前足。」本又作「豽」，女滑反。郭璞云：「似狗，豹文。」又用《字林》説云：「似虎而黑。」不言皮可爲裘，亦不以爲猴屬，李注非也。又案：《廣韻》：「豽，獸名，無前足。《説文》作『貀』，女滑切。」又云：「似貍，蒼黑，善捕鼠。」依「女滑」之音，則爲《爾雅》之「豽」。依「似貍」之解，則又爲《倉頡篇》之「貁」矣。蓋貁、豽譌混已久，爲韻書者，莫能辨正，而誤合之。不知似貍之獸，其字作「貁」作「豽」，不作「豽」，音余救切，不音女滑切。

豭，豕也。　乙「豭牡豕也」下一百十字，改：「豭」疑當作「豰」。《説文》云：「上谷名豬。」豰，從豕，役省聲。《玉篇》音營隻切。「豭」字俗書作「豭」，兩旁皆與「豰」相似。世人多見「豭」，少見「豰」，故「豰」字譌而爲「豭」。此言豕之通名，下文方釋豕之牝牡。下既有「豰豭」之文，則此文不得作「豭」也。

娩，兔子也。　「弱小之稱」下，補：《小雅・采薇》篇：「薇亦柔止。」毛傳云：「柔謂脃脕之時。」釋文：「脕音問。」　「聲義」下補「竝」。

獖，犗也。　「去勢曰獖」下，補：虞翻云：「劇豕稱獖。」劇與犗同。「獖」字或作「豶」。《韓子・十過》篇云：「豎刁自豶，以爲治内。」

鼰䶅。　「鼤鼠矣」下，補：《北户録》引《廣志》云：「蛔蛉鼠，毛可以爲筆。」蛔蛉與鼰䶅同。

䶈鼠　墨籤云：《爾雅·釋獸》釋文引《博物志》云：「鼷，鼠之最小者，或謂之耳鼠。」

《釋獸》

白馬朱鬣，駮。　墨籤云：《爾雅·釋言》釋文引《廣雅》曰：「白馬朱鬣曰駱。」與今本同。蓋三家《詩》説，不必改「駮」。《續漢書·禮儀志》：「立秋之日，乘輿御戎駱，白馬朱鬣。」即《月令》之「乘白駱」也。

金喙，騕褭。　乙「開元」下二十五字，改：《武帝紀》：「更黄金爲麟趾褭蹏。」應劭注云：「古有駿馬，名要褭，赤喙，黑身，一日行〔萬五千里也〕。」

駃騠　「駃騠爲獻」下，補：《列女傳·辯通傳》云：「駃騠生七日而超其母。」　「索隱云」，「云」改「引」。　「《發蒙記》」下，補「云」。　乙「《列女傳》」下十字。

郭牞、丁犖。　墨籤云：「牞」當爲「犐」。《集韻》：「犐，苦禾切。」引《博雅》：「郭犐，牛屬。」《玉篇》、《廣韻》竝云：「犐，牛無角也。」桓譚《新論》作「郭椒」，乃「科」之誤。蓋「科」作「秆」，與隷書「椒」字作「樹」者相似，故誤爲「椒」也。《淮南子·説山》：「髡屯犁牛，既科以楕。」段氏《説文》「犖」字注引此二書，謂科、椒同韻，非也。

此《廣雅疏證》殆刻成後，覆加勘定之本，朱墨燦列。凡所删補，無慮四百餘條，皆精詳確當。卷五《釋言》「酌，漱也」下，硃筆補疏有「念孫案」三字，知爲石臞先生親自攷訂者。其補自文簡者，則冠以「引之曰」。卷七《釋宫》「廟，天子五」下墨籤云：「《尚書後案》第八《咸有一德》：『七世之廟，可以觀德。』引證甚詳，此條當改。」《釋器》「繞領、帔，帬也」下墨籤云：「段氏《説文》七下説『繞領，帔』之義甚是，當據改。」則是待改而未改者。八、九兩卷獨無一字，則是待校而未及校者。統觀諸條，的係先生親自脩定之藁。嗣是，曾否補完，曾否再刻，或祇此本，或尚有傳録之本，無從徵考，不能臆測。阮文達刊入《學海堂經解》，揚州淮南書局光緒重録，悉據原疏本，似都未見此册。無論世間有無第二本，而此册信可寶貴已。獨不識何以流傳在外，入清河汪氏所藏，有「汪氏珍藏」、「桃花潭水」二印。汪葵田先生名汲，春園先生名椿。祖孫咸精經學，有著述。雖不若高郵王氏父子之盛，亦學人也。書賈獲自汪裔，索賈頗昂。余初見，謂朱墨爲汪氏所加。繼而諦審，始辨是王家故物。直端午得錢極艱，迺嗇縮米薪，力購得之，暇當遍質通人，設法流布。儻是孤本，斷不敢自我韜其寶氣也。光緒庚子五月，古襄平黄海長謹識。

李崇賢注《文選》，凡六易稿。朱子《四書章句集注》，晚年婁有改定。古人著述，不厭精審如此。石臞先生《廣雅疏證》刊成之後，手自删補。當由卷帙繁重，不及重鐫，洵秘笈也。家君得此書，擬仿盧抱經《羣書拾補》例，纂輯别行。爰屬王君叔如編次成帙，又獲朱君少如、王君覲卿相與校讎、繕寫，醵金付梓，期與海内博雅共欣賞之。其八九兩卷，家君謂待校而未校者，嗣迺知原書淪失，書賈以他册配合，惜無從蒐求，稍嫌缺撼耳。黄信臣坿識。

訓詁之學，至乾嘉而極盛，而高郵王氏、金壇段氏、棲霞郝氏尤爲敻絶。段氏所箸《説文解字》，體大思精，而小小誤未免。後人之作勘誤、補正者，不一家。郝氏《爾雅義疏》，亦小有疏漏之處。兒時點勘是書，於《釋詁》、《釋言》、《釋訓》三篇，頗以鄙見爲之補正。雖管蠡之窺，無禆宏巨，然可見訓詁之學，雖極精邃，而絶無罅漏之難也。獨王石臞先生《廣雅疏證》精審[illegible]緻，殆勝二家。據先生《自序》言「殫精極慮，十年於兹」，蓋删定董理，匪伊朝夕矣。庚子秋，太姻丈黄先生惠伯出《廣雅疏證補正》見示。蓋成書後，先生自校正勘補者，益歎前輩之虚衷求歉至此。黄先生既爲條寫，擬授之梓，以公海内。敬綴數語，以識先生嘉惠後學之盛心，竝記古人箸書慎重之不苟云爾。光緒庚子九月，上虞羅振玉。

王懷祖先生《廣雅疏證》刊成後，補正數百事，皆細書刊本上，或别籤夾入書中。蓋意欲改刊，而未果也。其手校補本，舊在淮安黄惠伯海長家，後歸上虞羅叔言參事。余前在大雲書庫見之，書眉行間，朱墨爛然。間有出伯申尚書手者，不盡先生筆也。光緒庚子，黄氏曾寫出爲一卷，刊於淮陰，印書二十部而板燬於寇，故世罕知此書者。余以黄刊本校原書，則原書朱墨籤間有奪落，已不如二十年之完善，故亟刊黄本而識其可貴者於後。丁巳八月，海寧王國維。

光緒戊戌春在滬江。揚州書估夏炳泉挾書求售，中有《廣雅疏證》。書中夾墨籤甚多，間有朱書，偶見「念孫案」字。夏估疑是石臞先生手筆，索價至奢。予時未見石臞先生書迹，而加籤處固極精密，微石臞先生，當世殆無其人。惜少八、九兩卷，因許以善價。夏估云，兩卷聞尚在某故家，當爲覓之。因挾其書去。及明年夏，予返淮陰寓居，漢軍黄蕙伯姻丈觴予於河下飲淥草堂。酒半，出新得書見示，謂是書當爲王石臞先生手校，而未敢遽定。予取觀，蓋即夏估挾至滬上者。予假歸，一夕盡讀之，決爲出石臞先生手。因勸黄丈條録付梓。其年秋，黄丈乃手編爲《補正》，以新刊本見贈。又數年，丈卒於淮安，後嗣零替，黌所藏書。予得書十餘種，石臞先生是書在焉，而《補正》刊版則不可知。丁巳在海東，海寧王忠愨公國維從予假黄氏本刊入《雜誌》中，且爲之跋。及予由海東返寓津沽，得王氏手稿及雜書一笥。中有《疏證》初印本，已佚數册，而卷八、九獨存。中夾墨籤，適足補囊本之闕。因命兒子福頤移黏舊得本上。黄丈所録，間有遺漏，因據原書重加校録，共得五百有一則，視黃丈所録增數十則，而一仍黃丈舊名，重爲印行，並録黃丈原跋，以記是書之得流傳，自黃丈始也。至八、九兩卷，予初見時本佚去，後夏估以他本足之，黃跋遂誤認爲待校而未校。至校正各條，皆出自石臞先生。忠愨謂間有伯申尚書手，不盡先生筆，其言殊渾淪。今案其實，則朱書爲文簡所清寫，墨籖則文簡尚未清寫者也。爰於書首仍署石臞先生名。至此書佚卷，南北千餘里，後先廿餘年，終爲延津之合，殆石臞先生所陰相歟？謹書卷末，以志欣慰。戊辰八月，上虞羅振玉。

【説明】

乾隆六十年，《廣雅疏證》全書告竣，嘉慶年間即有家刻本問世。自告竣、初刊之後，王氏父子復加審讀，刊改補充。凡新補正，或細書刊本上，或別籖夾入書中。

補正資料，先爲清河汪葵田所藏，後落入揚州書賈夏炳泉手，最後由淮安黃海長購得。黃氏手自條録，編成《〈廣雅疏證〉補正》一卷，於光緒二十六年庚子刊印二十部，其中缺第八、九兩卷。是爲黃氏借竹宧刻本。民國五年，王國維刊入《廣倉學宭叢書》甲類第二集。

二十多年後，羅振玉得王氏父子手稿及雜書一笥。中有《疏證》初印殘本，八、九卷獨存，又有墨籖。羅氏命其子福頤移粘，並補黃本缺漏，仍其舊名，刊入《殷禮在斯堂叢書》。一九八三年後，大陸再版《疏證》，均附《補正》於後。

本次校注，以黃本爲底本，以羅本出校。一則循版本先後，二則可見二本之出入，三則二本均不廢。

二本相同條目中，字體間有不同，此各仍其舊。各詞條下，有一節或數節補正，並與《疏證》原文覈實。

【校注】

〔一〕黃本凡「乙某某下若干字」，羅本「乙」上有「某某注下」或「注某某下」字樣，羅本詳而黃本略，行文風格不同，非《補正》文字有異。

〔二〕羅本「賈子」下有「容經篇」三字。

〔三〕「二十字」下，羅本作「於方大也下補」，無「改」字；又本條「數十萬也」下直接《楚策》。依《疏證》原文，黃本是。

〔四〕黃本「墨籤」上，羅本有「注加」或「旁注加」字樣。

〔五〕「三三」，羅本作「三之六、七之十二、十三之五」。

〔六〕「下補」，羅本作「抵與氐通改」，依原文，黃本是。又本條「渠」下，羅本作「氐邸竝與抵通」，與黃本實一致，黃本「氐邸竝與」下不應空格。

〔七〕黃本「廷」字誤，羅本作「迋」，是。下文「不得言廷見」下三處「廷」字徑改「迋」。

〔八〕「毛」下，羅本有雙行小注：「下接『以厲爲水旁』，得之。」羅注是。此類不一見，下不再注。

〔九〕黃本云：「與疛通，疥」下，補「義見下條」。又，乙「讀爲痎」下八十七字。羅本作「盱與疛通，疥讀爲痎，自『讀爲痎』，乙八十七字，改：義見下條」。依原文，羅本是，黃本非。

〔一〇〕此後，羅本有「痕、脤、張竝通。府者，『府』改作『疛』」十一字，與原書吻合。前五字原書有，不當重出。

〔一一〕《管子》無「二」字，此「二」字衍。羅本作小「二」字，右排，亦非。

〔一二〕「是其證矣下補」，羅本作「抍注加墨籤云」。黄本是，羅本置「抍」字下，隔斷文脈。

〔一三〕四庫本《太玄》及范注均作「西階」，羅本作「堦」，階、堦同字，究應以「階」爲是。

〔一四〕《疏證》原文作「福」，黄本不誤。羅本作「福」，用誤字，非。

〔一五〕〔十六〕羅本此二節文繁，而所指則與黄本一致。

〔一七〕此後，羅本多下二節文字：墨籤云：《表記》：「事君，先資其言。」鄭注：「資，謀也。」是咨字古通作資，非傳寫之誤。《周語》：「事□大若咨。」《賈子·禮容語》篇作「資」。

〔一八〕「揚」，羅本作「陽」，與《漢書》通行本同。

〔一九〕此條後，羅本多出一條：挻，緩也。注加墨籤云：雖有槁暴，不復挻。《晏子·雜篇上》「挻」作「贏」。

〔二〇〕此條後，羅本多出一條：蘊、茂，盛也。注加墨籤云：《方言》：「蘊，饒也。」饒與盛、茂亦相近。

〔二一〕羅本「怒」上有「犺」字。詞條下補正曰：「犺」注加墨籤云：《朱博傳》注：「犺，健也。」

〔二二〕此條後，羅本多出一條：屬，續也。注加墨籤云：《鄉飲酒禮》：「皆不屬焉。」注：「不屬者，不相續也。」

〔二三〕此條下，羅本作：注「謂玩習也」下，補《漢書·武帝紀》「怵於邪説」。以下與黄本同。羅本不云「乙《後漢書》下二十九字」，與黄本不同。

〔二四〕此條補正之後，羅本多出一條：墮也。墨籤云：前有墮珥，後有遺簪。《史記·滑稽傳》。

〔二五〕此條後，羅本多出一條：旅，擔也。墨籤云：《干祿字書》：「旅，俗作㧯。」

〔二六〕此節後，羅本多出一節：又注加墨籤云：「使夷吾得居楚之黄會，吾能令農毋耕而食，女毋織而衣。」《管子·輕重》篇。

〔二七〕此條前，羅本多出一條：疙，癡也。墨籤云：相如賦：「訖以治儗。」仡、疙義相近。

〔二八〕此節下，羅本多出一節：「睵」注加墨籤云：《晉書·左貴嬪傳·悼后頌》：「睵晛沾濡。」用《韓詩》也。

〔二九〕以下十八字，羅本無。

〔三〇〕此節下，羅本多出一節：墨籤云：知其所知之謂知道，不知其所知之謂棄寶。《呂氏春秋·侈樂》篇。《晉書·石季龍載記》：季龍下書曰：「懷道迷邦。」

〔三一〕此條之後，羅本多出一條：窕，寬也。注加墨籤云：「百工將時斬伐，佻其期日，而利其巧任。」《荀子·王霸》篇。注：「佻，緩也。謂不迫促也。」案：佻與窕同。

〔三二〕此條前，羅本多出一條：䔰，厚也。注加墨籤云：「其飲食不溽。」

〔三三〕此節末，羅本多出一句：又加墨籤云：《晉語》：「請殺其生者而戮其死者。」韋注：「陳尸爲戮。」羅本又多出一節：《史記·張儀傳》：「中國無事，秦得燒掇焚杅君之國。」《秦策》作「秦且燒焫獲君之國。」焚杅，讀爲煩汙。

〔三四〕此條前，羅本多出一條：潔也。注加墨籤云：《周語》：「静其巾幂。」注：「静，絜也。」

〔三五〕此條後，羅本多出一條：夭、摳，拔也。注加墨籤云：夭摳，猶夭閼。

〔三六〕「禄」，《左傳》同。羅本譌作「録」。

〔三七〕「池」，羅本作「地」，是。

〔三八〕此節下，羅本多出三節：墨籤云：《離騷》：「豈惟紉夫蕙茝？」注：「紉，索也。」《御覽》七百六十六。引《通俗文》：「單□曰紉。」《史記·倉公傳》正義引《素問》云：「脈短實而數，有似切繩，名曰緊。」

〔三九〕此條後，羅本多出一條：括，結也。注加墨籤云：衛北宮括，字子結。《左·襄三十年》注。

〔四〇〕此詞條，羅本作：「擕、綏，舒也。」在黄本二節補正之後，羅本多出兩節：「綏」注加墨籤云：「武王綏旌。」注：「綏謂垂舒之也。」《洞簫賦》：「時恬淡以綏肆。」注：「綏，遲也。」

〔四一〕此條後，羅本多出一條：恥也。「吝」注加墨籤云：吝，恥也。《後漢〔書〕·楊賜傳》注、《衡傳》注。

〔四二〕「緫」，羅本誤作「總」。

〔四三〕「『《顧命》云』上」，羅本作「注『皆微之義也』下」。文字雖不同，所指則相同。

〔四四〕此條前，羅本多出一條：髻也。注加墨籤云：《招魂》：「激楚之結。」注：「結，髮也。」又，此條之後，羅本亦多出一條：榜，輔也。注加墨籤云：《大戴禮·保傅》篇：「成王生，仁者養之，孝者襁之，四賢傍之。」傍，輔也。

〔四五〕此詞條，羅本作「䶘、捶，舂也」。下多一節補正：「捶」注加墨籤云：《內則》：「捶反側之。」注：「捶，擣之也。」

〔四六〕此節後，羅本多出一節：墨籤云：《説文》：「(䵮)〔䵮〕，赤黑也。餘(竟)〔亮〕切。」按：

《疏證》詞條及注釋中均無「䵘」字，殆爲錯簡。

〔四七〕此下，羅本多四十字：又加墨籤注云：《淮南子·道應訓》：「敖幼而好游，至長不渝。」《蜀志·郤正傳》引作「不喻解」。《論衡·道虚篇》作「不偷解」。

〔四八〕此節下，羅本多出一節：「曼」注加墨籤云：《漢書·高帝紀》注云：「曼丘、毌丘本一姓也，語有緩急耳。」

〔四九〕羅本「欲棄之」下衍「故曰蹶張」四字，誤粘入。

〔五〇〕此條前，羅本多出一條：已，似也。注「未詳」二字乙，墨籤改注云：「於穆不已。」疏引孟仲子作「於穆不似」。又《詩》：「教誨爾子，式穀似之。」

〔五一〕此條前，羅本多出一條：儽，經也。注加墨籤云：《漢博陵太守孔彪碑》：「無偏無黨，王道之素。」又，此條後，羅本多出三條：

𩢿，企也。注加墨籤云：萱齡按：《韓勅禮器碑》：「莫不𩢿思歎仰。」

煨，火也。加墨籤注云：《説文》：「煨，盆中火也。」

踐，蹐也。注加墨籤云：踐之者，籍之也。《破斧》正義引《(詩)〔書〕大傳》。

〔五二〕羅本此條補正：注加墨籤云：《爾雅》：「律，述也。」「述與率通」下乙「《中庸》」七字，改「《爾雅》」二字。羅本語贅，不及黄本簡明。

〔五三〕「及」上，羅本有「長楊賦」三字，黄本當補。

〔五四〕此節第二個「恇」字衍，當删。羅本作：「恇與尪亦聲近義同」，「恇」改「尪」，乙「亦」字。

〔五五〕此一節，羅本分作二節：

「孝章皇帝大孝蒸蒸」下，乙「《家語·六本》篇」二十一字，改：《魏志·甄皇后傳》注引三公奏云：「至孝蒸蒸，通於神明。」

「盡孝於田隴，烝烝不違仁」下，補：《家語·六本》篇云：「瞽瞍不犯不父之罪，而舜不失蒸蒸之孝。」

〔五六〕以下是鄭玄之語，非直引緯書。羅本脱「據」字，當補。

〔五七〕黄本缺卷八上至卷十上，羅本缺卷八下。兹將羅本所有抄録於後：

卷第八上

《釋器》

鏤謂之錯。　注加墨籤云：《晉語》：「文錯其服。」注：「錯，錯鏤也。」是錯與鏤同義。《御覽》七百五十六引《通俗文》云：「金銀要飾謂之錯鏤。」

梹謂之縢。　注加墨籤云：《易林·訟之漁》：「機杼縢複，女功不成。」

柱，距也。　注加墨籤云：《漢書·朱雲傳》注：「拄，刺也，距也。」

矢，箭也。　注加墨籤云：《墨子·備穴》篇：「爲短戈、短戟、短弩、虻矢。」

錍、鏃，鏑也。　注加墨籤云：《唐六典》引《通俗文》云：「骨鏃曰骲，鐵鏃曰鏑，鳴箭曰骹，霍葉曰鈚。」鈚與錍同。

簣，笫。　注加墨籤云：《釋名》：「舟中牀以薦物者曰笭。言但有簣，如笭牀也。」

丹，赤也。　注加墨籤云：《鄉射記》：「凡畫者丹質。」注：「丹，淺於赤。」

黎、黧，黑也。　注加墨籤云：《衆經音義》卷十二引《通俗文》云：「面黎黑曰皯黧。」

卷第九上

《釋天》

〔倍〕譎、冠珥。　注加墨籤云：《莊子・天下》篇「俱誦墨經，而倍譎不同」，記其各守所見，分離乖異也。如淳以「鐍」爲「抉」，失之。譎(子)〔字〕義相近抱珥。背鐍皆外向之名，背鐍即倍譎；冠珥皆內向之名。如淳說非也。

朱明，日也。　注加墨籤云：「朱明承夜。」注：「朱明，日也。」

參伐謂之大辰。　注加墨籤云：《夏小正傳》：「參也者，伐星也。」

北辰謂之曜魄。　注加墨籤云：《楚辭・遠遊》：「綴鬼谷於北辰兮。」注：「北辰，北極星也。」《□□》引：「日月以指極兮。」注：「極，北辰星也。」魏明帝《長歌行》：「仰首觀靈宿，北辰奮休榮。」《春秋繁露・深察名號》篇云：「正朝夕者視北辰。」《晏子春秋・雜》篇：「古之立國者，南望南斗，北戴樞星，彼安有朝夕者哉？」

肆兵　注加墨籤云：《周官・小宗伯》：「肄儀爲信。」故書「肄」爲「肆」。　「大夫與士肄」，「肄」本作「肆」。

卷第九下

《釋地》

甿、圩、澤，池也。　注加墨籤云：「《(五)〔王〕制》正義北監本第八頁。引《(□)〔異〕義》：『左氏說賦法，積四十五井，除山川坑岸三十六井，定出賦者九井。』」 「澤」注加墨籤云：「(□)〔絶〕斥澤，則亟去無留。」《孫子・行軍篇》。「去菹萊、鹹鹵、斥澤、山間、堁壏不爲用之壤。」《管子・輕重》篇。

埴，土也。 注加墨籤云：《衆經音義》十三。引《淮南》許注：「埴，土也。」《齊俗訓》：「若璽之印埴。」

䅅，耕也。 注加墨籤云：《説文》：「䅅，耕暴田曰䅅。」《魏志・司馬芝傳》：「耕熯種麥。」《晉書・傅休奕傳》：「耕䅅不熟。」

《釋丘》

丘上有木爲柲丘。 注加墨籤云：《抱朴子・正郭》篇：「高潔(三)〔之〕條貫，爲祕丘之俊民。」

墳、陵，冢也。 注加墨籤云：《唐律疏義・衛禁》篇引《三秦記》云：「秦謂天子墳曰山，漢曰陵。」

塋，葬地也。 注加墨籤云：《漢書・哀帝紀》：「田非冢塋，皆以賦貧民。」

厓也。 注加墨籤云：孟康注《漢書・司馬相如傳》云：「厓，廉也。」

嶰谿，谷也。 注加墨籤云：伶倫自大夏之西，乃之阮隃之陰，取竹於嶰谿之谷。

《釋水》

瀍，理也。 注加墨籤云：「胡取禾三百廛兮？」「廛」本亦作「壥」。《管子・(心)〔小〕匡》篇：「壥而不税。」《干禄字書》：「廛，通作厘。」

波也。 注加墨籤云：「波者涌起。」《人間訓》注。《西京賦》：「河渭爲之波盪。」

舶，舟也。　注加墨籤云：《華陽國志》：「周赧王七年，司馬錯率巴蜀衆十萬，大舶船萬艘，浮江伐楚。」

卷第十上

《釋草》

蒼耳，枲耳也。　注加墨籤云：《金匱要略》云：「飲酒，食生蒼耳，令人心痛。」今順天人皆謂之蒼耳。

女菀也。　注加墨籤云：「菀」通作「宛」。《魏志·華佗傳》：「有四物，女宛丸。」

土瓜，芴也。　注加墨籤云：《金匱要略》有土瓜根散。

稻穰謂之稈。　注加墨籤云：墐塗，塗有穰草也。《金匱要略》云：「飲酒，食猪肉，臥秫稻穰中，則發黃。」

蕪菁也。　注加墨籤云：世所云蔓菁者，今始見之，其根葉皆似蘿蔔。但蘿蔔根長，其味辛；蔓根圓，其味甘。蘿蔔葉小而四布，蔓菁葉大而上竦。夏秋閒發芽，至春抽臺，花小而黃，子如蘿蔔而小。至結子時，根即枯朽，而不可食。故《詩》言「采葑采菲，無以下體」也。其根葉花亦與芥相似，故又有大芥之名，固安人皆謂之蔓菁，聲如蠻。　蔓菁、蘿蔔、芥菜、白菜，皆以六月下種。諺云：頭伏蘿蔔二伏菜，三伏種蕎麥。莫代反。

狼毒也。　注加墨籤云：《文選·陳琳〈爲袁紹檄豫州〉》注引《漢書》：「誅翟義，夷滅三族，皆至同坑，以五毒參并葬之。」如淳曰：「野葛狼毒之屬。」《漢書·翟方進傳》：「以棘五毒并葬之。」如淳曰：「野葛狼毒之屬也。」

馬帚，馬第也。　注加墨籤云：順天人謂馬帚爲埽帚菜。

穫，薪也。　注加墨籤云：《干禄字書》：「樵，俗作蕉。」《桓七年公羊傳》：「焚之者何？樵之也。」注：「樵，薪也。以樵燒之，故因謂之樵之。」

椽，（柔）〔柔〕也。　注加墨籤云：「上劉輪軸，下采杼栗。」《管子·輕重》篇。

重皮，厚朴也。　注加墨籤云：朴之言附也。《史記·惠景間侯者年表》：「諸侯子弟若肺附。」索隱：「附，木皮也。」

《〈大戴禮記〉補注》批校語

卷二

《夏小正》

十有二月。

鄭注《易乾鑿度》引《夏小正》「十二月鷄始乳」，今本脱。

卷四

《曾子立事》

兩問則不行其難者，〔道遠日益矣〕〔一〕。

此上承之詞也。王

卷五

《曾子制言中》

故君子無悒悒於貧，無勿勿於賤，無憚憚於不聞。

勿勿，同憚憚，憂懼意。王〔二〕

舜唯〔以〕仁得之也。

上文「君子以仁爲貴」，《永樂大典》脱「以」字。王

《注》説得矯情。子

《曾子制言下》

國有道，則（突）〔鴐〕若入焉。

如此之謂義，夫有世義者（哉）〔𢦏〕。〔三〕

卷六

《武王踐阼》

惡有藏之約（行）〔言〕之，行萬世可以爲子孫常者乎？據《注》，「行」當爲「言」。王

所監不遠，視（邇）〔爾〕所代。古者「爾汝」之「爾」通作「尒」。孔説「志」字是，「志」如「小子識之」之「識」。《太平御覽》「尒」字不誤。《北堂書鈔》引此不誤。王〔四〕

以戒後世子孫。武王之銘，而有筆、硯兩章之辭，其乃託依無疑。子

卷八

《子張問入官》

教不能勿（搢）〔進〕〔五〕。

卷九

《千乘》

修其（灌）〔濯〕廟。

濯，古通祧，遠廟也。王

《虞戴德》

（保保）〔桀紂〕惛乎前〔六〕。

《誥志》

瑞雉（無釋）〔先滜〕〔七〕。

民之（悲）〔斐〕色〔八〕。

仁者爲（聖）〔貴〕，（貴）〔聖〕次。

聖，智也。智不如仁，故曰「仁者爲貴，聖次」，蓋先德而後才也。美謂形皃，非謂才也。此論賢才之高下，非論貴賤也。王

卷十

《文王官人》

（敬再）〔亟再〕其説〔九〕。

卷十一

《用兵》

猶威（致王）〔至于〕今若存〔一〇〕。

六畜（餴）〔瘁〕背〔一一〕。

《少閒》

以（民）爲〔民〕虐。

卷十三

《本命》

機其文之變也。（其文爲也）〔一二〕

《易本命》

有〔羽〕〔角〕者脂〔一三〕。

【説明】

《〈大戴禮記〉補注》，十三卷，孔廣森撰。補注者，補北周盧辯注之未備：補盧注所缺之十五篇而成三十九篇，補盧注二十四篇之訛失。孔氏《補注》四册，前有阮元《序》和孔氏《序録》，由其弟孔廣廉首刻於乾隆五十九年。

近人王樹枏有《校正孔氏〈大戴禮記補注〉》《十三經清人注疏》本附。十三卷，内引高郵王氏父子説甚夥，多採自《經義述聞・大戴禮記》舊説。

本批校語爲抄本，用朱、墨二色蠅頭小楷書於《補注》相關字句天頭上或字行間，有數處鈐「王伯申印」陽文朱色，字在篆隸之間。簽章，各條批注語之末署「王」或「子」字；未注「王」或「子」的條目似非二王説。凡脱文注於行右，倒文加改乙符號，衍文、訛字用「」標示；凡引文較長，則用删節符號「……」。小楷字不類二王，殆爲他人抄録而由王引之審讀認可，卷一「王(念)〔懷〕祖謂此十二字乃小注」、卷二「王據宛平黄氏本改」、卷三「王謂當依《(汗)〔漢〕書》補入」、卷七「王據《史記・楚世家》訂正」諸語顯係他人口氣，此爲明證。

本手稿抄録二王説凡二百五十二條，有二百三十一條採自《大戴禮述聞》，或變其語序，或約其文辭，字句訛誤亦不免。今將不見於《述聞》的二十一條轉抄録入本合集，確當與否，疑不能明。

王引之撰《大戴禮述聞》時，已引用並駁正過孔氏《補注》。此批校語應抄録於《述聞》行世之後。

【校注】

〔一〕此句王氏所補。以下〔〕内文字同此。

〔二〕互見《大戴禮述聞上》「守此勿勿」條。

〔三〕此二條正訛字，無校語，《補注》同。

〔四〕互見《大戴禮記述聞中》「亦不可以忘」、「視邇所代」二條，彼此文字不同。

〔五〕王改「搢」爲「進」，同盧注。孔改「晉」，訓進。

〔六〕説同孔氏。

〔七〕説同孔氏。

〔八〕説同孔氏。

〔九〕盧注據《周書》作「亟稱」。

〔一〇〕説同盧氏，孔氏未注。

〔一一〕説同盧氏。

〔一二〕説同盧氏。

〔一三〕説同孔氏。